AF544038

EUROPAVERLAG

Miryam Muhm

Die KRAKE von DAVOS

Angriff des WEF auf die Demokratie

EUROPAVERLAG

2.Auflage 2023

Umschlaggestaltung und Motiv: Hauptmann & Kompanie Werbeagentur, Zürich
Redaktion: Franz Leipold
Layout & Satz: Robert Gigler, München
Gesetzt aus der Minion Pro und Futura CE Heavy
Druck und Bindung: Pustet, Regensburg
ISBN 978-3-95890-530-6

www.europa-verlag.com

INHALT

VORWORT

»Die Oligarchen in Davos feiern, die Armen leiden.
Während 260 Millionen Menschen auf der ganzen Welt
dieses Jahr wahrscheinlich in extreme Armut sinken
und mit weniger als zwei Dollar pro Tag
um ihr Überleben kämpfen,
sind weltweit über 2000 Milliardäre durch die Pandemie
um 3,78 Billionen Dollar reicher geworden.«[1]
Bernie Sanders (23. Mai 2022 – Twitter)

In Italien wird metaphorisch das Wort »Krake« *(Piovra)* verwendet, um die Mafia zu beschreiben, da sich diese Organisation mit ihren Fangarmen krakengleich überall in die wichtigen Schaltstellen der Macht hineinschlängelt und alle Bereiche mit ihren Leuten durchdringt. Das heißt natürlich nicht, dass das Weltwirtschaftsforum (WEF) in Davos mit der Mafia verglichen werden soll, in keinster Weise. Trotzdem lässt sich ein symbolischer Vergleich ziehen angesichts der Tatsache, dass das WEF genau wie diese hochintelligenten Meeresbewohner komplexe Probleme in Angriff nimmt, sich Ziele setzen und diese auch konsequent umsetzen kann. Das WEF widmet sich in seinen Projekten den unterschiedlichsten Bereichen des menschlichen Lebens. Dieses Buch sieht seine Aufgabe darin, einige wesentliche Aspekte dieser Unternehmungen aufzuzeigen, um insbesondere diejenigen, die das Weltwirtschaftsforum und seine Aktivitäten nur aus den Fernsehnachrichten oder den Artikeln der Leitmedien kennen, einen tiefgreifenderen Blick auf die Machenschaften der WEF-Elite zu ermöglichen.

Seit Jahrzehnten wird nämlich mit großem Erfolg daran gearbeitet, die gesellschaftliche sowie die wirtschaftliche und politische Ordnung extrem umzugestalten. Besonders hartnäckig zugange ist hier der visionäre Klaus Schwab mittels seines Weltwirtschaftsforums (WEF) in Davos. Schwab ist ehemaliger Professor für Wirtschaft in Genf, heute noch tätig an der Ben-Gurion-Universität in Tel Aviv. Dabei geht es um nichts weniger als eine Neuordnung der Global Governance, in der laut WEF »die Stimme der Regierung eine unter vielen [sein wird], ohne immer die letzte Instanz zu sein.«[2] Zahlreiche Experten befürchten allerdings, dass diese Transformation langsam, aber stetig mit dem Ziel durchgesetzt wird, die Demokratie und somit die vom Volk gewählten Parlamente auszuhöhlen, die eigenen WEF-Leute – wie in Kanada und anderswo bereits geschehen – in die Regierungen einzubringen und es somit letztlich einem kleinen Zirkel von Großunternehmern zu erlauben, noch größere Teile des heutigen und zukünftigen Marktes leichter zu vereinnahmen, weil sie immer weniger Regeln unterworfen sind.

Die von Klaus Schwab in seinen Büchern und somit öffentlich vorgestellten Ideen über die zu gestaltende Zukunft der Menschheit können sehr beunruhigend sein: Er ist ein klarer Befürworter des Transhumanismus und der Möglichkeit, das Genom künftiger junger Generationen zu verändern. Die Projekte des WEF, teilweise bereits implementiert, sehen vor, dass wir durch Smart-Identitätsnachweise, digitale Währungen (und vermutlich Abschaffung des Bargelds), CO_2-Fußabdruck-Apps, aber auch in den noch zu errichtenden Smart Cities überall getrackt werden können. Selbst vor Kindern wird nicht haltgemacht, denn diese sollen mittels implantierbarer Chips künftig besser »auffindbar« sein. Kurz, es geht im Wesentlichen um Kontrolle – und zwar um die Kontrolle der Elite über das Volk.

Bei alldem handelt es sich wohlgemerkt nicht um Verschwörungstheorien, sondern ganz konkret – was der Leser im Buch und anhand der Anmerkungen selbst nachprüfen kann – um eine plutokratische Übernahme nationaler Regierungen und internationaler Organisationen durch Infiltrierung mit dem Ziel, eine »neue Weltordnung« zu errichten.

Dafür braucht es den »Great Reset« (Großen Umbruch), der mithilfe der technischen Innovationen zu der geplanten gesellschaftlichen Umstrukturierung führen wird. Ob Roboter, selbstfahrende Autos, 3D-Drucker oder alles beherrschende Algorithmen – die sich rasant entwickelnden neuen Technologien werden nicht nur die Industrie revolutionieren, so WEF-Chef Klaus Schwab, sondern auch fundamentale gesellschaftliche Umwälzungen herbeiführen. Aufgrund dieser Entwicklungen werden praktisch alle Aspekte des Lebens grundlegenden Veränderungen unterworfen – ob die Bürger damit einverstanden sind oder nicht. Um der globalen Elite eventuell bevorstehende Probleme zu ersparen, handelt das WEF bereits seit Jahren präventiv und stellt alle seine Projekte unter das Motto »Eine bessere, ökologische Welt für alle«. Wer könnte da wohl dagegen sein?

Ist dies aber **wirklich** das Ziel vom WEF, von Klaus Schwab und der am Hof von Davos gastierenden Mächtigen der Welt? Angesichts der aufkommenden wirtschaftlichen Macht Chinas und der bis vor Kurzem noch konkurrenzfähigen EU geht es in Wahrheit hauptsächlich um eine radikale Monopolisierung, die es einigen Global Players ermöglichen wird, noch mehr Geld anzuhäufen; und es geht darum, hegemoniale Machtansprüche aufrechtzuerhalten (siehe Kapitel 7).

Um zu verstehen, wie die Zukunft der Menschheit aussehen wird, gilt es, bei den Veröffentlichungen von Klaus Schwab (*Die Vierte Industrielle Revolution, Der Große Umbruch* und *Das Große Narrativ*) zwischen den Zeilen zu lesen.

Dies war eine Aufgabe des vorliegenden Buches, denn wir alle sollten zumindest wissen, welche disruptiven Veränderungen wie eine Lawine auf uns zurollen. Beispielsweise wird sich unsere Art zu essen verändern (denn die Elite möchte, dass wir »der Umwelt zuliebe« Insekten essen), aber auch unsere Art zu reisen (denn eine App könnte uns bald mitteilen, dass wir ein anderes Ziel wählen sollten, um unseren persönlichen CO_2-Fußabdruck möglichst gering zu halten). Auch unsere Grundrechte könnten in Zukunft weiter beschnitten werden, sobald die Bereitstellung unserer Gelder (staatliche Unterstützung, Arbeitslohn etc.) an unsere Meinungsäußerungen geknüpft wird (was teilweise schon heute geschieht) – womit wir faktisch in einer Diktatur leben würden. Unerwünschte Meinungen oder Kritik könnten auf diese Weise unterdrückt und Menschen, die solche äußern, ins Abseits gedrängt werden. Bereits heute diskriminieren wir Menschen nicht mehr so sehr wegen ihrer Hautfarbe, sondern wegen ihrer Ideen.

Die Projekte des WEF verfolgen immer hehre, quasi abnickbare Ziele – die Welt verbessern, die Umwelt schützen, den Abstand zwischen Arm und Reich radikal verringern.

Nun, der Wirtschaftswissenschaftler Daniel Lang, Wirtschaftsdozent an der Université Paris 13, ist der Ansicht, dass der »Große Umbruch« oder der »Great Reset« kaum eine Chance hat, eine bessere Welt zu schaffen oder gar die Weltwirtschaft zum Besseren zu verändern. Einen der Gründe dafür macht Lang an einem trivialen, aber aussagekräftigen Beispiel fest: »Die Entscheidungsträger in Davos, die dieses neue, gerechtere und nachhaltigere Modell vorschlagen, sind dieselben, die, wenn man sie darauf anspricht, eine fünfjährige Garantie auf Geräte zu geben, erklären, dass dies unmöglich sei und das Ende der Welt bedeuten würde.«[3]

Der emeritierte Professor der Pharmakologie Dzulkifli Abdul Razak geht sogar noch einen Schritt weiter. Seit über einem Jahrzehnt beobachtet er das WEF als Gast der Davos-Treffen und aus der asiatischen Ferne und macht darauf aufmerksam, dass viele der seit Jahren propagierten vollmundigen Ideen und zukunftsfreundlichen Projekte des WEF (z. B. den Abstand zwischen Arm und Reich zu verringern) nur leere Worte bleiben, denn faktisch sei dies nicht nur mitnichten geschehen, sondern die Lage habe sich diesbezüglich akut zugunsten der Superreichen verschlechtert, wie die Daten von Oxfam nachweisen, auf die er in seiner Rede Bezug nahm.[4]

Das in den Köpfen der WEF-Wirtschaftselite vorherrschende Ziel ist, eine neue Form des neoliberalen Kapitalismus zu schaffen, also eines Kapitalismus, der von den »Fesseln des Staates befreit ist«. Laut dem italienischen Historiker Paolo Borgognone ist die Ideologie des »Great Reset« eine postmoderne Form des Liberalismus, und zwar »rechts« in der Wirtschaft, »mittig« in der Politik und »links« in der Kultur. Die hegemoniale Tendenz des postmodernen Liberalismus sei eine Art »Progressivismus«, der sich hinter einer Fassade aus 68er-nahen Ideologien verstecke und zum Ende von Familie, Tradition und kollektiven Identitäten führen wird.

Aus der politischen Konvergenz aus Rechts, Mitte und Links, also aus einem Mix unterschiedlicher Visionen, entsteht somit eine Art Kapitalismus à la China.

Natürlich könnte man denken, dass dies eine übertriebene Darstellung ist, aber **schon jetzt** gehen Arbeitsplätze verloren und mit der breiteren Einführung von künstlicher Intelligenz und Robotik wird die Arbeitslosigkeit noch weiter steigen. Hinzu kommt die enorm hohe Inflation (oft eine gewollte Maßnahme zur Bankenrettung), die gerade dabei ist, unseren Wohlstand zu stehlen und uns immer mehr in die Armut zu treiben. Die Zukunft zeigt sich also alles andere als rosig. Emma Planinc, Juniorprofessorin an der University of Notre Dame (USA), hat die Programme des WEF genau analysiert und kommt zu folgendem Schluss: »Der liberale ›Great Reset‹ ist nicht heimlich faschistisch, sondern offen konspirativ.«[5]

Auch Matthew T. Witt, Professor für öffentliche Verwaltung an der La Verne University in Kalifornien, hat sich mit diesen Themen befasst und in einem wissenschaftlichen Paper beschrieben, wie sich das WEF die Umweltschutzparolen von Greta Thunberg angeeignet und dem »Great Reset« zugrunde gelegt hat – dieser besteht aus »**eine[r] Reihe von Maßnahmen, die es dem Staat, ausgewählten Unternehmen und Nichtregierungsorganisationen ermöglichen, die Bevölkerung zu überwachen und zu verfolgen und abweichende Meinungen auszuschalten**«.[6]

Der Plan der WEF-Elite kann insbesondere die Zukunft unserer Kinder und Kindeskinder gefährden. Deshalb sollten wir über die Vorhaben des Weltwirtschaftsforums zumindest so gut informiert sein, dass wir unsere zukünftigen Generationen besser schützen können.

Anmerkungen:

Um eine bessere Lesbarkeit zu ermöglichen, wurde auf die gleichzeitige Verwendung der Sprachformen männlich, weiblich und divers (m/w/d) verzichtet. Sämtliche Personenbezeichnungen gelten gleichermaßen für alle Geschlechter. Die verkürzte männliche oder weibliche Sprachform beinhaltet keine Wertung.

Einige Wiederholungen waren unvermeidbar, um komplexere Sachverhalte in ihren unterschiedlichen Perspektiven zu vermitteln. Sie ermöglichen es den Lesern zudem, die Hintergrundinformationen im Kontext der WEF-Projekte besser zu verstehen und daraus eigene Schlüsse zu ziehen.

KAPITEL 1

WAS IST DAS WORLD ECONOMIC FORUM (WEF)?

»Ohne natürlich die spezifischen wissenschaftlichen und beruflichen Anforderungen eines jeden Kontextes außer Acht zu lassen, bitte ich Sie, dafür zu sorgen, dass der Menschheit durch Reichtum gedient und sie nicht durch diesen beherrscht wird.«[7]

Papst Franziskus

(Botschaft aus dem Vatikan an das WEF, 17.1.2014)

Wie viele von uns wissen überhaupt von der Existenz dieser Organisation? Und wer von denjenigen, die den Namen schon einmal gehört haben, weiß eigentlich, wofür das Weltwirtschaftsforum steht und wie massiv diese Organisation bereits in unser Leben eingreift – und weiter eingreifen wird?

In diesem Kapitel geht es daher hauptsächlich darum, aufzuzeigen, wie das Weltwirtschaftsforum (»World Economic Forum«, »WEF«) aufgebaut ist und wie es sich der Öffentlichkeit vorstellt. Unabdingbare Voraussetzung für eine Analyse dieser Stiftung und Lobbyorganisation sind u. a. die Aussagen von Klaus Schwab selbst, dem Gründer und geschäftsführenden Vorsitzenden des WEF. Angesichts der globalen medialen Berichterstattung dürften zumindest die jährlichen Treffen dieser Organisation im Schweizer Davos bekannt sein, an dem führende Persönlichkeiten aus Wirtschaft, Politik, Medien etc. teilnehmen.

Die nächsten Kapitel liefern Informationen, Fakten und Hinweise, die es Ihnen ermöglichen, sich nicht nur eine eigene, diversifizierte Meinung über das World Economic Forum und seine Vorhaben zu bilden, sondern anhand der auf seiner Internetseite propagierten Aussagen vielleicht auch das WEF selbst mit anderen Augen zu betrachten. Einige Aspekte, die in den folgenden Kapiteln nicht näher erörtert werden, sind im vorliegenden Kapitel lediglich angedeutet und entsprechend mit Quellen belegt. Angesichts gewisser Ankündigungen und Stellungnahmen schienen dazu gelegentlich einige kurze Kommentare angebracht.

Zunächst folgt die Selbstbeschreibung des WEF:

> »Das Weltwirtschaftsforum ist die internationale Organisation für öffentlich-private Zusammenarbeit.
> Das Forum bringt die führenden Persönlichkeiten aus Politik, Wirtschaft, Kultur und anderen Bereichen der Gesellschaft zusammen, um globale, regionale und industrielle Agenden zu gestalten.
> Es wurde 1971 als gemeinnützige Stiftung gegründet und hat seinen Hauptsitz in Genf, Schweiz. Es ist unabhängig, unparteiisch und an keine besonderen Interessen gebunden. Das Forum ist bestrebt, bei all seinen Bemühungen unternehmerisches Handeln im globalen öffentlichen Interesse zu demonstrieren und dabei die höchsten Standards der Unternehmensführung einzuhalten. **Moralische und intellektuelle Integrität steht im Mittelpunkt seines Handelns.**
> Unsere Aktivitäten sind von einer einzigartigen institutionellen Kultur geprägt, die auf der Stakeholder-Theorie basiert, die besagt, dass eine Organisation gegenüber allen Teilen der Gesellschaft rechenschaftspflichtig ist. **Die Institution verbindet und balanciert sorgfältig das Beste aus vielen Arten von Organisationen, sowohl aus dem öffentlichen als auch aus dem privaten Sektor, aus internationalen Organisationen und aus akademischen Einrichtungen.**

> Wir sind davon überzeugt, dass Fortschritt dadurch entsteht, dass wir Menschen aus allen Bereichen des Lebens zusammenbringen, die den Antrieb und den Einfluss haben, positive Veränderungen zu bewirken.«[8] (H.d.A.)

Lassen Sie uns nun der Reihe nach diese Aussagen anhand von Daten und Fakten beleuchten, die Sie in den nächsten Kapiteln auf ihre Stichhaltigkeit überprüfen können.

Es stimmt sicherlich, dass das WEF die öffentlich-private Zusammenarbeit fördert – allerdings unter anderem auf die Weise, dass es seine eigenen Leute (Young Global Leaders) in Regierungen in Europa und auch anderswo einschleust, um dann von dort seine Programme zu implementieren (Näheres dazu auch in Kapitel 3).

Das World Economic Forum bringt in der Tat führende Persönlichkeiten aus Politik und Wirtschaft zusammen, um beispielsweise bestimmte Initiativen, Pläne und Agenden zu realisieren (z. B. Smart Cities), die im Falle von Missbrauch eine absolute Kontrolle über die Bürger ermöglichen (siehe Kapitel 4 und 8).

Davon, dass das Weltwirtschaftsforum unabhängig ist, kann kaum die Rede sein, denn seine Arbeit finanziert sich u. a. über die hohen Jahresbeiträge seiner »strategischen Partner« – das heißt große Konzerne, Global Players und Tech-Giganten (siehe unten).

Das WEF rühmt sich seiner moralischen und intellektuellen Integrität – aber da erklärtermaßen seine strategischen Partner die treibende Kraft[9] der Projekte und des Handelns des WEF sind, stellt sich unweigerlich die Frage, wie es tatsächlich mit der moralischen Integrität steht angesichts der geleakten Machenschaften von *Uber*[10] oder der von *Microsoft*, das China die Technologie für die Zensur von Bürgermeinungen liefert,[11] oder der von Pfizer angesichts deren zahlreicher medizinischer Skandale[12]?

Zudem hat das WEF alle möglichen Organisationen und Institutionen in seine globale Agenda eingebunden, darunter sogar Universitäten – was uns einmal mehr zeigt, wie umfassend es seine Tentakel ausstreckt (siehe weiter unten).

Zum Schluss weist das WEF darauf hin, dass das Zusammenkommen vieler Akteure mit Antrieb und Einfluss positive Veränderungen bewirken kann. Die Frage ist allerdings: für wen?

Das jährliche Treffen der Jetsetter in Davos demonstriert auf anschauliche Weise den weitreichenden Einfluss des World Economic Forums, das es in den vielen Jahren seiner Aktivität geschafft hat, die Mächtigen dieser Welt – also die Regierungschefs, Kanzler und Minister der meisten Länder der Welt sowie die Vorstandsvorsitzenden der größten global agierenden Konzerne – Jahr für Jahr zusammenzubringen (denn wenn das WEF nicht so einflussreich wäre, würden sie wohl kaum immer wieder anreisen), um über die gesellschaftliche, wirtschaftliche und finanzielle Zukunftsgestaltung der Welt zu sprechen.

Das Unternehmen WEF und seine Partner

Das WEF ist eine Organisation bzw. ein Unternehmen, das viel Geld zur Verfügung hat (Jahresumsatz ca. 200 Millionen Euro), wie die *Süddeutsche Zeitung* 2017 darlegte:

> »Damit lässt es sich offenbar gut leben, geführt wird es aber wie ein Familienbetrieb. Gründer Klaus Schwab, der ein Gehalt von rund einer Millionen Schweizer Franken im Jahr bezieht und über Kontakte in alle Welt verfügt, und seine Frau Hilde haben die Fäden fest in der Hand.«[13]

Das Lebenswerk des »Herrn der Netzwerke«, wie Schwab auf der Internetseite des WEF genannt wird, ist »eine wahre Geldmaschine«[14] – und zwar eine, deren Finanzberichte anscheinend alles andere als transparent sind, wie die *SZ* berichtet.[15]

Wichtig zu wissen ist, dass auf der WEF-Internetseite eine ellenlange Reihe bedeutender Personen und Organisationen verzeichnet ist. Einige gehören zu den sogenannten *Strategischen Partnern*, die für ihre Mitgliedschaft ca. 600 000 Euro zahlen.[16]

Es lohnt sich, die hier aufgeführte (aus Platzgründen unvollständige) Liste kurz zu überfliegen, um zu verstehen, wer die *strategischen Partner* des WEF sind:

> »Accenture, Allianz, Amazon, Alibaba, Astra Zeneca, Bank of America, Barclays (Bank), Bill and Melinda Gates Foundation, Blackrock, Boston Consulting Group, Cisco, Credit Suisse, Deloitte, Deutsche Bank, Deutsche Post (DHL), Ericsson, Goldman Sachs, Google, Hitachi, Huawei Technologies, Hubert Burda Media, IBM, Intel, Johnson & Johnson, JPMorgan Chase & Co., Lazard, Mastercard, McKinsey & Company, Meta (Facebook), Microsoft, Mitsubishi, Morgan Stanley, Nestlé, Novartis, Novo Nordisk Foundation, Open Society Foundation, Paypal, Pepsi Co., Pfizer, Procter & Gamble, Qatar Investment Authority, SAP, Saudi Aramco, Siemens, Standard Chartered Bank, Takeda Pharmaceutical, The Coca-Cola Company, Uber Technologies, UBS, Unilever, Verizon Communications, Visa, Volkswagen Group, Volvo Group etc.«[17]

Diese strategischen Partner – viele davon wohlbekannte Konzerne und Global Player – bestimmen nicht nur die Richtung des WEF mit, sondern gestalten und fördern die damit verbundenen Ziele auch ganz konkret, wie aus folgendem Wortlaut auf der WEF-Internetseite klar ersichtlich ist:

> »**Die Partner des Weltwirtschaftsforums sind führende globale Unternehmen**, die Lösungen für die größten Herausforderungen der Welt entwickeln. **Sie sind die treibende Kraft hinter den Programmen des Forums.**«[18] (H.d.A.)

Manchmal lohnt eine Wiederholung: Die Partner-Konzerne und -Unternehmen des WEF, von *Blackrock* bis *Pfizer*, sind »die treibende Kraft hinter den Programmen des Forums«. Und von diesen Programmen gibt es eine Menge. Eines der wichtigsten ist *The Forum of Young Global Leaders*, eine Art Kaderschmiede, die es dem WEF ermöglicht, seine Leute in die Regierungen vieler Länder der Welt hineinzubringen und deren Kurs mitzubestimmen, wie viele Oppositionelle und Analysten insbesondere in Kanada bemerkt haben. Als ein Mitglied der kanadischen Regierung im Mai 2022 zum WEF-Treffen flog, kommentierte Pierre Poilievre (Chef der größten konservativen Oppositionspartei) dies mit folgenden Worten:

> »Arbeiten Sie für Kanada! Wenn Sie nach Davos fliegen wollen, zu dieser Konferenz, dann nehmen Sie ein One-Way-Ticket. **Aber Sie können nicht Teil unserer Regierung sein und für eine politische Agenda arbeiten, die gegen die Interessen unseres Volkes gerichtet ist.**«[19] (H.d.A.)

Auch die US-Regierung geht konform mit dem WEF und seinen Partnern und will deren Plan, bekannt als »The Great Reset« (Der große Umbruch), der zu immer weniger Freiheit und Demokratie führen wird, so schnell wie möglich umsetzen. Als John Kerry, ehemaliger US-Außenminister, heute Sondergesandter für Klimapolitik der Regierung Biden, während eines Davos-Treffens im Sommer 2022 vom Moderator gefragt wurde, ob das Weltwirtschaftsforum und andere Befürworter des Great Reset …

»zu viel zu früh vom neuen Präsidenten erwarten oder ob er sofort bei diesen Themen liefern wird« –

antwortete Kerry mit folgenden Worten:

»Die Antwort auf Ihre Frage ist: Nein, sie erwarten nicht zu viel. Und ja, er [der Große Reset] wird stattfinden […] Und ich denke, er wird schneller und intensiver stattfinden, als sich viele Leute vielleicht vorstellen.«[20]

Im Klartext: Kerry bestätigt, dass Biden bezüglich des Great Reset den Plänen des WEF folgen wird.

Forum der Young Global Leaders – die Kaderschmiede für Regierungsmitglieder

Eines der vermutlich wichtigsten Programme des WEF ist das *Forum der Young Global Leaders,* ehemals *Global Leaders of Tomorrow*. Seit fast 40 Jahren arbeitet Klaus Schwab darauf hin, die Machtmöglichkeiten der globalen Elite auszudehnen, um es dieser kleinen Gruppe zu erlauben, de facto an den Parlamenten vorbei zu regieren. (Man braucht sich nur die Daten aus einem *Oxfam*-Bericht aus dem Jahr 2021 zu vergegenwärtigen, um zu verstehen, wie leicht es die Elite hat, diesbezüglich zu handeln: **Die zehn reichsten Männer der Welt zusammen** besaßen laut *Oxfam* mehr als die 3,1 Milliarden Menschen am unteren Ende der Einkommensverteilung, also fast die Hälfte der gesamten Weltbevölkerung. **Ihr Gesamtvermögen verdoppelte sich während der Pandemie.**)[21] (H.d.A.)

Die Schulung der politisch ambitionierten jungen Menschen in diesem Forum – darunter beispielsweise Justin Trudeau[22], Jacinta Ardern[23] (Premierministerin von Neuseeland), Annalena Baerbock[24], Alexander De Croo[25] (Premierminister Belgiens) und viele andere – hat es dem WEF und der Kapitalelite ermöglicht, diese Personen in die Regierungsapparate der Welt einzuschleusen, wo sie die Agenda des WEF auf den Weg bringen bzw. durchsetzen. Laut Schwab haben auch Merkel und Putin diese Schulung durchlaufen, ebenso wie die finnische Ministerpräsidentin Sanna Marin, die jüngste Regierungschefin der Welt, und unser Ex-Gesundheitsminister Jens Spahn.[26] Auch Vittorio Colao, der ehemalige italienische Minister für Technologische Innovation und Digitalisierung, ehemals CEO von *Vodafone*, war bereits seit 2015 ein Habitué des WEF-Treffens in Davos.[27] Dem Forum der Young Global Leaders gehören 1400 Personen aus 120 Ländern an, sei es als Mitglieder oder Alumni.[28]

Während die Besetzung der Regierungsapparate der westlichen Welt mit WEF-nahen Personen, insbesondere mit Young Global Leaders, nach wie vor als Verschwörungstheorie abgetan wird, wurde ebendies durch ein Video-Interview bestätigt, das Klaus Schwab 2017 in der Harvard University gab. Darin erklärt er unmissverständlich, dass das WEF in die Regierungen der Welt »eindringt« bzw. diese »infiltriert« (auf Englisch sagte er wörtlich *»penetrate«*). Hier das Zitat:

> »Worauf wir jetzt sehr stolz sind, ist die junge Generation, wie Premierminister Trudeau, der Präsident von Bra... ähm, Argentinien und so weiter. **Wir dringen also in die Regierungskabinette ein.**«[29] (H.d.A.)

Auf diese Weise verschafft sich die globale Wirtschaftselite de facto Regierungsmacht mit dem Ziel, die globale Gesellschaft so zu gestalten und umzustrukturieren, dass Macht und Märkte in Zukunft noch stärker monopolisiert und unter einer Handvoll Global Players aufgeteilt werden.

Die Liste derjenigen, die das fünfjährige Ausbildungsprogramm[30] der WEF-Kaderschmiede absolviert haben, ist lang, und zahlreiche dieser Personen besetzen heute verantwortliche Posten innerhalb von Regierungen oder in supranationalen Organisationen. (Die vollständige Liste aus dem Jahr 2021 der US-amerikanischen Young Global Leaders des WEF, die solche führenden Positionen innehatten oder noch haben, ist noch länger und würde den Rahmen dieses Kapitels sprengen – wer sich darüber informieren möchte, möge die Aufzählung unter Endnote »31« anschauen.[31])

Der Einfluss des WEF und seiner Young Global Leaders ist allerdings nicht nur in den Vereinigten Staaten zu spüren. Wir erfahren dies nur, weil Herrn Schwab vor lauter Freude und Enthusiasmus über das Erreichte zuweilen die Wahrheit entschlüpft. In dem oben erwähnten *Harvard*-Interview (er musste an diesem Tag besonders gut drauf gewesen sein) ließ er nämlich außerdem stolz verlauten, dass das kanadische Kabinett zur Hälfte aus Young Global Leaders des WEF besteht[32] (das war 2017).

Laut dem Wirtschaftsjournalisten Norbert Häring *(Handelsblatt)* gehören zur Ausbildung der Young Global Leaders enge Kontakte zur US-Elite und zur Europäischen Kommission.[33] Dutzende und Aberdutzende dieser jungen Politiker, Aktivisten etc. ermöglichen es dem WEF in Europa und den USA, aber auch in Asien und in Afrika indirekt und koordiniert die Geschicke der Nationen de facto zu lenken – ein Einfluss, den Klaus Schwab mithilfe seiner zusätzlichen fast 10 000 und mittlerweile in 150 Ländern tätigen Global Shapers (ein WEF-Netzwerk junger »Globaler Zukunftsgestalter«, alle unter 30 Jahren) vermutlich noch weiter konsolidieren will angesichts der Tatsache, dass er seine Global Shapers auch in China unterbringt.[34]

Vom WEF anvisierte Themen und Probleme

Das WEF befasst sich mit einer kaum überschaubaren Zahl unterschiedlichster Fragen, darunter Themenschwerpunkte wie etwa Künstliche Intelligenz, Klimawandel, Cybersicherheit, Metaverse, Erziehung, Arbeitskräfte und Beschäftigung. Auch andere für das menschliche Leben entscheidende Fragen werden vom WEF in unzähligen Artikeln und Berichten intensiv unter die Lupe genommen, wie zum Beispiel Landwirtschaft, Nahrung und Wasser, Kreislaufwirtschaft, Städte und Urbanisierung, Diversität und Inklusion, wirtschaftlicher Fortschritt, Innovationen, Energie, finanzielle und monetäre Systeme, Gesundheit und Gesundheitswesen, Fertigung, Mobilität, digitale Wirtschaft, Ozeane, Handel und Investitionen.[35] Das WEF bietet außerdem viele Zentren und Plattformen, die sich eingehend mit der Zukunft wesentlicher Aspekte unseres Lebens befassen – zum Beispiel Konsumverhalten, Medien und Datengesetze, Handel und Investitionen sowie neueste digitale Technologien wie Blockchains.[36]

All dies ist möglich dank der Unterstützung von Regierungschefs der G20 und von bedeutenden CEOs, die am *»Global Leadership Program«* des WEF teilnehmen.[37]

Es heißt ja World Economic Forum, also Weltwirtschaftsforum, denn es geht um nichts Geringeres, als eine neue Weltordnung[38] für die Weltwirtschaft zu schaffen.

Geostrategische Partner

Man könnte denken, das WEF würde sich hauptsächlich mit den oben aufgelisteten Bereichen beschäftigen, dem ist aber nicht so. So gibt es dort auch eine *Globale Plattform für geostrategische Zusammenarbeit*, deren Partner u. a. der Atlantic Council und die RAND Corporation sind.[39]

Schauen wir uns Ersteren etwas genauer an:

> »Der Atlantic Council of the United States (Atlantic Council) ist eine außergewöhnlich einflussreiche US-amerikanische Denkfabrik und Lobbyorganisation, die von weltweit tätigen Konzernen und ehemaligen ranghohen Regierungsvertretern und Ex-Militärs gesteuert wird. Über Letztere stellt die Organisation Kontakte zu den Regierungsspitzen im transatlantischen Bereich her, um ihre – auch interessengeleiteten – Vorstellungen von Wirtschaft, Politik und Sicherheit in die offizielle Politik einzubringen.«[40]

Zu den weiteren Partnern dieser WEF-Community gehört auch die US-amerikanische RAND Corporation, die nach dem Zweiten Weltkrieg gegründet wurde, um die US-Streitkräfte zu beraten. Diese Denkfabrik ist seit Langem u. a. dafür bekannt, Studien und Strategien zur Destabilisierung Russlands zu erarbeiten, so zu lesen in ihrem 2019 veröffentlichten Report: *»Russland überfordern und aus dem Gleichgewicht bringen – Bewertung der Auswirkungen kostenverursachender Optionen«*. Dieser Bericht der RAND Corporation beschreibt umfassend »gewaltlose, mit Kosten verbundene Optionen, die die Vereinigten Staaten und ihre Verbündeten in vielen wirtschaftlichen, politischen und militärischen Bereichen verfolgen könnten, um Russlands Wirtschaft und Streitkräfte sowie das politische Ansehen des Regimes im In- und Ausland unter Druck zu setzen – [also] zu überfordern und aus dem Gleichgewicht zu bringen«.[41] Diese und noch weitere Thinktanks sind Partner des WEF und arbeiten mit Klaus Schwab zusammen.

Umworbene Universitäten

Die Tentakel des WEF schlängeln sich jedoch nicht nur durch die Politik und in die Regierungskabinette, sondern strecken sich mithilfe des *Global University Leaders Forums (GULF)* auch nach den Universitäten aus, um dort vermutlich den (wissenschaftlichen) Lernstoff mitzubestimmen, der den jungen Generationen von heute und von morgen vermittelt werden soll:

> »Die Community des Global University Leaders Forum (GULF) besteht aus den Präsidenten der weltweit führenden Universitäten, die sich zur Unterstützung der Mission dieses Forums bekennen, den Zustand der Welt zu verbessern. Gemeinsam ermitteln und behandeln die GULF-Präsidenten **Themen von gemeinsamem Interesse, darunter Trends, Herausforderungen und Best Practices in den Bereichen Hochschulbildung, Forschung und gesellschaftliche Auswirkungen**. Die Gemeinschaft besteht aus 29 Mitgliedern und wird von Suzanne Fortier, Rektorin und Vizekanzlerin der McGill University, geleitet.«[42] (H.d.A.)

Vertreten sind hier u. a. Harvard, Yale, Stanford, Berkeley, Princeton, MIT, Bocconi und die ETH Zürich sowie die Universitäten von Tokio, Peking, Cambridge, Oxford und Kapstadt. Die lange Liste der renommierten Universitätspräsidenten, die Mitglieder dieses Forums sind, ist in den Anmerkungen unter Endnote »43« aufgeführt.[43]

Könnte es hier darum gehen, per Plattform Einfluss zu nehmen – in diesem Fall darauf, welche Art von Informationen und »Fakten« in den Forschungseinrichtungen vermittelt werden (und welche ggf. nicht) –, um auf diese Weise die Zukunft der zivilen Gesellschaft in bestimmte Richtungen zu lenken?

Dazu ein kurzer Exkurs: Im Februar 2019 fand in Kuala Lumpur, der Hauptstadt von Malaysia, ein Seminar über die muslimische Antwort auf das jährliche Treffen des World Economic Forum statt. Auf diesem Seminar sprach auch Dzulkifli Abdul Razak, emeritierter Professor der Pharmakologie, bis 2014 Präsident der Internationalen Vereinigung der Universitäten und 2017 mit der Gilbert-Medaille ausgezeichnet.[44] Er sagte, er habe Klaus Schwab getroffen und lange mit ihm gesprochen – und er könne sich des Eindrucks nicht erwehren, dass in Davos versucht wird, die westliche Sicht der Dinge auch anderen Ländern der Welt aufzuoktroyieren:

> »Wenn wir also das World Economic Forum […] betrachten und wenn diese Gruppe von Menschen Aussichten für die Zukunft malt und wir Muslime uns auf diese Zukunft ausrichten sollen, von der sie sagen, dass sie so sein wird, [dann frage ich mich,] **ist dies unsere Zukunft oder ihre Zukunft?** Wenn mich jemand [vom WEF] fragt: Ist Ihre Universität eine von Weltklasse?, frage ich immer zurück: Von welcher Welt sprechen Sie? Denn meine Welt und Ihre Welt sind vielleicht nicht dieselbe, und warum muss ich mich Ihrer Definition von Weltklasse unterwerfen?«[45] (H.d.A.)

Eine weitere kritische Stimme, die uns zeigt, dass das WEF wohl auch auf diesem Gebiet nicht unbedingt von der »intellektuellen Integrität« sprechen kann, mit der es sich per Eigendefinition rühmt.

Zukunft der Medienlandschaft

Das WEF beschäftigt sich auch mit dem Thema, wie wir in Zukunft von den Medien informiert und unterhalten werden sollen. Auf seiner Plattform *Gestaltung der Zukunft von Medien, Unterhaltung und Sport* wird Folgendes dargelegt:

»Identifizierung **neuer Geschäftsmodelle** für Inhalte und Vertrieb zur **Veränderung der Art und Weise, wie Verbraucher auf der ganzen Welt informiert und unterhalten werden.** [...] Gemeinsam mit unseren Mitgliedern und **Partnern** schaffen wir ein neues Mediensystem zwischen den Urhebern von Inhalten, den Vertreibern und den Verbrauchern.«[46] (H.d.A.)

Auf der gleichen Internetseite ist aufgelistet, wer die Partner sind, die die Zukunft der Medienlandschaft mit aufbauen und die »Art und Weise verändern, wie Verbraucher auf der ganzen Welt informiert« werden sollen: Darunter sind Konzerne wie Procter & Gamble, Adobe und Alibaba, aber auch Tech-Giganten wie Google[47], Microsoft[48], Meta[49] etc., die bereits für interne und äußere Zensur bekannt sind (siehe die jeweiligen Endnoten).

Nebenbei: Um dieser neuartigen Zensur zu entgehen und an Informationen zu kommen, sind investigative Journalisten oft gezwungen, im verpönten Darknet zu recherchieren.[50] In diesem findet man eben nicht nur Porno, Waffen, Drogen etc., sondern, wie die *Deutsche Welle* beschreibt, auch faktengetreue Informationen, die von den staatstreuen Tech-Giganten wie Meta und Google oftmals umgehend aus dem »normalen« Internet entfernt werden.[51]

Trotzdem beharrt das WEF darauf, die Zukunft der Medienlandschaft ausgerechnet mithilfe solcher nachweislich der Zensur überführten großen Tech-Unternehmen zu gestalten – und dies, obwohl »Silicon Valley nicht die Kontrolle über die freie Meinungsäußerung gegeben werden sollte«, wie selbst ein Mainstreammedium wie *The Economist* schreibt.[52]

Der Einfluss des WEF auf die Medienlandschaft ist bereits heute zu spüren – so hat die weltweit vermutlich bekannteste Nachrichtenagentur *Reuters* 2021 einen Exklusivvertrag mit dem WEF abgeschlossen.[53] Wie sehr sich die Mainstreammedien in der Umklammerung durch die WEF-Tentakel befinden, lässt sich aus der Medienreaktion auf das Davoser Treffen 2021 erkennen, wie auf der WEF-Internetseite nachzulesen ist:

> **»Die Agenda von Davos war das medienwirksamste Ereignis seit Beginn der Pandemie** [...]. **Es gab weltweit mehr als 40 000 Medienerwähnungen.**
> **Mehr als 1200 Journalisten von einflussreichen Medienkanälen aus allen G20-Ländern berichteten über das Treffen.** Tägliche Berichterstattungen über das Treffen lieferten unter anderem die *Financial Times*, die *New York Times*, die *Washington Post*, das *Wall Street Journal, CNBC, CCTV, Nikkei, Al Arabiya* und *O Globo*, was zu insgesamt 43 500 Artikeln führte. Nachrichtenorganisationen in 138 Ländern berichteten über die Aufrufe des Forums [...] **Der Tenor der Berichterstattung war überwiegend neutral oder positiv (87 %)** und konzentrierte sich auf die wichtigsten Initiativen und Themen des Treffens.«[54] (H.d.A.)

Dabei zu sein, wenn auch nur als beobachtender Berichterstatter, ist für Journalisten wichtig, und wer positiv über das Treffen berichtet, darf vermutlich auch im nächsten Jahr wieder »dabei sein« und womöglich einen Minister oder einen prominenten Vorstandsvorsitzenden interviewen. Tatsächlich ist die Zahl der Medienerwähnungen 2022 gestiegen: In über 48 000 Artikeln, Nachrichten-Videos etc. wurde ausführlich über das Jahrestreffen des World Economic Forum in Davos berichtet.[55] In jenem Jahr waren auch wieder einige ausgewählte Journalisten als Teilnehmer der Diskussionspanels eingeladen, so z. B. Susanne Biedenkopf-Kürten (Leiterin der Hauptredaktion Wirtschaft, Recht, Service, Soziales und Umwelt des *ZDF*), Alexander Pigman *(Agence France-Presse)*, Karen Tso (Moderatorin bei *CNBC International*), Sasha

Vakulina (Wirtschaftsredakteurin bei *Euronews*), Jochen Wegner (Chefredakteur von *ZEIT Online*), Lally Graham Weymouth *(Washington Post)*, Christopher Williams (Wirtschaftsredakteur beim *Daily Telegraph*) und viele weitere. Diese für die Mainstreammedien tätigen Journalisten in die Foren und Gruppen des WEF-Treffens einzubinden ist einer der vielen gelungenen Schachzüge von Klaus Schwab. Journalist in einem Mainstreammedium zu sein ist, zumindest zurzeit, alles andere als rühmlich, denn es scheint, als würde der in ihrem Unterbewusstsein kultivierte Wunsch, eins zu sein mit der Elite, sie vergessen lassen, was eigentlich ihre primäre Aufgabe ist: Politikern kritische Fragen zu stellen – zum Beispiel, wenn es um den Einfluss des WEF auf Gesetzesvorhaben geht, wie zuletzt in Australien geschehen.[56]

Angesichts der Tatsache, dass sich das WEF mit der Zukunft der Medien beschäftigt, muss man sich die Frage stellen, wie es eigentlich mit dem Wert »Pressefreiheit« umgeht. Das Interview auf *CBC Radio* im September 2022 mit Adrian Monck, dem geschäftsführenden Direktor des WEF, ist diesbezüglich ein Augenöffner.[57]

Hierzu eine kurze Anmerkung: Zuvor hatten einige kanadische Politiker und Journalisten erneut auf die Aussage von Klaus Schwab aufmerksam gemacht, dass die Hälfte der Trudeau-Regierung 2017 aus Young Global Leaders bestand und man sich daher nicht des Eindrucks erwehren könne, dass Kanada eigentlich vom WEF regiert wird.[58]

In dem Interview mit *CBC Radio* kommentierte Adrian Monck diese kritischen Äußerungen mit den Worten:

> »Kanada sollte im Moment über viele Dinge sprechen. Man sollte wirklich nicht über das Weltwirtschaftsforum hier in Genf sprechen. [...] Es gibt wirklich wichtigere Themen, über die man nachdenken sollte.«[59]

Monck ging noch weiter und behauptete, dass Kanada einer Desinformationskampagne zum Opfer gefallen wäre[60] (obwohl das besagte Video-Interview mit Klaus Schwab und dessen Aussage zu dieser Zeit auf YouTube und etlichen politischen Blogs zu sehen und zu hören war und noch ist).

Angesichts solcher Vorgehensweisen sollte man den Plänen, Projekten und Initiativen des WEF für die Zukunft der Medienlandschaft mit gesundem Misstrauen begegnen.

Einbindung supranationaler Organisationen

Zuletzt sei hier kurz das Problem »World Economic Forum und supranationale Organisationen« skizziert.

Für Klaus Schwab und sein WEF ist es eine Priorität, mit internationalen Organisationen zusammenzuarbeiten. Die Partnerschaft, die das WEF 2021 mit der UNO einging, geriet heftig unter Beschuss, denn auf diese Weise, so die Kritiker, würde das World Economic Forum, das ja hauptsächlich die Interessen der größten Global Players vertritt, faktisch Zugang zu den Machtstellen der UNO erlangen. Die Vermutung, dass auch diese von Klaus Schwabs Leuten »penetriert« werden, so wie er das bereits in den unterschiedlichsten Regierungen handhabt – siehe Kanada, Belgien, Großbritannien, Finnland etc. –, liegt nahe (siehe auch Kapitel 3).

Da sich die Leser ihre Meinung hauptsächlich anhand der Zitate aus den Büchern von Klaus Schwab und aus seinen Interviewäußerungen bilden sollen, seien im Folgenden einige abschließende Sätze aus seiner Ansprache beim WEF-Gipfel 2022 wiedergegeben:

> »Wir sollten uns auch darüber im Klaren sein: Die Zukunft ist nicht etwas, das einfach so passiert. **Die Zukunft wird von uns gestaltet, von einer starken Gemeinschaft wie Ihnen in**

> **diesem Saal** [damit meint er die anwesenden Superreichen, die Politiker, die CEOs der Global Players, die Mainstream-Journalisten etc.]. **Wir haben die Mittel**, um den Zustand der Welt zu verbessern […] Aus diesem Grund werden Sie hier während des Treffens viele Gelegenheiten finden, sich an sehr handlungsorientierten und kraftvollen Initiativen zu beteiligen, **um Fortschritte bei den Fragen der globalen Agenda zu erzielen.**«[61] (H.d.A.)

Und diese globale Agenda ist beunruhigend, denn die Zukunftsvorstellungen, die Klaus Schwab in seinen Büchern und Interviews für uns, aber insbesondere für unsere Kinder und Kindeskinder entwirft, sollten uns alle aufrütteln und handeln lassen.

Dem WEF und der Kapitalelite geht es offenbar darum, die Demokratie weiter auszuhöhlen, den Megareichen eine noch größere Macht an den Regierungsschaltstellen zu geben und den Überwachungskapitalismus zu verschärfen. Weiter ist angestrebt, die digitalen/technologischen Innovationen rapide voranzutreiben sowie Roboter und Künstliche Intelligenz anstelle von Menschen einzusetzen, wodurch laut Historiker Yuval Noah Harari demnächst sehr viele von uns zu »überflüssigen Menschen« werden.[62] Eventuell aufgrund von Arbeitslosigkeit und Armut aufkommende Unruhen sollen dann »dank« Smart-ID, digitaler Währung und weiteren digitalen Kontrollmaßnahmen im Keim erstickt werden.

Der Angriff auf die Demokratie und auf uns, das Volk, den sogenannten Souverän, ist bereits in vollem Gange. Er wird unser aller Leben (insbesondere das der kommenden Generationen) in naher Zukunft – wie sich Schwab ausdrückt – revolutionieren.

KAPITEL 2

WER HAT ANGST VOR KLAUS SCHWAB?

»Vieles von dem, was wir heute tun,
wurde vor 25 Jahren
verdeckt von der CIA durchgeführt.«[63]
Allen Weinstein
Mitgründer des National Endowment for Democracy (NED)

Über die biografische Vergangenheit von Klaus Schwab, insbesondere über seine Kindheit, sind nur wenige Informationen der Öffentlichkeit zugänglich. Auf der Webseite des von ihm 1971 gegründeten Weltwirtschaftsforums (WEF) steht nur, dass er am 30. März 1938 in Ravensburg geboren wurde, sowie eine kurze Angabe, mit wem er verheiratet ist und dass er zwei Kinder hat – aber kein Wort über seine weitere Herkunft.[64] Da er eines seiner Bücher seinem Vater Eugen Wilhelm Schwab und seiner Mutter Erika Epprecht gewidmet hat, sind zumindest seine Eltern bekannt.

Laut *dpa* war Eugen Wilhelm Schwab in den 1930er-Jahren Direktor des Ravensburger Werkes der schweizerischen Maschinen- und Turbinenbaufirma Escher Wyss (die während der Nazizeit, wie historisch nachgewiesen, die Arbeitskraft von Zwangsarbeitern und Häftlingen nutzte[65]). In diesem Milieu wuchs Klaus Schwab, der Sohn des Direktors, auf. Wie sehr ihn der väterliche Beruf geprägt hat, wird auch aus seiner späteren Studienwahl ersichtlich, denn er begann in Zürich (wo die Firma Escher Wyss ihren Hauptsitz hatte) Ingenieurwissenschaften zu studieren.

Nach der Promotion in diesem Fach erwarb er, weiterhin in der Schweiz, seinen zweiten Doktortitel in Wirtschaft und anschließend einen Master of Public Administration (MPA) an der Harvard University.

War er also geradezu prädestiniert, neue Technologien, Wirtschaft und Politik in Einklang zu bringen, und somit der beste Mann, um das Projekt derjenigen zu realisieren, die den Great Reset durchsetzen wollen – vorbei an den Sorgen und dem Willen der Menschen? Wahrscheinlich ja. Zumindest in den Augen seines Mentors.

Klaus Schwab hat mehrmals erwähnt, dass der ehemalige US-Außenminister Henry Kissinger (ebenfalls in Deutschland geboren) einer der wenigen Menschen ist, die ihn stark beeinflusst haben. Für ihn ist »Henry« eine Art Vorbild, von dem er nie abrückte und den er in seinen letzten zwei Büchern auch mehrmals zitierte.

Die beiden begegneten sich in den 1960er-Jahren, als Klaus Schwab die Lehrveranstaltungen über internationale Politik besuchte, die Henry Kissinger damals an der Harvard University hielt. Es handelte sich um die Seminare des Center for International Affairs (CFIA), eine Mischung aus Forschungsinstitut und Thinktank, dessen Themen und Inhalte (wie man schon lange vermutet hatte) von der CIA, das heißt dem Auslandsgeheimdienst der USA, gelenkt und finanziert wurden, um Experten für internationale Fragen heranzubilden.[66] Der investigative Journalist Johnny Vedmore fand 2022 heraus, dass die CIA diese Lehrveranstaltungen tatsächlich mit viel Geld subventionierte.[67]

Aus diesem Geflecht scheint sich Klaus Schwab nie ganz befreit zu haben, jedenfalls war dies der Anfang einer lebenslangen Beziehung, in der er zum Gefolgsmann von Kissinger wurde (und derjenigen, die hinter diesem standen und stehen) – zunächst in Europa und später global. Es sei hier auch erwähnt, dass Schwab ebenso wie Kissinger Mitglied des Lenkungsausschusses der Bilderberg-Gruppe ist, der u. a. den Vorsitzenden dieses exklusiven Eliteklubs ernennt.[68]

Aber der Reihe nach:
Im Dezember 1968 verlässt Henry Kissinger das Center for International Affairs und wird Nationaler Sicherheitsberater in der Regierung Nixon. Drei Jahre später, im Jahr 1971, gründet Klaus Schwab das Word Economic Forum in Davos (damals hieß es noch »European Management Forum«), wo sich zunächst nur die Wirtschaftselite trifft. Nach und nach stößt ein Regierungschef nach dem anderen zu diesen jährlichen Treffen der Wirtschafts- und Finanzelite hinzu (der Russe Putin und der Chinese Xi inbegriffen) – sowie weitere Politiker, Universitätsprofessoren, Wissenschaftler und, um den Anschein einer demokratischen Repräsentation zu wahren, auch Vertreter von NGOs, Künstler etc. Wichtig zu wissen ist auch, dass im Jahr 1973 aus der Unzufriedenheit David Rockefellers mit der Bilderberg-Gruppe heraus die Trilaterale Kommission ins Leben gerufen wird (mehr darüber siehe unten).

All diese Stiftungen, Organisationen und Denkfabriken der Elite (dazu könnte man auch das Aspen Institute, den Council on Foreign Relations und die Bilderberg-Gruppe zählen) reden die gleiche Sprache und verfolgen oft die gleichen Ziele.

In seinen Büchern spricht sich Klaus Schwab faktisch für eine schnelle Durchsetzung einer »neuen Weltordnung« aus, auch wenn er diese etwas beschönigend als »Great Reset« (»Großer Umbruch«) bezeichnet. Das Ziel bleibt aber eine neue World Order[69], ein weltumspannendes Regierungskonstrukt, das Kissinger seit Jahren propagiert. Dieses Konzept einer »neuen Weltordnung« ist übrigens mitnichten eine verquere Idee von Verschwörungstheoretikern, sondern ein durchaus konkretes Projekt der Elite, wie man in den Büchern und Artikeln von Kissinger nachlesen kann.[70]

Seitdem Klaus Schwab das lang gehegte (US-amerikanische) Ziel einer neuen Weltordnung ebenso hartnäckig wie offen verfolgt (seit einigen Jahren in Form seines technologiegeprägten und transhumanistisch orientierten, alle Lebensbereiche durchdringenden »Great Resets«), ist das WEF für zahlreiche Menschen eines der bedrohlichsten internationalen Machtzentren und sein Gründer die gefährlichste Person der Welt geworden.[71] Viele in den USA, in Europa und auch in den asiatischen Ländern (darunter hochstehende Kirchenvertreter und hoch geachtete Universitätsprofessoren) sehen in diesem Ziel (siehe Kapitel 8), das unaufhaltsam aus der »vierten industriellen Revolution« emporzusteigen scheint, eine groß angelegte wirtschaftliche und soziale Disruption, durch die ein robotisiertes plutokratisches Regime verwirklicht werden soll, das zum Transhumanismus führt – für viele eine Horrorvision.

In einem Interview mit der *Zeit* (2020) spricht Schwab allerdings nicht über die demokratiegefährdenden Ideen in seinen Büchern, sondern stellt Konzepte vor, die eigentlich jeder bereitwillig abnicken kann: Dabei geht es darum, den Planeten vor einer ökologischen Katastrophe zu bewahren und die Ungleichheit zwischen Reich und Arm zu reduzieren.

Die Frage, wie diese Umverteilung von Reich zu Arm gehen solle, beantwortet Klaus Schwab in dem oben erwähnten *Zeit*-Interview mit einer glatten Lüge: Er behauptet, dass sogar Menschen wie Bill Gates für eine Umverteilung sind – was aber nicht der Wahrheit entspricht, denn Gates hat Vorschläge zu möglichen Steuererhöhungen für Reiche in den USA immer wieder kritisiert.[72] Nach Daniel Lang, Dozent für Wirtschaft an der Université Paris 13, sind diese schönen und auf den ersten Blick jeden ansprechenden Konzepte reine Makulatur, denn:

> »Man darf […] nicht vergessen, dass die gleichen Entscheidungsträger in Davos sich immer gegen jede Regulierung

> ausgesprochen haben, selbst gegen sehr bescheidene wie die Tobin-Steuer (0,1% Steuer auf Finanztransaktionen).«[73]
> (Bericht vom Januar 2021 auf *TV5 Monde*)

Wenn Klaus Schwab sogar in der *Zeit* öffentlich die Unwahrheit behaupten darf – wo und wann tut er es wohl sonst noch?

Wem solche Ungereimtheiten auffallen, der fängt an, sich Fragen zu stellen und tiefer zu graben. Gründet die Abneigung zahlreicher Bürger Klaus Schwab[74] gegenüber also vielleicht auf der Angst vor einem unglaubwürdigen Ideenkonstrukt, mit dem in Wahrheit eine menschenverachtende Disruption angestrebt wird?

Wie wir in den folgenden Kapiteln sehen werden, sind solche Fragen berechtigt, denn in diesem bereits recht weit fortgeschrittenen globalen Experiment ist Klaus Schwab einer – wenn auch nicht der Einzige –, der es bereits geschafft hat, viele Fäden zugunsten seiner global agierenden Partner zu ziehen.

Seit Jahren und insbesondere seit der Covid-Pandemie versuchen nämlich auch andere bekannte Persönlichkeiten, die Demokratie zu ihren Gunsten auszuhöhlen – das heißt zugunsten einer sehr kleinen untereinander vernetzten Elite.

Das psychologische Profil der Superreichen

Die Reichen sind nun mal anders als wir, wie Scott Fitzgerald es vor fast einem Jahrhundert in seinem Werk *Der reiche Junge* so treffend formulierte:

> »Lassen Sie mich von den wahrhaft reichen Leuten erzählen. Das sind keine Menschen wie Sie oder ich. Sie halten sich aus tiefster Überzeugung für etwas Besseres als wir, weil wir erst einmal für uns selbst entdecken mussten, wie man sich im Leben einrichten und schadlos halten kann. Sie mögen noch so tief in

> unsere Welt einsteigen oder gar unter uns hinabsinken, so glauben sie dennoch, etwas Besseres zu sein als wir. Sie sind anders.«[75]

Wie Reiche und Superreiche denken und handeln, erklären uns auch einige wissenschaftliche Studien, die ihr psychologisches Profil unter die Lupe genommen haben und zu folgendem Schluss gekommen sind: »Reiche sind narzisstischer.«[76]

Aber was bedeutet es eigentlich, narzisstisch zu sein?

> »Wenn Selbstbewusstsein in Selbstverliebtheit umschlägt, sprechen Ärzte von Narzissmus. Wissenschaftler der Charité haben jetzt herausgefunden, dass eine narzisstische Persönlichkeitsstörung tatsächlich mit einer veränderten Anatomie des Gehirns einhergeht. […] **Eines der Kernmerkmale einer narzisstischen Persönlichkeitsstörung ist der Mangel an Empathie.**«[77] (H.d.A.)

Wir brauchen uns also nicht zu wundern, wenn sich Reiche tendenziell kaum für das Schicksal der Menschen interessieren, die (oft gerade von ihnen) in Arbeitslosigkeit, Armut und Verzweiflung getrieben werden. Selbst ihre philanthropischen Bemühungen gereichen ihnen zumeist zum eigenen Vorteil.[78]

Weitere Studien belegen zudem einen höchst besorgniserregenden Charakterzug dieser Finanzelite, denn narzisstische Persönlichkeiten neigen dazu, die demokratische Regierungsform abzulehnen:

> »Diejenigen, die einen hohen Narzissmusgrad aufwiesen, befürworteten Demokratie dagegen eher nicht«[79] – so eine Analyse der britischen University of Kent.

Für die meisten narzisstischen Elitemenschen ist Demokratie ein Störfaktor; vermutlich weil sie sich fragen, warum sie eine Regierung erdulden sollten, die von Leuten gewählt wurde, die sie eigentlich mehr oder weniger verachten.[80]

Auch aus diesem Grund neigen sie dazu, demokratische Strukturen zu unterwandern, denn durch Platzierung ihrer eigenen Leute in den Regierungen können sie politische Entscheidungen, Gesetzesvorhaben und gesellschaftliche Maßnahmen in ihrem Sinne beeinflussen. Wie schon der stets freundliche, bejahrte und superreiche Warren Buffett 2006 einem Interviewer der *New York Times* gegenüber äußerte:

> »Es gibt durchaus einen Klassenkampf […] aber es ist meine Klasse, die reiche Klasse, die den Krieg führt, und wir gewinnen.«[81]

Die Strategie der narzisstischen Elite, in der westlichen Welt und auch anderswo eine neue Weltordnung durchzusetzen (eine Art Techno-Plutokratie, deren Strukturen sehr an China erinnern), wird nicht nur vom WEF, sondern auch von weiteren westlichen Machtzentren energisch vorangetrieben. Hier wären beispielsweise das Aspen Institute und die Trilaterale Kommission zu nennen. Letztere wurde in den 1970er-Jahren von David Rockefeller gegründet (unter den Mitgliedern finden wir Ex-Außenminister Henry Kissinger … und Eric Schmidt, den ehemaligen Vorstandsvorsitzenden von Google und Alphabet Inc. und heute das Bindeglied schlechthin zwischen Silicon Valley und dem US-amerikanischen Militärapparat[82]).

Bevor wir uns also mit dem WEF und dem Einfluss von Klaus Schwab auf die Gestaltung jetziger und zukünftiger Gesellschaften, auf die Politik und unsere persönliche Zukunft beschäftigen, werfen wir zunächst einen genaueren Blick auf die graue Eminenz dieser allumfassenden gesellschaftlichen Transformation (Neue Weltordnung bzw. Great Reset), nämlich auf Henry Kissinger, der seit eh und je einen großen Einfluss auf den Gründer des Weltwirtschaftsforums ausübt.

Henry Kissinger

Man muss wissen, dass Henry Kissinger in den 1950er- und 1960er-Jahren[83] für die Rockefeller Stiftung arbeitete; danach ging er in die Forschung und schließlich in die Politik, wo er sich als Hardliner und skrupelloser Vertreter der US-Wirtschaftsinteressen etablierte. 1973 wurde ihm »sogar« der Friedensnobelpreis verliehen, worauf zwei Mitglieder des Nobelpreiskomitees aus Protest ihren Rücktritt einreichten.[84] Kissingers machiavellistische Realpolitik, u. a. was den Vietnamkrieg anbelangte, brachte ihm damals von Menschenrechtsaktivisten und -anwälten harsche Kritik ein. Hier sei nur seine Rolle beim Angriff der US-Streitkräfte gegen das neutrale Kambodscha erwähnt: Den Befehl, dieses Land zu bombardieren, hatte Nixon 1969 aufgrund von Kissingers Hinweisen und Empfehlungen[85] erteilt, ohne das amerikanische Volk darüber zu informieren.[86] Über dem neutralen Kambodscha, das zu den am schwersten bombardierten Ländern des 20. Jahrhunderts zählt, wurden bei 3600 US-Bomberflügen in 14 Monaten rund 110 000 Tonnen Bomben abgeworfen.[87] Laut Professor Ben Kiernan von der Yale University haben diese Angriffe zwischen 50 000 und 150 000 Menschen getötet.[88]

Viele von Kissingers Handlungen haben also einen bitteren Nachgeschmack. 2015 schrieb Nicholas Thompson vom *newyorker.com* in *Politico* über ihn:

> »Er hat Kollegen und Nationen manipuliert. Er täuschte den Beginn eines Atomkriegs vor, um eine perverse persönliche

> Spieltheorie voranzutreiben. Er verübte kaltblütig internationale Verbrechen.«[89]

Dies sollte ausreichen, um auch die Person Klaus Schwab besser einzuordnen, denn wie es schon bei Goethe heißt: »Sage mir, mit wem du umgehst, so sage ich dir, wer du bist!«[90] Trotz schärfster Kritiken schmiedet Kissinger selbst im hohen Alter (Stand August 2022) mit Nachdruck weiter an der Weltpolitik und die enge und seit Jahren gut koordinierte Kissinger/Schwab-Zusammenarbeit lässt sich vielfach nachweisen, wie etwa auch zu Beginn der Corona-Pandemie.

Die neue Weltordnung und die Disruption

Bereits im April 2020 (also zu Beginn der Pandemie) schrieb der frühere Außenminister in der *Washington Post* einen Artikel mit dem Titel »Die Corona-Pandemie wird die Weltordnung für immer verändern«. Darin unterstrich er u. a. folgenden Aspekt:

> »Die (Covid-)Krisenbemühungen, so umfangreich und notwendig sie auch sein mögen, dürfen nicht die vordringliche Aufgabe verdrängen, **parallel dazu ein Vorhaben zum Übergang zu einer Post-Coronavirus-Ordnung zu starten.**«[91] (H.d.A.)

Dieser Gedanke wird kurz darauf von Klaus Schwab übernommen und für Europa ein wenig abgeschwächt, wie im WEF-Portal im Sommer 2020 zu lesen ist:

> »Die Pandemie stellt ein seltenes, aber enges Fenster der Gelegenheit dar, um über unsere **Welt** nachzudenken, sie **neu zu denken und neu zu gestalten.**«[92] (H.d.A.)

Der Grundgedanke Kissingers, dass nach der Covid-Pandemie eine neue (Welt-)Ordnung etabliert werden solle, bleibt somit bestehen und wird bekräftigt.

Wie dieser seit Jahrzehnten vom Duo Kissinger/Schwab öffentlich bekannt gemachte und systematisch verfolgte Plan einer kleinen Elite ausschaut, kann man in den Büchern von Klaus Schwab seit 2016 nachlesen (er hat übrigens 2014 den Dan-David-Prize erhalten und ist Honorarprofessor für Wirtschaft an der Ben-Gurion-Universität in Israel):

> »Wir stehen am Anfang einer Revolution, die unsere Art zu leben, zu arbeiten und miteinander zu interagieren grundlegend verändern wird. Aufgrund ihrer enormen Tiefen- und Breitenwirkung sowie ihrer Komplexität ist das, was ich als die Vierte Industrielle Revolution bezeichne, ein in der Geschichte der Menschheit beispielloser Vorgang. […]
> **Sie ändert nicht nur, was wir tun und wie wir es tun, sondern auch, wer wir sind.** […] Die Vierte Industrielle Revolution geht mit der Transformation ganzer Systeme einher, über Länder, Unternehmen und Branchen hinweg sowie quer durch die Gesellschaft insgesamt. […]
> Die Frage, wie neue Technologien unser Leben und das der nachfolgenden Generationen verändern und wie sie das ökonomische, soziale, kulturelle und menschliche Umfeld umformen werden, **bedarf einer weltweit abgestimmten, umfassenden Antwort.**«[93] (H.d.A.)

Es wird kein Hehl daraus gemacht, dass diese Antwort von der Finanz- und Wirtschaftselite kommen sollte, denn Schwab ist der Ansicht, dass die Entscheidungsträger (wohl im Sinne *politischer* Entscheidungsträger) nicht in der Lage sind, das Disruptive dieser Revolution rechtzeitig zu erkennen und entsprechend zu handeln:

> »Meine Sorge ist, dass Entscheidungsträger zu oft traditionellen, linearen (und nicht-disruptiven) Denkmustern verhaftet sind oder zu sehr von kurzfristigen Belangen in Anspruch genommen werden, sodass sie nicht in der Lage sind, mit strategischem Weitblick über die Kräfte der Disruption und Innovation, die unsere Zukunft prägen werden, nachzudenken.«[94] (H.d.A.)

Unter Disruption in diesem Zusammenhang versteht man üblicherweise den Zerfall der alten wirtschaftlichen und sozialen Ordnung mit der Folge hoher Arbeitslosigkeit durch Roboter- oder AI-Einsatz sowie Maßnahmen zur Bekämpfung möglicher daraus resultierender Unruhen. Am Ende dieser Phase soll eine neue »Wohlstands-Ära«[95] beginnen, die unbedingt neuer rechtlicher wie sozialer Normen bedarf – also eine neue Weltordnung, deren Gestaltung nicht der Politik überlassen werden kann, wie anhand der Infiltrierung der Regierungen bereits seit Jahren zu beobachten ist. Eine Strategie, die bislang allerdings dazu geführt hat, die soziale Ungleichheit deutlich steigen zu lassen, wie ein Bericht vom *Oxfam* 2022 darlegt:

> »Seit 1995 hat das reichste Prozent der Weltbevölkerung fast 20-mal mehr Vermögen angehäuft als die ärmsten 50 Prozent der Menschheit zusammen.«[96]

Schwabs Ankündigungen der bevorstehenden Disruptionen sind also sehr ernst zu nehmen, und wir sollten uns Gedanken darüber machen, wie wir diese wirtschaftlichen und gesellschaftlichen Veränderungen im Zuge der vierten industriellen Revolution, das heißt den »Großen Umbruch« und das »Große Narrativ«, überleben können.

Hierzu gilt es, die von vielen Regierungen bereits umgesetzten

WEF-Vorhaben genauer zu beleuchten, um beurteilen zu können, ob diese neue, von der Elite geplante Weltordnung tatsächlich beängstigend ist – und falls ja, wie wir uns alternative Lebensweisen gestalten und aufbauen können (viele Menschen sind bereits dabei, schon im Hinblick auf ihre Kinder und Kindeskinder).

Werfen wir also einen Blick hinter den Schleier von Schwabs wohlklingenden Worten, um klarer zu erkennen, wer und was eigentlich wirklich hinter dem geplanten »Great Reset« steht.

Wer zieht mit an den Fäden?

Das WEF alleine ist es nicht, denn auch der Trilateralen Kommission ist die »Souveränität der Staaten« – und darum geht es im Wesentlichen! – schon jahrzehntelang ein Dorn im Auge (siehe Kapitel 3 und 8).

Seit Langem streckt diese Kommission ihre Tentakel überall aus, um zunehmend Macht und Kontrolle über die Weltwirtschaft und die Weltpolitik zu gewinnen, die globalen Geschicke in ihrem Sinne zu lenken und ihre eigenen Ziele zu verfolgen – wie Dino Knudsen, Historiker und Lehrbeauftragter an der Universität Malmö, in einer wissenschaftlichen Arbeit deutlich aufgezeigt hat. Sein Buch *The Trilateral Commission and Global Governance* wurde vom Verlag 2016 so vorgestellt:

> »Im Jahr 1973 gründeten David Rockefeller und Zbigniew Brzezinski die Trilaterale Kommission. Die Kommission, der sehr einflussreiche Persönlichkeiten aus Wirtschaft und Politik in den USA, Westeuropa und Japan angehörten, **wurde bald als eine Art embryonale Weltregierung oder sogar als Schattenweltregierung angesehen.** Als erster Forscher, der Zugang zu den Archiven der Kommission hatte, argumentiert der Autor, dass diese Studie aufzeigt, **dass Global Governance**

> **und internationale Diplomatie als ein Produkt sich überschneidender Elitenetzwerke betrachtet werden sollten, die informelle und formelle Sphären über nationale Grenzen hinweg miteinander verbinden.**«[97] (H.d.A.)

Anthony Blinken, der jetzige Außenminister der USA, ist Mitglied dieser »Schattenweltregierung«, so wie nach wie vor Henry Kissinger.

Selbst unser ehemaliger SPD-Vorsitzender Sigmar Gabriel fühlte sich vor Jahren berufen, diesem Zirkel beizutreten, nachdem er beim WEF-Gipfel 2015 in Davos, der Kameras nicht gewahr, allen Ernstes behauptet hatte, dass die Deutschen *»reich und hysterisch sind«*, und gleich hinzufügte: *»Wir sind ja hier unter uns und können somit offen reden.«*[98]

... unter uns ...?

Kurzer Exkurs: Einige Leser von *Campact* machten damals als Wähler ihrer Entrüstung Luft und erläutern uns, was hinter diesen Äußerungen steckte (uneditiert):

> »Müller (26. Januar 2015 um 01:04 Uhr)
> Natürlich weiß Gabriel, was das Volk denkt, aber es ist ihm egal, Hauptsache er bekommt TTIP durch. Die Nutznießer zahlen auch besser, als das Volk!
>
> Rolf Stahlhofen (25. Januar 2015 um 18:24 Uhr)
> Was hier nicht steht, und auf Youtube zu sehen ist, wie Er auf der Podiumsdiskussion sagt: Wir sind ja hier unter uns, da kann man ja offen reden [...] So sieht es aus, hinter verschlossen Türen werden Dinge über das störende Volk gesagt, da können wir nur froh sein, dass wir nicht alles mitbekommen!«[99]

Schon 2015 ließ Gabriel als Gast beim WEF-Gipfel in Davos also offen erkennen, dass er wie die anderen dort Anwesenden zu dem Elitezirkel gehört, der die Geschicke der Welt nach Gutdünken lenkt, und nicht auf das hysterische (in diesem Fall deutsche) Volk zu hören brauche. Wenig später wurde Gabriel Vorsitzender der Atlantik-Brücke sowie Mitglied der Trilateralen Kommission.

Nebenbei: Ein ähnlich entlarvender Satz rutschte unserer Außenministerin Annalena Baerbock heraus, als sie im September 2022 beim Forum 2000 in Prag auf Englisch sagte, sie würde weiterhin fest an der Seite der Ukrainer stehen – »egal, was meine deutschen Wähler denken«.[100]

Dies alles zeigt, mit welcher narzisstischen Respektlosigkeit Politiker und Minister über Wähler und Bürger denken und sogar offen reden – insbesondere, wenn sie innerhalb einer bestimmten Gruppe sprechen: Dem Forum 2000 in Prag stand unter anderem die US-Botschaft als Partner zur Seite,[101] und somit konnte Annalena Baerbock bedenkenlos die Wahrheit ans Licht treten lassen – man war ja unter sich.

Ergänzend sei hier erneut darauf hingewiesen, dass Baerbock als ehemaliges Mitglied der Young Global Leaders des WEFs (wie übrigens auch der kanadische Premierminister Trudeau) eine von den Personen ist, mit der Klaus Schwab, wie er selbst in einem Video-Interview sagte, die Regierungen »infiltriert«[102] und auf die er setzt, um die neue Weltordnung zu realisieren.[103] Dank solcher freudscher Ausrutscher erfahren die Wähler, dass das WEF die Regierungen der Welt gezielt mit seinen Leuten durchsetzt. Im gleichen YouTube-Interview hatte sich Schwab auch hocherfreut darüber geäußert, dass die damalige Regierung von Trudeau zur Hälfte aus Personen bestand, die in Davos »geschult« worden waren:

> »Ich weiß, dass die Hälfte dieses Kabinetts, oder sogar noch mehr als die Hälfte dieses Kabinetts für unsere ... äh, sind

> eigentlich Young Global Leaders des World [Economic Forum] ...«[104]

Somit hat das WEF mit seinen Young Global Leaders das erreicht, was bereits Jahre zuvor der Trilateralen Kommission in den USA und anderen Ländern gelungen war, wie in der Encyclopaedia Britannica zu lesen ist:

> »Die Mitglieder [der Trilateralen Kommission] haben Schlüsselpositionen in der US-Regierung und in den Regierungen anderer Mitgliedsländer inne. **In den späten 1970er-Jahren zum Beispiel hatten viele ehemalige Mitglieder der Trilateralen Kommission leitende Positionen im Kabinett von US-Präsident Jimmy Carter.**«[105] (H.d.A.)

Gehört auch die Encyclopaedia Britannica zu den »Verschwörungstheoretikern«? Oder haben wir es mit einer typischen Strategie der Elite zu tun, mit der sie sich direkte Regierungsmacht verschafft?

Nun, Bushs Vater war Mitglied der Trilateralen Kommission, der auch hochrangige europäische und japanische Regierungschefs oder Regierungsmitglieder angehör(t)en – so zum Beispiel der französische Premier Raymond Barre, der deutsche Finanzminister Otto Graf von Lambsdorff, der britische Außenminister Lord Carrington und dessen japanischer Kollege Saburō Ōkita[106] – alles Männer, die gestaltende Regierungsmacht hatten. Hierbei sei darauf hingewiesen, dass **vor ihrer Regierungstätigkeit** fast alle Mitglieder dieser Trilateralen Kommission waren. (Nebenbei: Lord Carrington war zusätzlich Vorsitzender der Bilderberg-Gruppe.)

Die politische Strategie, die eigenen Leute in Regierungen zu bringen, hat Klaus Schwab eindeutig von dieser Kommission übernommen – man denke an die Young Global Leaders.

Das WEF und die Trilaterale Kommission scheinen oft die gleichen Ziele zu verfolgen. Letztere veröffentlichte im Juli 2022 ein Buch, das im Grunde genommen eine Zusammenfassung der Werke von Klaus Schwab ist. Der Titel: *Ein neuer Geist des Kapitalismus – Auf dem Weg zu nachhaltigeren und inklusiveren Volkswirtschaften* – mit dem Klappentext: »Die Trilaterale Kommission untersucht die Zukunft der Weltwirtschaftsordnung vor dem Hintergrund wichtiger globaler Trends wie Klimawandel, Digitalisierung und zunehmende Ungleichheit.«[107]

Wie Klaus Schwab haben auch die Autoren dieses Buches das Ende des Kapitalismus (so wie wir ihn kennen) und damit eine wirtschaftliche und gesellschaftliche Disruption sowie ein daraus aufsteigendes goldenes Zeitalter der Technologie und Umweltfreundlichkeit prophezeit:

> »Der Kapitalismus ist der größte Motor für materiellen Wohlstand, den die Welt je gesehen hat. Doch die Skepsis an seiner Lebensfähigkeit ist im gesamten politischen Spektrum angesichts der zunehmenden Ungleichheiten, des Klimawandels und der digitalen Disruption gewachsen. Dieses Buch beteiligt sich an der Debatte über die Krise des Kapitalismus – […] indem es konkrete Vorschläge macht, um es auf einen sozial und ökologisch nachhaltigeren Weg zu bringen.«[108]

Auch diese beschönigenden Worte sollten nicht darüber hinwegtäuschen, dass die Trilaterale Kommission und das Weltwirtschaftsforum von Klaus Schwab bei der Verfolgung ihres gemeinsamen Ziels Hand in Hand gehen, und zwar folgend der Vision, wie sie Henry Kissinger mehr als einmal klar geäußert hat: Die Schaffung einer neuen Weltordnung.[109]

Und das Ziel rückt näher ...

KAPITEL 3

WAS SIND DIE ZIELE DES WELTWIRTSCHAFTSFORUMS?

»Wir beschließen etwas, stellen das dann in den Raum und warten einige Zeit ab, was passiert. Wenn es dann kein großes Geschrei gibt und keine Aufstände, weil die meisten gar nicht begreifen, was da beschlossen wurde, dann machen wir weiter – Schritt für Schritt, bis es kein Zurück mehr gibt.«[110]

Jean-Claude Juncker
(Präsident der Europäischen Kommission 2014–2019)

Um diese zu verstehen, bedarf es keiner tiefgründigen Analyse – man muss dazu nur die Bücher lesen, die Klaus Schwab allein oder mit seinem Co-Autor Thierry Malleret verfasst hat, und/oder bei seinen Interviews aufmerksam zuhören.

Das Endziel ist immer ein hehres und gutes – geht es doch um nichts Geringeres, als der Menschheit ein besseres Leben zu ermöglichen, also die sozialen Ungerechtigkeiten zu verringern (z. B. den Abstand zwischen Arm und Reich), die Natur und den Planeten für kommende Generationen zu schützen etc. etc. Alles Ziele, die man nur abnicken kann und die einen dazu (ver-)führen, den Projekten von Klaus Schwab und seinen WEF-Mitstreitern erwartungsvoll zu folgen.

Doch lassen wir uns nicht blenden: Im Laufe der Geschichte wurden hehre Ziele von den Mächtigen immer dann propagiert, wenn es letztlich eigentlich nur darum ging, einer kleinen, bereits wohlhabenden Minderheit noch mehr Geld und Macht zu verschaffen und zu sichern. Erinnern wir uns daran, dass vor mehr als einem Jahrhundert die Kolonialmächte den afrikanischen Kontinent ausplünderten mit dem edlen Ziel, den Menschen dort die westliche Zivilisation zu bringen.[111] Hinter dem flauschigen Deckmantel der Fürsorge einer Elite verbirgt sich fast immer etwas ganz anderes.

Wie bereits Albert Camus wusste:

> »Das Wohl des Volkes im Besonderen war schon immer das Alibi der Tyrannen, und es bietet darüber hinaus den Vorteil, dass es den Dienern der Tyrannei ein gutes Gewissen verschafft. [...] Selbst diejenigen, die sich solcher Alibis bedienen, wissen, dass es sich um Lügen handelt.«[112]

Viele der WEF-Themen werden nicht als »Ziele« bezeichnet, sind aber eindeutig die Folgen des von dieser Organisation und ihrer Partner geplanten »Great Reset«. In diesem und in den nächsten Kapiteln geht es darum aufzuzeigen, welche Absichten das WEF im Zuge der Realisierung seiner neuen Weltordnung tatsächlich verfolgt:

Infiltration der Machtstellen von Regierungen (siehe auch Kapitel 1)
Wirtschaftliche Disruption
Stakeholder-Kapitalismus
Agile Government
Great Reset – Neue Weltordnung
Machtstärkung der supranationalen Organisationen zulasten der Souveränität der einzelnen Staaten und unserer Grundrechte
Die Notwendigkeit von Narrativen
Digitale Überwachung (Kapitel 4)

Transhumanismus (Kapitel 4)
Genomveränderungen am Menschen (Kapitel 4)
Konzentration der Nahrungsmittelproduktion (Kapitel 5)
Tisch-Reset: Insekten und Stammzellenfleisch (Kapitel 6)
Finanzieller Reset (Kapitel 7)
Die Erschaffung einer technokratischen Plutokratie (Kapitel 10)

Schauen wir uns dazu einen kurzen Auszug aus der Einleitung des Buches *Die Vierte Industrielle Revolution* (2016) etwas näher an:

> »Die größte und wichtigste der vielen verschiedenen, faszinierenden Herausforderungen, denen wir gegenwärtig gegenüberstehen, ist das Verständnis und die Gestaltung der neuen technologischen Revolution, **die mit nichts Geringerem als einem tief greifenden Wandel der menschlichen Zivilisation einhergeht.** [...]
> Wir erleben tief greifende Veränderungen in sämtlichen Wirtschaftszweigen, die durch das Aufkommen neuer Geschäftsmodelle, **die Disruption etablierter Unternehmen** und neue Produktions-, Konsum-, Transport- und Liefersysteme gekennzeichnet sind. Im gesellschaftlichen Bereich vollzieht sich ein Paradigmenwechsel in unseren Arbeits- und Kommunikationsformen und in der Art und Weise, wie wir uns äußern, informieren und miteinander unterhalten. **In ähnlicher Weise werden staatliche Strukturen und Institutionen umgestaltet, ändern sich Bildungs-, Gesundheits- und Verkehrssysteme. Neue Ansätze nutzen Technik, um das menschliche Verhalten sowie unsere Produktions- und Konsumsysteme zu verändern,** und können so dazu beitragen, natürliche Lebensräume zu schützen und wiederherzustellen, statt versteckte Kosten in der Form externer Effekte zu erzeugen. **All diese Veränderungen sind in ihrem Ausmaß,**

ihrer Schnelligkeit und ihrer Reichweite historisch beispiellos. […]
Die Frage, wie neue Technologien unser Leben und das der nachfolgenden Generationen verändern und wie sie das ökonomische, soziale, kulturelle und menschliche Umfeld umformen werden, **bedarf einer weltweit abgestimmten, umfassenden Antwort**.« [113] (H.d.A.)

Klaus Schwab schrieb dies vor sieben Jahren, und inzwischen ist viel geschehen – was uns zeigt, dass hinter diesen Worten Fakten stehen: Die bereits eingetretene Disruption betrifft einige für uns Menschen wesentliche Wirtschaftsbereiche wie Energie und Nahrung, die Schwab in seinem Buch *Covid-19: Der große Umbruch* bereits thematisiert hatte. Die Wirtschaftskrise aufgrund der Corona-Pandemie erwies sich allerdings als nicht so gravierend wie prophezeit. Nur – als sich die ökonomische Schieflage bereits wieder verbesserte, kam der Ukraine-Krieg hinzu und verschärfte die wirtschaftliche Umwälzung erneut.

Infiltration der Regierungen

Wie bereits in Kapitel 1 aufgezeigt, wurde dieses Hauptziel mit großem Erfolg Jahr für Jahr implementiert – also die Infiltration von Regierungen mit jungen ambitionierten Politikern, die in der Kaderschmiede des WEF als Young Global Leaders die Ideen von Klaus Schwab aufsaugen konnten.

Schauen wir uns einmal beispielsweise die kanadische Regierung genauer an (Stand: Oktober 2022)[114]: Premierminister Justin Trudeau war Young Global Leader – ebenso wie Chrystia Freeland (ehemals Außenministerin und seit 2020 Finanzministerin[115]), François-Philippe Champagne (Minister für Innovation, Wissenschaft und Industrie[116]), Mélanie Joly (Außenministerin[117]) sowie

Karina Gould (Ministerin für Familien, Kinder und soziale Entwicklung[118]).

Dies sind nur wenige Beispiele (auch deutsche Minister haben Klaus Schwabs Schulung durchlaufen), die aber zeigen, dass das WEF »seinen Leuten« direkte Regierungsmacht verschafft, wodurch die Initiativen des Davoser Zirkels schneller zu realisieren sind. Die kanadische *Financial Post* schreibt dazu im Februar 2022:

> »Schwab und das WEF hatten Hilfe bei der Vorbereitung ihrer kanadischen Infiltrationsmission, unter anderem von Trudeaus ehemaligem Stabschef Gerald Butts, einem Teilnehmer der WEF-Konferenzen in Davos und einem führenden Organisator der ideologischen Schritte der Trudeau-Regierung. **Wenn es um subversive Pläne zum Umsturz der freien Weltwirtschaft geht, sind nur wenige von größerer Tragweite als der globale Plan des WEF, die Welt neu zu gestalten und eine neue Form des ›Kapitalismus‹ zu installieren, die auf der Rekrutierung von Unternehmensführern für Regierungsposten beruht.** Die Unterwanderung Ottawas durch das WEF war nie ein Geheimnis, ebenso wenig wie Butts' Beteiligung. Aber kaum ein Wähler ist sich bewusst, dass das ideologische Modell hinter der liberalen Politikmaschine, dass der Steuerungsmechanismus, der Entscheidungen und Politiken lenkt, subversiv und autoritär ist.«[119] (H.d.A.)

Inmitten der wirtschaftlichen Disruptionen

Die Disruptionen können wir seit Jahren und Monaten sehenden Auges beobachten. Zuerst gab es die Covid-Lockdowns, die womöglich nicht einmal notwendig waren, wie das bereits ziemlich zu Beginn dieser Maßnahmen von drei hochrangigen Wissenschaftlern in der Great Barrington Declaration dargelegt[120] und inzwischen von weiteren Studien nachgewiesen wurde;[121] anschließend kam der Ukraine-Krieg – der zum Suizid der europäischen Wirtschaft führen könnte, wie selbst US-amerikanische Analysten feststellten.[122] (Siehe auch Kapitel 7)

Dann erfolgten die Sabotagen (Explosionen) an den beiden North-Stream-Pipelines, wodurch jegliche Zufuhr von Gas nach Europa unterbunden (und gleichzeitig Methan ins Meer und in die Luft gejagt wurde, was zu enormen Klimaschäden führen dürfte[123]).

Auch wenn Putin am 12. und 13. Oktober 2022 darauf hinwies, die North-Stream-2-Pipeline sei bereits repariert und man könne das Gas wieder nach Europa fließen lassen (gegebenenfalls auch über einen Gas-Hub in der Türkei), scheint Europa an den Sanktionen gegen Russland festhalten zu wollen – koste es, was es wolle.

Eine eindeutigere Disruption gibt es nicht, das heißt, schneller hätte man unser Wirtschaftssystem nicht gefährden können. Diese Geschehnisse haben das weltweite Wachstum derart abgebremst (außer in einigen US-Bereichen wie Hightech und Erdöl), dass die Wirtschaft fast zum Erliegen gekommen ist, worauf der Internationale Währungsfonds (IWF) 2022 seine Prognose für die Entwicklung der Weltwirtschaft im Jahr 2023 senkte. Für Deutschland und Italien erwartet der IWF in diesem Jahr eine Rezession[124] – ein Absturz, der insbesondere die Banken hart treffen könnte.[125]

Um zu verstehen, warum die von Klaus Schwab prognostizierten wirtschaftlichen Disruptionen im Zusammenhang mit der vierten industriellen Revolution die Wirtschaft bereits seit mehreren Jahren erodieren, braucht man sich nur die Inflationsraten in Europa anzuschauen. Die Zahlen lassen klar erkennen, dass die Inflation bereits vor der Energiekrise im Jahr 2021 angestiegen war und zu Beginn des Ukraine-Krieges in die Höhe schoss.[126]

Wir befinden uns also schon inmitten der Umwälzungen, wie sie schrittweise zum »Great Reset« von Klaus Schwab und seinen Elite-Freunden führen werden.

Exkurs:
Die Energiekrise als Beschleuniger des Resets

Die *ARD*-Sendung »FAKT« brachte am 27.9.2022 einen Beitrag darüber, wie die Energiekostenexplosion deutsche Unternehmen in die Knie zwingt:

> »Energie wird immer teurer. Das bringt viele Firmen und Unternehmen in finanzielle Not – nicht alle können dem standhalten. Einige müssen schließen und ihre Angestellten entlassen. Die stehen dann auf der Straße – wie Beispiele aus Sachsen-Anhalt und Thüringen zeigen.«[127]

Und wir sprechen hier von soliden Unternehmen, die wegen der Energiekrise ihre Produktion trotz voller Auftragsbücher einstellen müssen. Bei einer Umfrage gaben neun von zehn kleineren Unternehmen an, dass die Preisexplosion im Energie- und Rohstoffsektor ihre Existenz stark bedroht. Und diejenigen, die bereits teilweise auf »grüne« Energiequellen umgesattelt hatten, können momentan nur dann produzieren, wie einer der größten Stahlwerke in Hamburg berichtete, wenn der Wind stark weht.[128] Im Sommer 2022 macht das Wort »Deindustrialisierung« die Runde, insbesondere, seitdem der belgische Ministerpräsident Alexander De Croo Anfang September 2022 in einem Interview mit *Bloomberg* darüber sprach:

> »Noch ein paar Wochen wie diese, und die europäische Wirtschaft wird einfach zum Stillstand kommen. Sich davon zu erholen wird viel komplizierter sein, als heute auf den Gasmärkten zu intervenieren [...] Das Risiko besteht in der Deindustrialisierung und grundlegenden sozialen Unruhen.«[129]

Also genau das, was wir in den Büchern von Klaus Schwab seit Jahren lesen können. De Croo forderte eine EU-Preisobergrenze für Gas, denn:

> »Wir bekommen keine zweite Chance, um [...] 450 Millionen Europäer[n] zu beweisen, dass wir die Dinge in die Hand nehmen. **Was [wir] heute sehen, ist ein massiver Abfluss von Wohlstand aus der Europäischen Union.**«[130] (H.d.A.)

Fast jedes zehnte Unternehmen in Deutschland musste bereits seine Produktion drosseln, unterbrechen oder gar stoppen, und jedes vierte Unternehmen erwägt, die Produktion ins Ausland zu verlagern (Stand September 2022).[131]

Und zu wessen Gunsten geht diese besorgniserregende Disruption, wie sie seit Langem vom WEF prognostiziert worden war?

Die TU Darmstadt hat kalkuliert, dass die deutschen Unternehmen neunmal so viel für Gas zahlen wie ihre US-Konkurrenten. Auch die Stromkosten sind in den USA viel billiger.[132] Viele energielastige Produktionen werden vermutlich von Deutschland in die USA verlagert werden (gut für den dortigen Arbeitslosenmarkt, schlecht für unseren). Die Energiekrise wirkt sich aber auch auf die Forschung aus[133] (die ja einer der wichtigsten Zukunftsmotoren der europäischen Wirtschaft ist).

Somit schlagen die USA mehrere Fliegen mit einer Klappe, wie in Kapitel 7 detaillierter aufgezeigt. *Follow The Money* (Folge der Spur des Geldes) ist inzwischen zu einem verbreiteten Erklärungsansatz geworden, um nachzuvollziehen, wer hinter welchen Aktivitäten oder historischen Ereignissen steckt. Gemäß dieser Grundregel müssen wir uns einfach immer wieder die Frage stellen, wer an dieser gewaltigen Krise ein Interesse haben könnte bzw. wer daraus Gewinn zieht (... cui bono?).

Von vielen Bürgern und Experten als eine »gewollte« Energiekrise bezeichnet, wird sich unsere derzeitige Zwangslage zugunsten der US-Wirtschaft auswirken, wie zum Beispiel auch die *Financial Times* betont:

> »Die USA werden der größte Nutznießer sein, wenn sich Europa dem ersten von ›vielen elenden Wintern‹ gegenübersieht, so der in Texas ansässige Energiemagnat Charif Souki – der sagte, dass die Energiekrise des Kontinents es den amerikanischen Produzenten ermöglichen würde, Gas mit einem ›erheblichen Aufschlag‹ zu exportieren.«[134]

Während wir Europäer verarmen, erblüht also die Wirtschaft der USA – wie es auch das französische Nachrichtenmagazin *L'Express* erkannt hat:

> »Energie, Nahrungsmittel [...] Wie die USA vom Krieg in der Ukraine profitieren.«[135]

Selbst unser Wirtschaftsminister Robert Habeck sprach diese Problematik am 5. Oktober 2022 in einem Interview mit der *NOZ (Neue Osnabrücker Zeitung)* an, obwohl er die USA nicht direkt erwähnte:

> »Einige Länder, auch befreundete, erzielen teils Mondpreise. Das bringt natürlich Probleme mit sich, über die wir sprechen müssen.«[136]

Wenige Tage später hieß es in der italienischen Zeitung *Il Fatto Quotidiano:*

> »Am Montag [10. Oktober 2022] beschuldigte der französische Minister für Wirtschaft und Finanzen Bruno Le Maire in

> seiner Rede zum Haushaltsgesetz vor der Nationalversammlung **die Vereinigten Staaten, den Krieg in der Ukraine auszunutzen, um Europa in Energiefragen an den Kragen zu gehen.**[137] (H.d.A.)

Während besagter Debatte in der Nationalversammlung hatte Le Maire gesagt:

> **»Der Konflikt in der Ukraine darf nicht zu einer wirtschaftlichen Vorherrschaft der USA und einer Schwächung der EU führen.«**[138] (H.d.A.)

Man müsste blind sein, um die Zusammenhänge hier nicht zu erkennen. André Jasch hatte den Mut, diesen Tatsachen ins Auge zu sehen und in den *Deutschen Wirtschaftsnachrichten* darüber zu schreiben (das war noch vor der Sabotage der North-Stream-Pipelines):

> »[Die] USA sind größter Profiteur der europäischen Energiekrise. Zwar verfügt Deutschland mit Nord Stream 2 noch über ein weiteres Pipeline-Projekt mit Russland, dieses wurde jedoch trotz Fertigstellung nie in Betrieb genommen. Zuvor hatten die USA bereits immensen politischen Druck aufgebaut, um das Projekt zu torpedieren. Die US-Regierung verhängte mehrfach Sanktionen gegen die beteiligten Unternehmen, um die Fertigstellung der Pipeline, die vom russischen Ust-Luga bis nach Lubmin verläuft, zu stoppen. Nach Fertigstellung wurde die Inbetriebnahme durch fehlende Genehmigungen seitens der deutschen Behörden verzögert. Seit Ausbruch des Ukraine-Krieges liegt das Projekt vollständig auf Eis, und es ist derzeit zweifelhaft, ob es jemals in Betrieb genommen wird. **Damit haben auch die USA ihr**

energiepolitisches Ziel der letzten Jahre erreicht, Deutschland von der russischen Gasversorgung loszulösen.«[139] (H.d.A.)

Unser Bundeswirtschaftsminister Habeck hat der anwesenden Elite beim letzten WEF-Gipfel 2022 zugesichert, dass sich Deutschland unbedingt von der Energieversorgung der Russen abkoppeln will.[140] Somit werden wir Deutschen also dieses US-amerikanische Ziel brav mittragen, auch wenn das unsere mittelständischen Unternehmen in die Knie zwingt und Arbeitslosigkeit verursachen wird.

Stakeholder-Kapitalismus

Klaus Schwab ist sehr stolz darauf, diesen neuen Begriff in die Welt gebracht zu haben zu haben, denn dadurch erhält das global dominierende Wirtschaftssystem einen menschlichen Touch.

Im Stakeholder-Kapitalismus sind die Unternehmer nicht nur ihren Aktionären (Shareholders) verpflichtet, sondern der ganzen Community ihrer Region, also den Stakeholdern (insbesondere Regierungen, Politikern, Aktivisten etc.). Ivan Wecke hat dies in *Open Democracy* (2021) sehr prägnant beleuchtet:

> »Das Zauberwort heißt ›Stakeholder-Kapitalismus‹ – ein Konzept, das der WEF-Vorsitzende Klaus Schwab seit Jahrzehnten propagiert und das im WEF-Plan ›Great Reset‹ vom Juni 2020 einen Ehrenplatz einnimmt. Die Idee ist, dass der globale Kapitalismus so umgestaltet werden soll, dass sich Unternehmen nicht mehr nur darauf konzentrieren, den Aktionären zu dienen, sondern zu Hütern der Gesellschaft werden, indem sie Werte schaffen für Kunden, Lieferanten, Mitarbeiter, Gemeinden und andere ›Stakeholder‹. Nach

> Ansicht des WEF wird der Stakeholder-Kapitalismus durch eine Reihe von ›Multi-Stakeholder-Partnerschaften‹ verwirklicht, die den privaten Sektor, die Regierungen und die Zivilgesellschaft in allen Bereichen der globalen Governance zusammenbringen. Die Idee des Stakeholder-Kapitalismus und der Multi-Stakeholder-Partnerschaften mag weich und kuschelig klingen, bis wir tiefer graben und erkennen, dass dies in Wirklichkeit bedeutet, den Unternehmen mehr Macht über die Gesellschaft zu geben – und den demokratischen Institutionen weniger. […] **Anstatt dass die Unternehmen vielen Stakeholdern dienen, werden sie im Multi-Stakeholder-Modell der Global Governance zu offiziellen Stakeholdern in der globalen Entscheidungsfindung befördert, während Regierungen zu einem von vielen Stakeholdern degradiert werden. In der Praxis werden die Unternehmen zu den wichtigsten Stakeholdern, während die Regierungen eine Nebenrolle spielen und die Zivilgesellschaft hauptsächlich als Schaufensterdekoration dient.**«[141] (H.d.A.)

Dies bedeutet nichts anderes, als dass durch Infiltrierung der Regierungen und Machtstärkung der supranationalen Organisationen, wie beispielsweise die UN und die EU, die Aufweichung der Souveränität der Staaten erreicht und die Demontage der Demokratie vollzogen wird. Somit werden Politiker lediglich zu ausführenden Organen der WEF-Elite.

Agile Governance

Als Robert Habeck auf dem WEF-Panel 2022 in Davos sprach, ähnelte seine Wortwahl der in Klaus Schwabs Büchern: Es ging darum, die Energiekrise als Chance zu sehen, schnelle Änderungen einzuführen und von fossilen Brennstoffen auf erneuerbare

Energien umzustellen.[142] Laut der *SZ* sagte Habeck in diesem Treffen »staatstragende Dinge«, mit denen er seitdem zum »Establishment« (also zur Elite) zählt.[143] Auf der Webseite des WEF wird über unseren grünen Wirtschaftsminister wie folgt berichtet:

> »Deutschland ist eines der Länder, die durch die Abhängigkeit von russischem Gas schwer getroffen wurden. Robert Habeck, Bundesminister für Wirtschaft und Klimaschutz, räumte ein, dass dies ein strategischer Fehler gewesen sei, und erklärte auf dem Podium, dass das Land bereit sei, die Energiekrise zu bekämpfen und nun versuche, seine Importe fossiler Brennstoffe mit unglaublicher Geschwindigkeit zu diversifizieren – **wobei Prozesse, die früher Jahrzehnte dauerten, jetzt nur noch Monate in Anspruch nehmen.**«[144] (H.d.A.)

Dies ist richtig wiedergegeben, denn Habeck sprach von Entscheidungen, die früher Jahrzehnte in Anspruch nahmen und nun mit Lichtgeschwindigkeit durchgesetzt würden.[145] Also genau das, wovon Klaus Schwab träumt: **agile Governance,** das heißt flinke Regierungsentscheidungen, koste es, was es wolle – auch wenn diese seit Monaten existenzbedrohende Energiepreiserhöhungen, eine gravierende Inflation und womöglich einen wirtschaftlichen Absturz zur Folge haben. Schnelligkeit hat eben oft das chaotische Hin und Her zur Folge, wie wir es derzeit erleben.

Nebenbei: agile Governance führt auch dazu, Gesetze und Verwaltungsnormen zu verhindern oder abzuschaffen, die den Interessen von Unternehmen zuwiderlaufen würden. Auf diese Weise kam es womöglich zur Einführung von 5G, denn diese Technologie wurde bereits streckenweise implementiert, **ohne ausreichende Langzeitstudien** bezüglich möglicher Gesundheitsrisiken abzuwarten.[146] Agile Governance könnte also auch darauf hinauslaufen, zeitraubende, aber eigentlich notwendige Prüfungen gesetzlich außen vor zu lassen.

Der WEF-Gründer plädiert aber seit Jahren nicht nur für diese Form der Beschleunigung.

Die Neue Weltordnung oder der »Great Reset«

Um jegliche Disruptionen in den Griff zu bekommen, so Klaus Schwab, muss nämlich möglichst rasch eine »weltweit abgestimmte, umfassende Antwort« gefunden werden – also faktisch nichts anderes als eine »Neue Weltordnung« (auf die später noch näher eingegangen wird), wie sie von Henry Kissinger und seinen Mentoren seit Jahren propagiert und gefordert wird (siehe Kapitel 2). Eine Ideologie, die unser Finanzminister Christian Lindner ebenfalls zu befürworten scheint, denn nur …

> »[d]ann bildet sich eine neue Wirtschaftsgesellschaft und auch teilweise eine neue Weltordnung aus. Das ist ein Ziel, für das es sich zu arbeiten lohnt. Jeden Tag von heute an weiter.«[147]

Wie wir sehen, ist die »Neue Weltordnung« durchaus keine Verschwörungstheorie, sondern ein Plan, und die Elite aus Politik, Wirtschaft und Finanzen ist längst dabei, ihn zu realisieren. Aber wie erreicht sie diese »weltweit abgestimmte umfassende Antwort« angesichts der Tatsache, dass ihr diese globale Veränderung anscheinend nicht schnell genug vorangeht? Klaus Schwab machte sich nämlich bereits 2016 Sorgen darüber …

> »… dass sich das Potential der Vierten Industriellen Revolution aufgrund von zwei Faktoren womöglich nicht effektiv und umfassend **ausschöpfen** lässt. Erstens scheint es mir, über alle Sektoren hinweg, an Führungsstärke zu mangeln und an

Verständnis für die Veränderungen, die gerade im Gang sind. **Zudem ist der institutionelle Ordnungsrahmen, der für die erfolgreiche Durchsetzung von Innovationen und für die Abmilderung disruptiver Effekte erforderlich wäre, sowohl auf nationaler als auch auf internationaler Ebene bestenfalls nur unzureichend und schlimmstenfalls gar nicht vorhanden. Wir müssen unsere Wirtschafts-, Gesellschafts- und politischen Systeme überdenken**, um sie für die Vierte Industrielle Revolution fit zu machen.«[148] (H.d.A.)

Wenn Klaus Schwab schreibt, dass es in allen Sektoren **an Führungsstärke mangelt**, bedeutet dies, dass die bestehenden Führungskräfte nicht das tun, was die Elite anstrebt?

Klaus Schwab vertritt die Auffassung, dass auf nationaler wie auf internationaler Ebene der für die Durchsetzung des Großen Resets notwendige »Ordnungsrahmen« fehlt und dass aus diesem Grund die »**Wirtschafts-, Gesellschafts- und politischen Systeme**« von Grund auf umgestaltet werden müssen. Bedeutet das dann auch, die – bereits unwiederbringlich verwässerte – Demokratie zu »überdenken« und dem technologischen Totalitarismus preiszugeben?

Oder in Klaus Schwabs Worten:

»Die Prämisse dieses Buches [»Die Vierte Industrielle Revolution«] lautet, dass die neuen Technologien und die Digitalisierung sämtliche Lebensbereiche revolutionieren werden [...] Kurz gesagt: Grundlegende technologische Innovationen stehen kurz davor, in globalem Maßstab weitreichende Veränderungen herbeizuführen – **und zwar unweigerlich.**«[149] (H.d.A.)

Im Januar 2017 bemerkte der *Guardian* über dieses Buch:

> »**Der Gedanke, dass wir uns alle anpassen müssen**, wird selten infrage gestellt, aber in Wirklichkeit handelt es sich um eine verschleierte Aktualisierung des Sozialdarwinismus, wonach die Menschen, die die kommende Roboterflut überleben, per definitionem immer die Stärksten gewesen sein werden. **Der Aufruf zur Anpassung impliziert in der Tat, dass die sich verändernden Umstände, die Schwab voraussieht, so etwas wie unaufhaltsame Naturkräfte sind. Aber das sind sie natürlich nicht: Sie werden das Ergebnis von Entscheidungen sein, die von Gesetzgebern, Regulierungsbehörden und anderen Machthabern getroffen werden.**«[150] (H.d.A.)

Sind die globalen Veränderungen tatsächlich so unabdinglich, oder will man uns deren Unabwendbarkeit als Wahrheit verkaufen?

Ein provozierter Krieg (siehe Kapitel 7), Pipeline-Sabotagen, Energiepreisexplosionen, Wirtschaftsstillstand etc.: Sollen wir in einem kontinuierlichen Angstzustand leben und jegliche antidemokratischen Maßnahmen sowie jegliche innovativen Überwachungsmechanismen (Smartphone-Identität, Tracing Apps, Gesichtserkennung, digitale Währung statt Bargeld etc.) bereitwillig akzeptieren, um der geplanten neuen Weltordnung – de facto einer technologischen Plutokratie – nicht im Wege zu stehen?

Machtstärkung der supranationalen Organisationen

Es wurde bereits erwähnt, dass das WEF die Regierungen mit seinen Leuten infiltriert, um die Vorhaben der Kapitalelite gezielt und schneller durchzusetzen. Um aber eine neue Weltordnung zu schaffen, reicht es nicht aus, die einzelnen Regierungen mit den eigenen Leuten zu besetzen; man muss dazu, wie schon in Kapitel 1 angedeutet, auch die **supranationalen Organisationen** unterwandern. Dies wird begründet mit ihrer mangelnden globalen Wirkkraft:

> »Diese Dysfunktionalität ist symptomatisch für ein zerbrochenes System der globalen Ordnungspolitik, und es ist zu hinterfragen, ob die bestehenden Organisationen der globalen Ordnungspolitik, **wie die UNO und die WHO,** zur Bewältigung der heutigen globalen Risiken **umfunktioniert werden können**. Vorläufig läuft es auf Folgendes hinaus: Angesichts eines solchen Vakuums der globalen Ordnungspolitik verfügen nur Nationalstaaten über einen ausreichenden Zusammenhalt, um kollektive Entscheidungen treffen zu können. Dieses Modell funktioniert jedoch nicht im Fall globaler Risiken, die konzertierte globale Entscheidungen erfordern. **Die Welt wird ein sehr gefährlicher Ort werden** [für wen?], **wenn wir die multilateralen Institutionen nicht gesunden lassen**.«[151] (H.d.A.)

»Gesunden lassen« bedeutet für den WEF, die supranationalen Organisationen **umzufunktionieren**. Hier hat Klaus Schwab bereits gute Arbeit geleistet: 2019 hat er die UN überzeugt, eine »Strategische Partnerschaft« mit dem WEF einzugehen, um u. a. die 17 Ziele der *Agenda 2030 zur Nachhaltigen Entwicklung*[152] besser und schneller zu erreichen.[153] Einige Monate vor der Unterzeichnung sprach UN-Generalsekretär António Guterres in Davos über die Probleme der Welt und von seiner Überzeugung, dass diese nur global mithilfe privater Organisationen wie dem WEF anzugehen seien:

> »Regierungen oder zwischenstaatliche Organisationen können unmöglich allein mit dem Klimawandel, den Auswirkungen der vierten industriellen Revolution oder der Migration fertigwerden. Wir brauchen mehr und mehr einen Multilateralismus, der in der Lage ist, auch den Beitrag all dieser anderen Sektoren einzubeziehen, **und ich denke, dass das Weltwirtschaftsforum dabei eine absolut wichtige Rolle zu erfüllen hat.**«[154] (H.d.A.)

Die WEF-Ideologie breitet sich aus wie eine Krake und greift für jeden ersichtlich mit ihren Fangarmen nach allen möglichen Institutionen – sogar nach den Vereinten Nationen. Dass dies offenbar doch etwas problematisch ist, lässt sich daran erkennen, dass der Inhalt dieses Partnerschaftsabkommens auf der WEF-Internetseite ausführlich dargelegt wird, auf der UNO-Internetseite aber nirgendwo auftaucht (außer einigen Fotos der Unterschriftzeremonie).

Nachdem das Abkommen über eine gemeinsame strategische Partnerschaft unterschrieben war, bezeichnete die schweizerische NGO Public Eye dieses als **einen Skandal,** und Harris Gleckman (ehemaliger Leiter des New Yorker Büros der Handels- und Entwicklungskonferenz der Vereinten Nationen)[155] meinte, damit versuche das WEF, einen besonderen Platz für Unternehmen innerhalb der Vereinten Nationen zu schaffen.[156]

Diese Partnerschaft stieß also auf heftigste Kritik, und es wurden weitere Stimmen laut, diese Zusammenarbeit zu beenden. So lesen wir auf *»forum Nachhaltig Wirtschaften«*:

> »Mehr als 240 Organisationen fordern, die Kooperation zu stoppen.
> Die Vereinten Nationen und das Davoser Weltwirtschaftsforum haben eine weitreichende Partnerschaft vereinbart.

> **Die UN-Mitgliedsstaaten wurden hierzu vorab nicht konsultiert.** Prof. Heiner Flassbeck, ehem. Direktor der United Nations Conference on Trade and Development (UNCTAD), spricht anlässlich des Treffens in Davos von einer ›fatalen Verbindung‹.
> *FIAN International, Friends of the Earth, Action Aid* und 240 weitere Organisationen fordern, die Kooperation zu stoppen.«[157] (H.d.A.)

Dies geschah natürlich nicht, und somit kommen Bedenken und Zweifel auf, wie der Internetseite der o. g. Menschenrechtsorganisation FIAN zu entnehmen ist:

> **»Eine exklusive Vereinbarung der UN mit einer solchen Lobbyorganisation** – ganz gleich, wie allgemein sie gehalten ist – **wirft automatisch die Frage auf, wie unabhängig das Sekretariat arbeitet und ob es tatsächlich den Ausgleich der Interessen von Nationen in ihrer ganzen Vielfalt angemessen vertreten kann.«**[158] (H.d.A.)

Die Fangarme des WEF haben auch schon nach der UNESCO gegriffen, der Organisation der UN für Bildung, Wissenschaft, Kultur und Kommunikation. 2016 gab es in Davos ein Treffen zwischen Irina Bokova, der damaligen Generaldirektorin, mit Klaus Schwab, um über eine engere Zusammenarbeit zwischen dieser supranationalen Organisation und dem WEF zu sprechen.[159]

Als die UNESCO Audrey Azoulay 2017 zur Generaldirektorin berief, hat der WEF diese Möglichkeit der Mitarbeit konkretisiert.[160] So wird das globale Schachspiel der neuen Weltordnung Zug um Zug vorangetrieben – zuletzt im Bereich der Kindererziehung, denn inzwischen ist das WEF auch Teil der globalen UNESCO-Bildungskoalition.

Eingrenzung der Meinungsfreiheit

In welche Richtung diese weltweite, vom WEF mitgetragene Ausbildung Jugendlicher in der Welt gelenkt wird, lässt sich noch nicht deutlich erkennen. Wir wissen, dass die UNESCO seit Jahren zusammen mit Lehrkräften den Kindern beizubringen versucht, Fake News von wahren News zu unterscheiden – ein löbliches, aber sehr schwieriges Unterfangen, denn uns allen sollte inzwischen bekannt sein, dass sich selbst die »seriösen« Faktenprüfer irren, wie ein Gericht in Deutschland festgestellt hat.[161] Auch ist es schwierig zu erkunden, von wem die Faktenchecker finanziert werden. Dank des US-Kongressabgeordneten Thomas Massie wissen wir inzwischen zumindest, dass einer der Facebook-Faktenchecker von einer Stiftung finanziert wird (Stand: Juni 2021), die riesige Summen in die Aktien des Pharmariesen und Covid-Impfherstellers Johnson & Johnson investiert.[162]

Wie wir wohl inzwischen alle selbst erfahren haben, ist es immer problematischer geworden, Wahrheit von Unwahrheit zu trennen. Wer soll oder kann die Wahrheits- bzw. Deutungshoheit beanspruchen? Das WEF? Anscheinend ja, denn auf der Internetseite des Wirtschaftsforums findet sich ein Artikel, wonach zur Abblockung der im Internet kursierenden Gefahren, u. a. Fake News, **nicht nur künstliche Intelligenz, sondern auch die Nachrichtendienste eingesetzt werden sollen**.[163] Also zurück zu Stasi-ähnlichen Methoden? Nachdem zahlreiche Menschen – stets voreilig als Verschwörungstheoretiker abgestempelt – diese auf der WEF-Internetseite veröffentlichten Vorschläge kritisiert haben, distanzierte man sich von dem Artikel mit dem nachträglichen Hinweis, dass es sich um die Meinung der Autorin handele.

Wie sehr das WEF und seine Young Global Leaders uns ihre Wahrheit als ultimativ verkünden, erkennt man aber auch an der Tatsache, dass Jacinda Ardern, Premierministerin von Neuseeland und ehemals Young Global Leader, zu Beginn der Covid-Pandemie Folgendes sagte, um Menschen davon abzuhalten sich im Internet zu informieren:

> »Wir [die Regierung] werden weiterhin Ihre einzige Quelle der Wahrheit sein [...]. Wenn Sie es nicht von uns hören, ist es nicht die Wahrheit.«[164]

Zwei Jahre später (Anfang September 2022) gingen Menschen in Neuseeland protestierend auf die Straße und beschimpften sie und ihre Partei als »Lügner«[165], da bis dahin über Covid, wie weiter unten dargelegt, einiges bekannt geworden war, das ihre Regierung eindeutig Lügen strafte.

Doch all dies scheint die Elite nicht zu beeindrucken und sie sogar in ihrem Plan zu bestärken. Während eines WEF-Meetings zum Thema »Bekämpfung der Desinformation« (Mitte September 2022) kam es zu Äußerungen, die jeden von uns nachdenklich machen sollten: Melissa Fleming, Untergeneralsekretärin für Globale Kommunikation bei den Vereinten Nationen, hob hervor, dass die UN mit mehreren großen Tech-Unternehmen wie TikTok und Google zusammengearbeitet hat und dies weiter tun wird, um Covid und die Klima-Narrative zu kontrollieren. Sie sagte dazu:

> »Wir werden viel proaktiver. Wir sind im Besitz der Wissenschaft, und wir denken, dass die Welt es wissen sollte, und selbst die Plattformen wissen dies.«[166]

Ich erinnere hier an den Partnerschaftsvertrag zwischen dem WEF und der UN (2019). Auch die EU interessiert sich seit Langem für diese Thematik.

Die harmonische Beziehung zwischen Ursula von der Leyen und Klaus Schwab ließ sich während des WEF-Gipfels 2021 erneut beobachten, als es darum ging, die sogenannte Desinformation im Internet zu bekämpfen und die bereits vorhandene Zensur der Meinungsfreiheit durch neue regulierende Gesetze zu verschärfen. Hierzu einige Zitate:

> »Herzlichen Dank, lieber Klaus! […]
> […] wir müssen [...] **unsere Institutionen** gegen die zersetzende Kraft von Hassreden und Desinformation **verteidigen**
> […]
> Neue Allianzen für neue Lösungen. Daran werden wir arbeiten – und ich weiß, dass ich auf Sie und das Weltwirtschaftsforum zählen kann, um uns dabei zu helfen. Ich hoffe, dass ich diese Diskussion bald mit Ihnen fortsetzen kann! Zum Beispiel, Klaus, wenn wir uns auf der jährlichen Sondertagung in Singapur im Mai hoffentlich persönlich treffen.«[167]
> (H.d.A.)

Die weitreichende Verschärfung der vom WEF propagierten Maßnahmen,[168] um die sogenannten Desinformationen (insbesondere in den sozialen Medien) im Keim zu ersticken[169] und bei den bekannten Suchmaschinen durch ausgeklügelte Algorithmen »verschwinden« zu lassen,[170] dient in erster Linie nicht dazu, uns Bürger zu »schützen«, sondern, wie die EU-Kommissarin (siehe oben) klar betonte, die Institutionen (also die Elite) selbst zu verteidigen. Und dies, wie schon mehrmals nachgewiesen, auch im Falle fundierter Kritik.[171]

Aufweichung der Souveränität der Staaten

Wie von der Leyen selbst ausführt, ist das WEF der EU bei einer Reihe von Vorhaben behilflich. Aber auch die EU ihrerseits unterstützt das WEF, denn bei einer Podiumsdiskussion im Sommer

2021 hat sich die Kommissionspräsidentin sehr positiv über den »Great Reset« geäußert:

> »Meine Damen und Herren, die Notwendigkeit einer globalen Zusammenarbeit und diese Beschleunigung des Wandels **werden beide Treiber des Great Reset sein. Und ich sehe dies als eine beispiellose Gelegenheit.**«[172]

Der WEF-Klammergriff auf überstaatlicher wie auf Regierungsebene wird immer enger. Es ist ziemlich eindeutig zu erkennen, dass die demokratischen Strukturen und somit die Souveränität mehrerer Nationen dadurch bereits gefährdet sind. In den vielen Jahren der EU-Regierungsmacht hat jeder im eigenen Land spürbar miterleben können, wie die Souveränität der einzelnen Staaten durch die EU-Macht übergangen wurde – sei es, indem Ländergesetze bestimmten Verordnungen der EU weichen mussten, sei es, dass Gesetze nicht von den eigenen Parlamenten beschlossen werden konnten, da sie gegen EU-Vorschriften verstoßen hätten. Dazu nur ein kleines Beispiel: Die Kommission der EU fordert seit 15 Jahren, dass Italien die Liberalisierung der italienischen Strände durchsetzt – das bedeutet, dass die sogenannten Badekonzessionen (für Barbetriebe, Sonnenschirme, Liegen etc.) dem europäischen Ausschreibungsverfahren unterliegen. Seit Jahrzehnten werden von den Gemeinden 98 Prozent der ca. 30 000 italienischen Strand- oder Badekonzessionen kleinen Familienbetrieben zugeteilt, die sich damit im Sommer ihren Lebensunterhalt verdienen.

Die Befürchtung in Italien ist nun groß, dass die EU-Ausschreibungen ab Ende 2023 von großen europäischen Firmen (oder US-amerikanischen mit Sitz in Europa) gewonnen werden und diese den größten Teil der italienischen Strände vereinnahmen werden – und womöglich auch die schönsten und lukrativsten. Selbst CNN-Travel geht davon aus, dass die amerikanischen Touristen aufgrund dieses Gesetzes die von bunten Sonnenschirmen gesäumten Buchten Italiens bald vermissen werden.[173] Die EU-Kommission in Brüssel (eine supranationale Organisation) lässt hier leider nicht mit sich reden: Die Liberalisierungspolitik hat Vorrang, und sollte Italien die Ausschreibungsvorschriften nicht befolgen, wird ein Verfahren gegen das Land eingeleitet. **Was die Italiener selbst wollen bzw. nicht wollen, scheint irrelevant zu sein.**

Die EU mischt sich bekanntlich ständig in die Angelegenheiten der Länder ein – und manchmal sogar, indem die Regierungschefs (oder jene, die es demnächst sein werden) faktisch »erpresst« werden. Ein Beispiel: Als Ursula von der Leyen während eines Vortrages an der Princeton University von einer Studentin gefragt wurde, ob sie wegen des möglichen Rechtsrucks bei den Parlamentswahlen 2022 in Italien besorgt wäre, antwortete die EU- Kommissionspräsidentin:

> »Wir werden sehen. Wenn die Dinge in eine schwierige Richtung gehen – ich hatte schon über Ungarn und Polen geredet –, dann haben wir Werkzeuge.«[174]

Sind das ähnliche Werkzeuge oder Maßnahmen, wie sie bereits Ungarn und Polen angedroht wurden, als man diesen Ländern zu verstehen gab, man würde ihnen gegebenenfalls die ihnen zustehenden EU-Milliarden vorenthalten?

Hat dies alles noch etwas mit Demokratie zu tun? Die Italiener wählen ein neues Parlament und einen neuen Regierungschef, und noch bevor sie zur Wahlurne gehen, spricht die EU bereits eine Drohung aus – wie zahlreiche Medien, selbst Leitmedien, diesen Satz von Ursula von der Leyen interpretiert haben.[175]

(Psychologen und Psychiater sollten sich vielleicht einmal damit befassen, warum sich Politiker, die in den USA oder auf Veranstaltungen, auf denen US-Repräsentanten anwesend sind, immer wieder solche freudschen Momente leisten. Ist es, weil sie sich à la Sigmar Gabriel in ihrem Wohlfühlzirkel [»unter uns«] bedenkenlos äußern können?)

Dieser »Ausrutscher« von Ursula von der Leyen ist in Wirklichkeit gar kein Ausrutscher, denn die EU ist ein übergeordnetes Organ, das die demokratische Souveränität der Länder oft mit Füßen tritt. Marco Dani, außerordentlicher Juraprofessor an der Universität von Trento (Italien), hat diese Konfliktsituation in einer wissenschaftlichen Abhandlung analysiert, und zwar unter dem juristischen Aspekt:

> »Das heutige europäische öffentliche Recht ist gekennzeichnet von der schwierigen Beziehung zwischen den nationalen konstitutionellen Demokratien und der auf der Exekutive basierenden supranationalen Führung der Europäischen Union. […] **Dieser Artikel zeigt auf, dass die supranationale Exekutive anhand ihrer Vorherrschaft und ihres Ethos die nationalen Verfassungsdemokratien untergräbt und allmählich verdrängt und dem europäischen öffentlichen Recht einen zunehmend post-politischen Charakter verleiht.**«[176] (H.d.A.)

Eine ähnliche Ansicht vertreten auch Wissenschaftler der Universität Madrid, die in einem Paper für *Springer Link* schrieben:

> »Zur Veranschaulichung unserer Argumentation konzentrieren wir uns auf **die EU als herausragendes Beispiel für ein regionales Experiment der supranationalen Integration**, das zu einem dichten Netz politischer Regeln und Vorschriften geführt hat, **die die politische Entscheidungsfindung auf nationaler Ebene wirksam einschränken (Souveränitätskosten).**« [177] (H.d.A.)

Angesichts der Erfolgserfahrungen der Kapitalelite, was die bereits erzielte Schwächung der Souveränität einzelner europäischer Länder mittels der EU-Kommission betrifft, will man nun mithilfe des WEF auch anderen supranationalen Organisationen mehr Macht geben, um die demokratische Selbstbestimmung der einzelnen Länder auf diese Weise noch stärker zu beschneiden. So soll zum Beispiel anhand eines *Internationalen Pandemie-Vertrages*[178] die Entscheidungsgewalt der WHO weiter gestärkt werden. In einem Bericht der UN (die 2019 mit dem WEF eine Partnerschaft eingegangen ist – siehe oben) wurde 2021 explizit gefordert, der WHO mehr politische und finanzielle Autorität zu verleihen, weil man sie befähigen will, die Einhaltung der von ihr beschlossenen Maßnahmen weltweit durchzusetzen.

> »In ihrer derzeitigen Form verfügt die WHO nicht über solche Befugnisse […] Um den Vertrag voranzubringen, muss die WHO daher finanziell und politisch mit mehr Macht ausgestattet werden.«[179]

Ein Machtzuwachs der WHO würde darin münden, dass von ihr getroffene Entscheidungen hinsichtlich von Pandemien (Lockdowns, Impfungen etc.) für sämtliche Unterzeichnerstaaten verbindlich sind. So zumindest hört es sich an, wenn man sich an die Wunschvorstellung unseres ehemaligen Gesundheitsministers und Young Global Leaders Jens Spahn im Jahr 2021 erinnert:

> »**Die Staaten müssen sich zur** Kooperation und **Umsetzung von gemeinsam gesetzten Vorschriften verpflichten.**«[180] (H.d.A.)

Sollte es dazu kommen (momentan scheint der Vertrag etwas ins Stocken geraten zu sein), müssten auch wir Bürger uns nolens volens an **jegliche** WHO-Entscheidung halten – und zwar nicht nur in Notstandszeiten wie beispielsweise im Fall einer Pandemie, sondern auch in »normalen Zeiten«, wie es sich Maike Voss, Geschäftsführerin der Deutschen Allianz für Klimaschutz und Gesundheit (KLUG) in einem Artikel für die *London School of Economics* wünscht.[181] Die EU bereitet sich jedenfalls schon darauf vor, diesen Pandemie-Vertrag zu unterzeichnen.[182]

Was von dem geplanten Vertragsinhalt bereits bekannt ist, stimmt bedenklich, denn nach einigen Vorschlägen sollen Länder, die den Ausbruch einer Krankheit unverzüglich melden, finanzielle Unterstützungen bekommen, während Länder, die das nicht tun, mit Sanktionen rechnen müssten:

> »In Kombination würden diese vorgeschlagenen Vorschriften buchstäblich Anreize für die Meldung möglicher ›Krankheitsausbrüche‹ schaffen. Weit davon entfernt, ›künftige Pandemien‹ zu verhindern, würden sie diese aktiv fördern.«[183]

Wie sehr die WHO unter dem Einfluss von Big Pharma (also der Kapitalelite) steht, lässt sich auch daran erkennen, dass diese supranationale Organisation bereits vor der sogenannten Schweinegrippe-Pandemie die Kriterien für die Ausrufung einer Pandemie gelockert hatte – mit der Folge, dass die Länder Impfstoffe kauften und dafür mehrere Millionen, wenn nicht Milliarden Dollar ausgaben, was eigentlich nicht notwendig gewesen wäre, da die damalige »Pandemie« insgesamt gerade einmal (im Vergleich zu einer echten Pandemie) 20 000 Tote forderte. Die Macht der WHO könnte in Zukunft sogar so weit gehen, dass der Generaldirektor anhand nur weniger Informationen, also bevor man überhaupt von einer möglichen Pandemie sprechen kann, den Notstand ausruft, was dann womöglich als Präventivmaßnahme deklariert wird:

»Ein ›Pandemievertrag‹, der nationale oder lokale Regierungen außer Kraft setzt oder überstimmt, würde supranationale Befugnisse an einen **nicht gewählten** Bürokraten oder ›Experten‹ übertragen, der sie nach eigenem Ermessen und nach völlig subjektiven Kriterien ausüben könnte. **Und genau das ist die Definition des technokratischen Globalismus.**«[184]

Die Elite (samt WEF) tüftelt seit Jahren daran, ihren Einfluss auf die supranationalen Organisationen auszuweiten (siehe dazu unten auch die Recherche von *Welt am Sonntag*) und ihnen gleichzeitig mehr Macht über die einzelnen Länderregierungen zu geben.[185] Auf diese Weise lassen sich ihre Pläne und Vorhaben weltweit reibungsloser und schneller durchsetzen – denn schließlich braucht man dann nur noch wenige »richtige« Personen an den politischen Schaltstellen zu platzieren bzw. für seine Ziele zu gewinnen.[186]

Kurzer Exkurs: Ein Beispiel aus der Corona-Zeit hilft zu verstehen, was eine stärkere Anordnungs- und Weisungsgewalt der WHO bedeuten kann: 2020 erging von der WHO zunächst die Empfehlung, bei den ersten Symptomen von Covid-19 von der Einnahme von Ibuprofen abzusehen[187] und stattdessen Paracetamol zu verabreichen.[188] Bald danach stellte sich aber heraus, dass Ibuprofen den Covid-Patienten als Haustherapie letztlich doch nicht schadet und von der WHO anhand einer Studie in seiner Wirkung offenbar falsch beurteilt worden war.[189] Eigentlich hätte es sogar das Mittel der Wahl sein sollen, wie italienische Mediziner bereits 2020 im *BMJ* veröffentlicht hatten und was auch durch weitere Studien, u. a. im *Lancet*, bestätigt wurde. Später fanden Wissenschaftler heraus, dass das von der WHO empfohlene Medikament Paracetamol die Covid-19-Symptome sogar verschlechtern kann.[190] Dies alles hat bei den Italienern großen Zorn hervorgerufen, denn in Italien hatte man Patienten weiterhin hauptsächlich ***Paracetamol*** verabreicht, obwohl ja längst **bekannt war, dass Ibuprofen das Mittel der Wahl gewesen wäre**. Im Sommer 2022 wurde dem damaligen italienischen Gesundheitsminister Speranza in Palermo[191], Padova[192], Florenz[193] und vielen anderen Städten Italiens von aufgebrachten Mengen *»Assassino!«* (Mörder) oder *»Marionetta!«* zugerufen. Laut der *Lancet*-Metastudie hätte Ibuprofen die Hospitalisierungsquote von Covid-19-Patienten immerhin um 90 Prozent gesenkt.[194]

Was aber, wenn dieser neue Pandemie-Vertrag zustande kommt und die Entscheidungen der WHO nicht mehr nur bloße Empfehlungen, sondern **global verpflichtend** sind? Was, wenn die WHO eindeutig »falsche« Entscheidungen treffen und verbindliche Maßnahmen vorschreiben würde, die sich für uns aber dann als gesundheitsschädigend herausstellen (wie im obigen Fall Paracetamol vs. Ibuprofen)?

Angesichts der oben geschilderten Geschehnisse (und zahlreicher anderer[195]) ist dieses Szenario also gar nicht so weit hergeholt – aber trotzdem will man die Weltgesundheitsorganisation dazu ermächtigen, die staatliche Souveränität der Länder in Gesundheitsfragen außer Kraft zu setzen, so jedenfalls die Vermutung der Beobachter.[196] In einem Interview mit Joe Martino von *The Pulse* wies Shabnam Palesa Mohamed, Mitglied des Lenkungsausschusses des Weltgesundheitsrates, darauf hin, dass der neue Pandemievertrag der WHO …

> »… ein unangemessenes Maß an Macht [verleiht], um in souveränen Ländern Entscheidungen darüber zu treffen, wie die Menschen leben und wie sie mit Pandemien umgehen, von Lockdowns bis hin zu Therapieentscheidungen.«[197]

Man kann sich des Eindrucks nicht erwehren, dass hier weltweit und seit Langem Zug um Zug ein Angriff auf Demokratie und

Ländersouveränität im Gange ist und zurzeit versucht wird, zwischen 2025 und 2030 möglichst rasch den finalen Schachmatt-Zug auszuführen. Die WHO und die EU sind supranationale Organisationen, die den Staaten ihren Willen (sprich: den einer gut vernetzten Kapitalelite) auferlegen können. Das Wahlrecht der Bürger, das entscheidende Merkmal jeder Demokratie, wird auf diese Weise vollends ausgehöhlt und verkümmert zur Farce oder eleganter gesagt, zur fictio juris.

Offenbar hat die Elite beschlossen, die Restposten unserer alten Demokratien von oben her zu entsorgen, das heißt, die Entscheidungsgewalt internationalen Organisationen zu übertragen und deren Beschlüsse für die einzelnen Regierungen bindend zu machen. Überstaatliche Organe wie die EU-Kommission und die WHO werden nicht von den Bürgern gewählt – trotzdem sollen von ihren Gremien die wichtigsten Entscheidungen über unser aller Leben getroffen werden. Und wer sitzt in diesen Institutionen? Menschen, die zumeist weit weg von unseren Alltagsrealitäten leben und uns offenbar keine Rechenschaft schuldig sind. Sie gehören elitären Zirkeln an und wissen um ihre faktische »Unantastbarkeit«. So wie beispielsweise Ursula von der Leyen, die mit dem Vorstandsvorsitzenden des Pharmariesen Pfizer SMS-Nachrichten austauscht, diese aber verschwinden lassen kann, ohne etwas zu riskieren[198] – oder Bill Gates, der dank seiner finanziellen Macht eine tragende Rolle in der WHO spielt und seine Impfvisionen daher global durchsetzen kann (auch wenn diese in Afrika zu massiven Problemen führen, wie u. a. ein Bericht der *Los Angeles Times* 2007 aufzeigte[199]). Wie sehr dieser milliardenschwere Mensch die Corona-Politik durch die WHO beeinflusst hat, wurde gemeinsam von *Politico* und *Welt am Sonntag* gründlich recherchiert (September 2022):

»Wichtige Entscheidungen trafen nicht die Staatschefs und die Weltgesundheitsorganisation, sondern die Stiftung von Bill und Melinda Gates und deren Netzwerk.«[200] (H.d.A.)

Genau dies hatten viele Menschen in den sozialen Medien seit Beginn der Covid-Pandemie behauptet – und sie wurden als Verschwörungstheoretiker abgestempelt, als Querdenker oder Aluhütler diffamiert und ihre Meinungen als Fakes zensiert – zu Unrecht, denn rund zwei Jahre nach Beginn der Pandemie zeigte die o. g. Recherche, dass sie offenbar in vielem recht hatten.

Sind es die Entscheidungen von Superreichen wie Bill Gates, die unser Leben zutiefst prägen und in Zukunft sogar entscheidend lenken werden? Denn darum geht es, wenn die Länder ihre Souveränität zugunsten übernationaler Entscheidungsmacht willentlich abgeben (zum Beispiel an die WHO).

Die Notwendigkeit eines Narrativs

Um uns den »Großen Reset« zu vermitteln, braucht die Elite ein Narrativ, wie Klaus Schwab, ihr bester Mann in Europa, in mehreren seiner Bücher eindeutig darlegt (das letzte trägt sogar explizit den Titel »*Das Große Narrativ*«):

> »Wir müssen unsere Wirtschafts-, Gesellschafts- und politischen Systeme überdenken, um sie für die Vierte Industrielle Revolution fit zu machen. **Zweitens fehlt uns** [wen meint er mit »uns«? Ist es das gleiche »uns«, das Sigmar Gabriel während des WEF-Gipfels 2015 benutzte, wenn er sagte »... wir sind unter uns«?] **ein in sich stimmiges, positives und verbindendes Narrativ, das die Chancen und Herausforderungen der Vierten Industriellen Revolution aufzeigt. Eine solche Erzählung ist unverzichtbar, wenn wir** eine hetero-

gene Gruppe von Individuen und Gemeinschaften ansprechen und zu aktiver Mitgestaltung bewegen möchten und **gleichzeitig verhindern wollen, dass eine breite gesellschaftliche Gegenreaktion gegen die grundlegenden Veränderungen entsteht**.«[201] (H.d.A.)

Im Klartext: Das obige »uns« ist gleichzusetzen mit »wir, die Elite« – und diese Elite benötigte ab 2016 ein gutes Narrativ, um eine heterogene Gruppe von Individuen und Gemeinschaften dazu zu bringen, die Umwälzungen der vierten industriellen Revolution und des »Great Reset« bereitwillig zu akzeptieren und damit gleichzeitig die erwartete Gegenreaktion der Bevölkerung zu verhindern – denn selbst Klaus Schwab geht davon aus, dass dieser Reset zahlreiche Menschen in die Arbeitslosigkeit stürzen wird und damit Unruhen zu erwarten sind.[202]

»Die Angst der Machteliten vor dem Volk« (Prof. Dr. Mausfeld, Uni Kiel[203]) tritt immer mehr zutage – das heißt die Furcht, dass die Bürger gegen massive disruptive, technologische und gesellschaftliche Veränderungen rebellieren (in Frankreich kam es ja Ende September und im Oktober 2022[204] bereits zu Demonstrationen, dazu kamen die Aufstände in Neuseeland und in Belgien). Die neuen Weltordner vermuten zu Recht, dass zahlreiche Bürger nicht nur wegen der wirtschaftlichen Umwälzungen (siehe Bericht der *Allianz*[205]) protestieren, sondern sich auch zunehmend gegen eine technokratische, China-ähnliche Diktatur wehren könnten. Aus diesem Grund muss ein verbindendes Narrativ her, wie Klaus Schwab es in seinen Büchern und Schriften formuliert – also eine gute Erzählung, um die Gemüter in Schach zu halten und die Handlungsweise der Bürger zu lenken:

»Narrative liefern den Kontext, in dem die von uns beobachteten Fakten interpretiert, verstanden und umgesetzt werden können. In diesem Sinne sind sie viel mehr als die Geschichten, die wir erzählen, schreiben oder bildlich darstellen; sie sind letztendlich die Wahrheiten oder die Ideen, die wir als Wahrheiten akzeptieren, die die Wahrnehmungen untermauern, die unsere ›Realitäten‹ formen und im Laufe dieses Prozesses unsere Kulturen und Gesellschaften formen. [...] **Narrative formen unsere Wahrnehmung, die wiederum unsere Realitäten formen und schließlich unsere Entscheidungen und Handlungen beeinflussen.**«[206] (H.d.A.)

Klaus Schwab zitiert auch gerne den Ökonomen und Nobelpreisträger Robert Shiller, der ihn sehr inspiriert hat:

»Das menschliche Gehirn ist seit jeher sehr auf Erzählungen ausgelegt, **egal, ob es sich um Tatsachen handelt oder nicht,** um laufende Handlungen zu rechtfertigen.«[207] (H.d.A.)

Und was gibt es Besseres als Narrative, die Angst und Verwirrung schüren?

Das Coronavirus als willkommenes Narrativ

Kam die Pandemie womöglich gerade recht, ein solches Narrativ global aufzubauen? Man schürte Angst, indem man das Virus als extrem tödlich einstufte und jeden Wissenschaftler, der diese Auffassung nicht teilte, zum Schweigen brachte. Dies traf selbst Koryphäen wie Professor John P. Ioannidis von der Stanford University, damals wie heute der anerkannt wichtigste Epidemiologe der Welt. Es galt nur noch die These (oder das Narrativ) des hochgefährlichen und tödlichen Virus. Heute gibt selbst Bill Gates zu, dass man sich geirrt hat, weil man

> »die Todesrate nicht verstanden hat, und dass es sich im Grunde genommen um eine niedrige Todesrate handelte, und dass es eher eine Krankheit der Älteren ist, eine Art Grippe.«[208]

Damit hat er de facto die Einstellung der sogenannten Verschwörungstheoretiker übernommen (die das von Anfang an behauptet hatten) – und somit eingeräumt, dass diejenigen, die das Sagen hatten, bezüglich der Gefährlichkeit des Virus falschlagen.

Die Covid-Pandemie wurde also in ein meisterhaft gestaltetes, Angst einflößendes Narrativ eingebettet. Somit konnten die Corona-Maßnahmen weltweit koordiniert zu einer radikalen Einschränkung unserer Grundrechte führen; zu einer Einschränkung, die dem »Great Reset« dienlich war, wie uns das WEF sogar selbst mitteilt. Auf seiner Internetseite war in einem besonders erhellenden Artikel (aufgerufen: 28. 9. 2022) zu lesen:

> **»COVID-19 war ein Test für die soziale Verantwortung – Milliarden von Bürgern in aller Welt** haben für die öffentliche Gesundheit unvorstellbare Einschränkungen auf sich genommen. Weltweit gab es zahlreiche Beispiele für die Wahrung sozialer Distanz, das Tragen von Masken, Massenimpfungen und die Akzeptanz von App-Anwendungen zur Ermittlung von Kontaktpersonen im Rahmen der öffentlichen Gesundheit, die den Kern individueller sozialer Verantwortung demonstrierten.«[209] (H.d.A.)

Dieser »Test«, so der Autor weiter, ist wahrscheinlich hilfreich, bei den gleichen Milliarden von Bürgern auch Geräte oder Apps durchzusetzen, die ihren CO_2-Fußabdruck in den Bereichen Lebensmittel, Mobilität, Strom, Shopping etc. ermitteln und ihnen sagen, welche Entscheidung jeweils die bessere wäre.[210]

Die Überwachung und Kontrolle der Bürger, die Eingrenzung ihrer Grundrechte und das Nudging mit Narrativen, um sie mit einseitigen Darstellungen und Pseudowahrheiten einzulullen – all das wird zunehmend evident, obwohl die damit verbundenen Maßnahmen von der Elite immer wieder mit der Notwendigkeit begründet werden, es gelte unbedingt den CO_2-Ausstoß zu verringern.

KAPITEL 4

TECHNOKRATISCHE ÜBERWACHUNG, TRANSHUMANISMUS UND GENOM-EDITIERUNG

»Die Fabrik der Zukunft wird zwei Angestellte haben,
einen Menschen und einen Hund.
Der Mensch ist dazu da, den Hund zu füttern.
Der Hund, um den Menschen davon abzuhalten,
die Geräte anzufassen.«[211]
Prof. Dr. Warren G. Bennis
(US-amerikanischer Wirtschaftswissenschaftler)

»Sie haben keine Angst vor KI? Sollten Sie aber.
Ist ein weitaus größeres Risiko als Nordkorea.«[212]
Elon Musk

All dies kommt auf uns zu … nolens volens, denn disruptive technologische Innovationen werden von der Elite massiv gefördert trotz der Tatsache, dass Automatisierung und Künstliche Intelligenz für die »normalen« Bürger zerstörerische Folgen haben werden. In seinen drei zuletzt veröffentlichten Büchern betont Klaus Schwab sowohl die positiven als auch die möglichen negativen Seiten der uns bevorstehenden Innovationen; allerdings kann man sich des Eindrucks nicht erwehren, dass die damit einhergehenden technologischen Umwälzungen **unumgänglich** sind[213] – also egal, was sie an Problemen für uns mit sich bringen (siehe auch Kapitel 3).

Ebenso gilt es zu verstehen, dass die WEF-nahe Elite inzwischen **verändernde Eingriffe im Genom** nicht nur von Pflanzen und Tieren, sondern auch des Menschen als zwingend ansieht. In *Die Vierte Industrielle Revolution* heißt es dazu:

> »Die Entwicklungen im Bereich der Biologie stellen uns vor große Herausforderungen, da wir für sie erst noch einen geeigneten normativen und regulatorischen Ordnungsrahmen entwickeln müssen. Wir sind mit neuen Fragen konfrontiert – was es bedeutet, Mensch zu sein, welche Daten und Informationen über unseren Körper und unsere Gesundheit wir mit anderen teilen wollen und welche Rechte und Pflichten wir haben, **wenn es um nichts Geringeres geht als darum, in den genetischen Code zukünftiger Generationen einzugreifen**.[214] (H.d.A.)

Nebenbei: In der englischen Originalversion ist der letzte Teil des oben zitierten Satzes viel klarer und eindeutiger formuliert:

> » […] We are confronted with new questions around what it means to be human, what data and information about our bodies and health can or should be shared with others, and what rights and responsibilities we have **when it comes to changing the very genetic code of future generations.**«[215] (H.d.A.)

Also wäre eigentlich die wörtliche Übersetzung:

> »[...] wenn es um nichts Geringeres geht als darum, den genetischen Code zukünftiger Generationen zu **verändern.**« (H.d.A.)

Man könnte sich fragen, warum in der deutschen Buchfassung das Wort »verändern« mit dem eher abschwächenden Wort »einzugreifen« übersetzt wurde, während man sich in anderen Sprachen hier wortgetreu an die Entsprechung des Wortes »change« im englischen Original hielt. So heißt es zum Beispiel im Spanischen:

> »[...] y qué derechos y responsabilidades tenemos a la hora **de cambiar** el código genético de generaciones futuras.«[216] (H.d.A.)

Laut dem Originaltext geht es unmissverständlich darum, den genetischen Code zukünftiger Generationen **»zu verändern«**, was eine andere Dimension vermittelt als **»eingreifen«.**

Genomveränderung

Übersetzungsprobleme hin oder her – Tatsache ist, dass Klaus Schwab diese disruptive Entwicklung offenbar für unvermeidlich hält. Er schreibt nicht, dass dieser »Eingriff« bei einzelnen Kindern oder Jugendlichen **ausschließlich** aus gesundheitlichen Gründen durchgeführt werden könnte – hier ist eindeutig die Rede davon, **den genetischen Code zukünftiger Generationen zu verändern.**

Warum erzeugt eine solche Ankündigung keinen Aufschrei? Wie kann es sein, dass man die schwerwiegenden Implikationen dieser Aussage nicht versteht? Oder hält man all dies nur für die Vision eines Technologiebegeisterten? Vielleicht.

Von Visionen dieser Art gibt es ja mehrere: So will Elon Musk bekanntlich die Menschheit darauf vorbereiten, auf den Mars umzuziehen.

Die DNA künftiger Generationen verändern, den Mars als unsere neue Heimat auswählen – manchmal fragt man sich, ob diese Menschen noch klar denken oder ob sie allzu viele Science-Fiction-Filme angeschaut haben. Sollte weder das eine noch das andere zutreffen, dann zeigt der obige Satz von Klaus Schwab eindeutig, dass für Menschen, die elitären Zirkeln angehören, **unsere Meinung und unsere Bedürfnisse** völlig irrelevant sind.

Wie er in *Die Vierte Industrielle Revolution* darlegt, sollen die heute schon vorhandenen technologischen Möglichkeiten konsequent weiterentwickelt und umgesetzt werden:

> »Um noch einmal auf das Thema der Geneditierung zurückzukommen: Der Umstand, dass es heute viel leichter geworden ist, das Genom schon bei lebensfähigen Embryonen präzise zu verändern, bedeutet, **dass in Zukunft Designer-Babys geboren werden können,** die besondere Merkmale besitzen oder gegen eine bestimmte Krankheit resistent sind.«[217] (H.d.A.)

Genom-Editierung und andere molekularbiologische Technologien bringen den Menschen dazu, Gott zu spielen. So haben im August 2022 Wissenschaftler der Cambridge University[218] und des Weizmann Institute[219] (Israel) verkündet, Embryonen allein aus Stammzellen kreiert zu haben (also ohne Eizelle und Sperma). Das Onlineportal *Israelnetz* berichtete über diese Studie wie folgt:

> »Es klingt nach Science-Fiction, doch israelischen Forschern ist es tatsächlich gelungen, ohne Befruchtung einen Mausembryo heranzuzüchten. Die Wissenschaftler des Weizmann-Instituts benötigten dazu lediglich Stammzellen von der Haut. Die Embryos stehen gewöhnlichen Mausembryos in nichts nach, das Herz schlägt und das Gehirn arbeitet selbstständig.«[220]

Diese Embryonen wuchsen also außerhalb der Gebärmutter auf (man könnte fast glauben, dass wir uns Zukunftsszenarien nähern, wie sie in den Filmen *Matrix* oder *Die Insel* gezeigt wurden). Tatsächlich heißt es in einem Kommentar in *Nature* zu der erwähnten Studie, dass man mit dieser Stammzell-Technologie bald auch menschliche Embryonen schaffen könnte.[221]

Welche Vorteile solche Errungenschaften mit sich bringen könnten, beschreibt *Israelnetz* wie folgt:

> »Ziel der Forschung soll künftig sein, [menschliche] Stammzellen zu nutzen, um Organe wie Leber oder Niere für Transplantationen zu gewinnen. **Dies hat auch ethische Vorteile, denn die dann genutzten Zellen würden nicht aus einem lebenden Organismus entnommen werden müssen, sondern könnten aus den durch Stammzellen erschaffenen Embryonen erhalten werden.**«[222] (H.d.A.)

Als ob durch Stammzellen erschaffene Embryonen keine lebenden Organismen wären! Wir befinden uns nicht nur **mitten in der Vierten Industriellen Revolution,** wie Klaus Schwab vor Kurzem betonte[223], sondern mitten in dem, was wir bislang als Science-Fiction betrachtet haben. Die Frage ist: **Wollen wir das wirklich – Embryonen züchten, um aus ihnen bestimmte Zellen oder Organe für Transplantationen zu gewinnen?** Nebenbei: 2017 wurde Israel vom WEF zu einem der innovativsten Länder auserkoren.[224] Die Kapitalelite scheint jedenfalls ein Faible für die neuen biotechnischen Möglichkeiten der Genom-Editierung (zum Beispiel CRISPR) und für den Transhumanismus zu haben. So hat die RAND Corporation (eine der weltweit einflussreichsten US-Denkfabriken) in einem vom Pentagon beauftragten Bericht 2021 vorgeschlagen, das Genom der Menschen in Zukunft wie folgt zu verändern, nämlich durch –

> »Hinzufügung von Reptiliengenen, die die Fähigkeit zum Sehen im Infrarotbereich verleihen.«[225]

Weiterhin geht es diesem Paper um **Mikrochip-Tabletten** (von der US-amerikanischen FDA bereits 2017 zugelassen[226]), die einem Arzt zum Beispiel per Funksignale aus dem Körper mitteilen, ob der Patient der Therapie tatsächlich folgt – und um **Gehirnchips,** die laut der RAND Corporation das Multitasking erleichtern oder unsere Intelligenz verbessern.[227]

Klaus Schwab ist ein absoluter Befürworter der Fusion des Menschen mit der Technologie, denn wie er wiederholt betont und während des Chicago Council of Global Affairs 2019 erneut versicherte:

> »Die Vierte Industrielle Revolution wird zu einer Verschmelzung unserer physischen, digitalen und biologischen Identitäten führen.«[228]

Auflistung der technologischen Umwälzungen

Der WEF-Gründer ist der Auffassung, dass wir uns auf diese, aber auch auf andere bahnbrechende Entwicklungen vorbereiten sollten. In seinen Büchern hat er nicht nur die bereits vorhandenen technologischen Innovationen aufgelistet, sondern auch viele weitere, die uns sehr wahrscheinlich in wenigen Jahren überrollen werden.

Nachfolgend einige ausgewählte Beispiele, die er im Anhang seines Buches »*Die Vierte Industrielle Revolution*« (2016) aufgeführt hat (mit dem anvisierten Zeitpunkt ihrer Realisierung in Klammern):

> **(a) »Erstes kommerziell verfügbares [unter die Haut] implantierbares Mobiltelefon (2025)«**[229] (H.d.A.)

Dazu heißt es:

> »Intelligente Tattoos und andere einzigartige Chips können zur Identifizierung und zur Standortbestimmung beitragen. Implantierte Geräte dürften auch dazu dienen, Gedanken, die üblicherweise verbal kommuniziert werden, durch ›eingebaute‹ Smartphones zu übermitteln, und potentiell nicht zum Ausdruck gebrachte Gedanken oder Stimmungen durch die Auswertung von Gehirnwellen und anderen Signalen zu erfassen.«[230]

Faktisch geht es also darum, unsere Gehirne zu hacken, das heißt, in sie einzudringen wie in ein Softwareprogramm. Genau das bestätigte der Historiker Yuval Noah Harari beim Davoser Forum 2020:

> »Wir sind keine geheimnisvollen Seelen mehr; **wir sind jetzt Tiere, in die man sich einhacken kann.«**[231] (H.d.A.)

(Das hier in der Endnote verlinkte Video wird den Lesern wärmstens empfohlen, um sich einen Eindruck davon zu verschaffen, was bald auf uns zukommen wird – siehe auch Kapitel 8.)

Zu den positiven Eigenschaften von implantierbaren Chips zählt Klaus Schwab auch die Tatsache, dass es dann »weniger vermisste Kinder«[232] geben würde. Bedeutet das, dass solche Chips mit Mobiltelefonfunktion auch in Kinder implantiert werden sollen ... wie bei Hunden?

Weiter zählt er auf:

> **(b) »10 Prozent aller Menschen tragen Kleidung, die mit dem Internet verbunden ist (2025)«**[233]

(c) »1 Billion Sensoren sind mit dem Internet verbunden (2025)«[234]
(d) »Erste KI-Maschine in der Geschäftsleitung eines Konzerns (2025)«[235] (H.d.A.)

Punkt (d) wurde in China bereits früher als geplant realisiert: Seit Sommer 2022 sitzt eine humanoide KI-gesteuerte Roboterin mit dem Namen Tang Yu als weltweit erste KI-Geschäftsführerin an der Spitze des chinesischen Metaverse-Unternehmens NetDragon.[236]

Als weitere zukünftige Errungenschaft nennt Klaus Schwab:

(e) »Das erste 3D-gedruckte Auto in Produktion (2025)«[237] (H.d.A.)

Diese technologische Innovation gibt es sogar schon seit 2019: Allein mithilfe von 3-D-Druckern hat die italienische Firma XEV zusammen mit der chinesischen Firma Polymaker das erste Serien-Chassis für Elektroautos hergestellt (Räder und Motor werden hinzumontiert):

> »Durch die Arbeit an den Materialien und der Struktur konnte der Hersteller ein leichteres Auto herstellen, das 7.500 Dollar kostet. Dieses Produktionsverfahren führt zu einer Senkung der Investitionskosten um mehr als 70 % im Vergleich zu einem herkömmlichen Produktionssystem. Dieses 3-D-gedruckte Elektroauto ist bereits ein Erfolg, denn es wurden bereits 7000 Exemplare hergestellt, bevor der Massenproduktionsprozess überhaupt begonnen hat.«[238]

Weiter schwebt Schwab vor:

(f) **»Erste Transplantation einer 3D-gedruckten Leber (2025)«**[239] (H.d.A.)

So auf Anhieb würde man meinen – ach was, Spinnerei, bis dahin wird es noch Jahre dauern. Allerdings wird Bioprinting, wie diese 3-D-Technologie in der medizinischen Forschung und in der Lebensmittelherstellung genannt wird, bereits in zahlreichen klinischen Studien mit Hautteilen getestet, um 3-D-Ohren und -Venen herzustellen.[240]

Und das kommt als Nächstes:

(g) **»Geburt des ersten Menschen, dessen Genom direkt und gezielt überarbeitet wurde«**[241]
(h) **»Der erste Mensch, dem ein komplett künstliches Gedächtnis ins Gehirn eingepflanzt wurde«**[242] (H.d.A.)

Für diese beiden Vorhaben ist kein Zieljahr genannt!
Dann gibt es noch ein Kuriosum:

(i) **»Der erste Apotheker-Roboter in den USA (2025)«**[243] (H.d.A.)

Ein Jahr später, also 2017 (*Die Vierte Industrielle Revolution* erschien 2016) hatten die Vereinigten Arabischen Emirate einen solchen Apotheker-Roboter bereits im Einsatz.[244]

Apropos Roboter – in seinem Buch geht Schwab auch auf Folgendes ein:

»Die Robotik beeinflusst allmählich viele Berufe, ob Fertigung, Landwirtschaft, Einzelhandel oder Dienstleistungen. **Nach Angaben der International Federation of Robotics**

> **gibt es auf der Welt inzwischen 1,1 Millionen Arbeitsroboter. Bei der Autoherstellung übernehmen Maschinen 80 Prozent der Arbeiten.** […] Roboter rationalisieren Lieferketten, um effizientere, vorhersagbarere Unternehmensergebnisse zu erzielen.«[245] […] (H.d.A.)
> »Muster zuordnen und Prozesse automatisieren kann KI gut. Deshalb eignet sich die Technik für viele Funktionen in großen Organisationen. **Für die Zukunft ist ein Umfeld vorstellbar, in dem KI viele Aufgaben übernimmt, die heute noch von Menschen ausgeübt werden.**«[246] (H.d.A.)

Damit ist die Massenarbeitslosigkeit von der Elite nicht nur vorausgesehen, sonders bereits eingeplant.

Einführung der digitalen Identität (e-ID, Smart-ID)

Was Schwab seit Jahren mit Nachdruck verfolgt, ist die weltweite Einführung des digitalen Identitätsnachweises[247] – dabei handelt es sich um eine Art Bibliothek, in der vom betreffenden Inhaber nicht nur (wie bei Personalausweisen und Reisepässen) persönliche Daten, sondern noch viel mehr Informationen gespeichert werden können. Diese sind dann auf Smartphones wie auch auf Computern abrufbar.

Interessanterweise spricht Ursula von der Leyen bereits seit über einem Jahr von der Notwendigkeit einer europäischen digitalen Identität – und in Italien soll von Staats wegen noch eine weitere eingeführt werden, die an die **Gewährung oder Nichtgewährung von Grundrechten** gekoppelt ist ... Woher diese Bestrebungen zur Bürgererfassung? **Weil in einem Paper des WEF bereits Anfang 2020 die digitale Identität als »strategischer Imperativ« gefordert wird mit der Begründung, dass sie den Bürgern das**

Leben erleichtern würde.[248] Wenn man Ursula von der Leyen im Juni 2021 zuhört (siehe YouTube-Video[249]), könnte man meinen, dass sie genau die Worte des oben zitierten WEF-Papers verwendet.

Bezüglich der digitalen Identität ist die Ukraine übrigens das erste Versuchsland in Europa, denn schon einen Monat nach Bekanntgabe des besagten WEF-Berichts wurde dort ein solches Erfassungssystem eingeführt. Ohne digitale Identität kann man beispielsweise keine Geldprämie für die doppelte Impfung bekommen,[250] und es scheint, als ob eine digitale Identität sowie eine nachweisbare Impfung die Voraussetzung sind, um bei kriegsbedingtem Jobverlust Geld vom Staat zu erhalten[251] – das erinnert irgendwie stark an das chinesische Punktesystem, über das wir uns doch so aufregen. Dass die Ukraine hier dem WEF folgt, ist ziemlich eindeutig, denn die ukrainische Regierung tut dies auch in anderen Aspekten – z. B. im Energiebereich:

> »Der Ministerpräsident [Denys Shmyhal] erklärte, dass die Ukraine den Systemwertansatz des Weltwirtschaftsforums (WEF) in ihre Wirtschaftsplanung integriert.«[252]

Neben der Ukraine haben fast gleichzeitig weitere Länder digitale Identifikationssysteme eingeführt – darunter Estland, Finnland, Guinea, Indien, Marokko, die Philippinen und Sri Lanka.

In Italien sind bereits 45 Prozent der Bevölkerung von einem digitalen Identitätssystem (Sistema Pubblico di Identità Digitale, *SPID)* erfasst. Ohne diesen ID-Nachweis besteht z. B. bei der Post und beim Finanzamt online keine Handlungsmöglichkeit mehr.

Im Jahr 2021 wurde ein Gesetz zur Einführung einer weiteren Plattform (IDPay) verabschiedet, auf der alle Daten des Bürgers gesammelt werden sollen (Steuer, Gesundheit etc.) und über welche die Italiener dann die ihnen vom Staat zustehenden Gelder (beispielsweise Grundsicherungsleistungen wie das Bürgergeld) erhalten können. Aber nicht nur das – all diejenigen, die IDPay ablehnen, werden vermutlich nicht in den Genuss von Sozialleistungen kommen. Kritiker haben bereits angemerkt, dass diese Leistungen zu den Grundrechten gehören. Mit diesem ID-System würden sich dem Staat demnach gleichzeitig zwei Möglichkeiten eröffnen: völlige Überwachung und indirekte Bestrafung. In Italien soll diese neue digitale Identität auch dazu genutzt werden, das Bargeld abzuschaffen, denn sie soll künftig mit einer »digitalen Brieftasche« (Wallet – Zahlungstool, meistens in Form einer App) vernetzt sein, mit der die Bürger alle ihre Transaktionen mit dem bevorstehenden digitalen Euro durchführen sollen – vom Brotkauf bis zum Erwerb einer Kinokarte. Verantwortlich für diese digitale Transformation ist Vittorio Colao, der ehemalige italienische Minister für technologische Innovation und Digitalisierung, der auf dem WEF-Jahrestreffen in Davos schon 2015 über die Zukunft der digitalen Wirtschaft sprach[253] – damals noch als Vodafone-CEO. Er hat die Digitalisierung in Italien bereits weit vorangebracht.

Die Bundesrepublik hinkt hier ein wenig hinterher, bereitet sich aber schon darauf vor, den Bürgern die bereits beschlossene Smart-ID schmackhaft zu machen:

> »Das Gesetz ermöglicht es nun, allein mit dem Smartphone, das bestimmten Sicherheitsanforderungen genügen muss, seine Identität nachzuweisen, ohne dass eine zusätzliche Ausweiskarte notwendig ist. Das bedeutet einen großen Sprung in Sachen Nutzerfreundlichkeit.«[254]

Während sich in Deutschland die Aufregung darüber sehr in Grenzen hält, geben in Italien bereits zahlreiche Bürger ihrer Besorgnis Ausdruck, denn die neue digitale IDPay-Plattform könnte auch an Punktesysteme gekoppelt werden. In dieser Richtung haben Rom und Bologna bereits 2022 Versuche gestartet:

> »Bislang dachten wir vielleicht, nur ein Land wie China könnte auf die Idee kommen, ein Sozialkreditsystem zu installieren, das seine Bürger für Wohlverhalten belohnt und nonkonformes Handeln bestraft. Dem ist nicht so. In Bologna will man noch in diesem Jahr eine *Smart Citizen Wallet* lancieren, welche die Bürgerinnen und Bürger für Wohlverhalten wie Mülltrennung und Nutzung öffentlicher Verkehrsmittel mit Punkten belohnt.«[255]

Auf der Internetseite von *tkp – Der Blog für Science & Politik* wird darauf aufmerksam gemacht, dass die Bürger damit in Europa erstmals in »gut« und »schlecht« sortierbar sind und dies zu Fragen führen könnte wie:

> »Werden jene, die die den Kriterien der herrschenden Ideologie oder das, was von einigen Politikern als tugendhaft angesehen wird, nicht entsprechen, zunächst durch den Entzug von Vorteilen bestraft, bevor sie an den Rand gedrängt werden? Was wird aus denjenigen, die sich nicht fügen wollen, die darauf beharren, ihr unveräußerliches Recht auf freien Willen auszuüben?«[256]

Kritik gegen eine mögliche dystopische Nutzung der digitalen Identität ist unerwünscht, wie der italienische Ex-Minister für technologische Innovation und Digitalisierung Vittorio Colao auf dem WEF-Treffen 2018 in Davos verlauten ließ:

> »Populismus ist die Selbstverteidigung der Menschen gegen all diese Technologie.«[257]

Eine derartige Verdrehung der Tatsachen und Denunziation der Kritiker fragwürdiger Innovationen macht sprachlos, wenn man sich klarmacht, dass solche digitalen Kontrollmechanismen für die Menschen enorme Probleme mit sich bringen können – bürokratisch, finanziell und im Alltag.

Die Londoner Privacy International, eine weltweit tätige Menschenrechtsorganisation für die Bewahrung der Privatsphäre der Bürger gegenüber Staat und Wirtschaftsunternehmen, hat es sich zur Aufgabe gemacht, die hinter der digitalen Identität stehenden Systeme und Plattformen zu analysieren, denn man erkennt

> »das Potenzial für Missbrauch bei der Überwachung und beim Tracking von Einzelpersonen durch alle Regierungsbehörden und Anbieter des privaten Sektors mittels einer eindeutigen Kennung«.[258]

Diese Organisation hat bereits einige Probleme in Verbindung mit der Plattform MOSIP aufgespürt (die u.a. finanziert wird von der Bill-und-Melinda-Gates-Stiftung, einem der wichtigsten Partner des WEF).

Das Internetsystem und seine Algorithmen sind nämlich nicht immer unsere Freunde; dies gilt insbesondere für Länder, in denen es an soliden Infrastrukturen, an einer zuverlässigen Stromversorgung oder an Netzstabilität mangelt (was auch in europäischen Ländern vorkommt).

Indien begann vor einem Jahrzehnt damit, eine Milliarde Menschen biometrisch zu scannen; heute kann man davon ausgehen, dass fast alle Bewohner dieses Subkontinents digital erfasst sind:

> »Das [sic] größte biometrisch gestützte Digitalisierungsprojekt der Welt begann 2009 mit einem Versprechen an die Armen: Durch eine einmalige zwölfstellige Nummer sollte der Miss-

> brauch von Lebensmittelkarten durch Nichtbedürftige unterbunden werden, und die staatlichen Hilfen sollten endlich denen zugutekommen, die sie am nötigsten brauchten. **Die Nummer eines jeden indischen Bürgers sollte in einer einzigen zentralen Datenbank mit seinen persönlichen Angaben, seiner Adresse, einem Foto, zehn Fingerabdrücken und zwei Scans der Iris – der Regenbogenhaut im Auge – gespeichert werden.**«[259] (H.d.A.)

Wie so oft werden die mit solchen technologischen Neuheiten einhergehenden Probleme aber nicht sofort erkannt – und weil dieser digitale Identitätsnachweis (das ID-Programm »Aadhaar«) häufig nicht funktioniert (mal gibt es kein Internet, mal werden die biometrischen Daten falsch gelesen oder der Fingerabdruck schlecht gescannt), **sind in Indien bereits Kinder und Erwachsene gestorben,** weil sie ihre staatlichen Lebensmittelzuteilungen nicht mehr erhalten konnten:

> »Das biometrische Identitätssystem der indischen Regierung ist aus vielen Gründen in die Kritik geraten, [...] **neue Berichte deuten darauf hin, dass der Plan zu Hungertoten und einer Zunahme des Hungers im ganzen Land führt.**«[260] (H.d.A.)

Diese neuen ID-Systeme könnten auch in Europa Probleme verursachen, wenn auch ganz anderer Art:

> »Den Reisepass, Führerschein und Universitätsabschluss am Handy speichern. Behördengänge online abwickeln, sich bei Plattformen wie Facebook und Google mit staatlich verifizierten Identitätsdaten einloggen. Oder auch die Reservierung eines Hotelzimmers und Mietwagens mit ebendiesen abschlie-

ßen – und zwar grenzüberschreitend in allen Mitgliedstaaten der Europäischen Union. All das soll mit einer E-ID der EU bald Realität werden, wie der STANDARD [2022] berichtete. [...]
Datenschützer warnen aber schon jetzt vor einer Reihe möglicher Gefahren für europäische Bürgerinnen und Bürger. **Vorteile biete der Entwurf derzeit primär Big Tech,** heißt es. [...] Hinzu komme, dass von zentraler Stelle getrackt werden könnte, wann, wo und wofür man die E-ID einsetzt. Von staatlicher Seite könnte laut den Grundrechtsorganisationen EDRi und Epicenter Works dadurch konkret nachverfolgt werden, wenn Bürgerinnen sich für die Flugbuchung ausweisen, bei Instagram einloggen oder zum Beispiel Alkohol kaufen.«[261] (H.d.A.)

Digitale Währung

Auch das Elite-Projekt »Bargeldlose Gesellschaft«, das mit der Einführung von Kreditkarten begonnen hat und nun die Lancierung einer staatlichen digitalen Währung in den USA und in Europa anvisiert, wird von Klaus Schwab und dem WEF seit Jahren vorangetrieben.[262] Es handelt sich dabei um eine programmierbare Währung, womöglich nach dem Modell des bereits existierenden chinesischen Digital-Renminbi. Programmierbar bedeutet, dass man die Verfügbarkeit des digitalen Geldes an bestimmte Bedingungen knüpfen kann (z. B. Impfungen, die Einhaltung des persönlichen CO_2-Fußabdrucks etc.). So steht in einem Paper der chinesischen Regierung über den digitalen Renminbi [e-CNY] unter Punkt 3.2.7:

»Der E-CNY erhält seine Programmierbarkeit durch den Einsatz von Smart-Verträgen, die seine monetären Funktio-

> nen nicht beeinträchtigen. Unter der Prämisse von Sicherheit und Compliance ermöglicht diese Funktion die selbstständige Ausführung von Zahlungen nach vordefinierten Bedingungen oder Konditionen, die zwischen zwei Seiten vereinbart wurden, und erleichtert so die Innovation von Geschäftsmodellen.«[263] (H.d.A.)

Im Klartext: Digitales Geld kann zum Instrument der Knechtschaft werden, denn wenn auch die USA und die EU programmierbare Dollars und Euros im Umlauf bringen, könnten diese genauso an spezifische Forderungen geknüpft werden. Darüber hinaus ist zu bedenken, dass wir in dem Moment, wo wir eine bargeldlose Wirtschaft und Gesellschaft haben, voll und ganz der Willkür der Elite ausgesetzt sind, wie die Geschehnisse bei PayPal (auch ein Partner des WEF) zuletzt gezeigt haben.

Dieser Zahlungsdienstleister hat nämlich kürzlich die Konten der britischen Internetseite *The Daily Skeptic* geschlossen (und die darauf befindlichen Gelder als mögliche Entschädigung einbehalten) – und zwar ohne jegliche Ankündigung oder Erklärung. The Daily Skeptic ist ein britisches Online-Magazin, das Analysen und Meinungen über aktuelle Nachrichten publiziert und für das Toby Howard, ehemaliger Informatikprofessor an der Manchester University, verantwortlich zeichnet. Da Howard weder Geld gewaschen noch Betrug begangen hatte (Gründe, die den Zahlungsdienstleister laut Vertrag zu einseitigen Widerrufungen berechtigen würden), nahm er mit PayPal Kontakt auf, um zu erfahren, warum die Konten gesperrt worden waren. Daraufhin erhielt er folgende E-Mail:

> »Es gehört zu den Grundsätzen von PayPal, dass unsere Dienste nicht für Aktivitäten genutzt werden dürfen, die Hass, Gewalt oder rassistische Intoleranz fördern. Wir bewerten die Aktivitäten regelmäßig im Hinblick auf unsere langjährigen

> Nutzungsbedingungen und prüfen sorgfältig uns gemeldete Aktionen, und werden unsere Beziehung zu Kontoinhabern beenden, die gegen unsere Richtlinien verstoßen.«[264]

PayPal hat nicht behauptet, dass *The Daily Skeptic* gegen diese internen Nutzungsbedingungen verstoßen hätte; tatsächlich gäbe es auch gar keine Beweise dafür. Howard nimmt an, dass die wahren Gründe wohl ganz andere sind:

> »Ich vermute, dass es jemand bei PayPal – möglicherweise der gesamten Führungsetage – nicht gefällt, wofür der *Daily Sceptic* oder die *Free Speech Union* stehen. Das Unternehmen ist für solche Reaktionen bekannt. Wie Matt Taibbi bereits im Mai schrieb:
> **›In der letzten Woche hat die Online-Zahlungsplattform PayPal ohne Erklärung die Konten einer Reihe von Journalisten und Medienunternehmen gesperrt, darunter auch die bekannten alternativen Websites *Consortium News* und *MintPress*.‹**
>
> Diese Websites – *Consortium News* und *Mint Press* – sind beide linksgerichtet und lehnen den Krieg in der Ukraine ab, was vermutlich der Grund für die Sperrung durch PayPal ist. Ist die Tatsache, dass *Daily Sceptic* Artikel veröffentlicht hat, die sich kritisch mit dem Mainstream-Narrativ über diesen Krieg auseinandersetzen – darunter ein Artikel, den wir auf *Mint Press* verlinkt haben – der Grund für die Kündigung? Das scheint ein bisschen hart, wenn man bedenkt, dass wir auch mehrere Artikel veröffentlicht haben, in denen wir die Ukraine und ihre Kriegsanstrengungen verteidigt und einige Kritiken wiederlegt haben, die an das derzeitige ukrainische Regime gerichtet waren.

In den letzten Monaten wurden einer Reihe von Websites, die Fragen zu den Covid-Impfstoffen aufgeworfen haben, von PayPal ebenfalls die Gelder entzogen, darunter die U.K. Medical Freedom Alliance [UKMFA, ein Zusammenschluss von Medizinern, Wissenschaftlern und Anwälten]. Zur gleichen Zeit wurde auch Liz Evans, der Leiterin der UKMFA [Ärztin i.R.] das persönliche PayPal-Konto gesperrt.«[265] (H.d.A.)

Im Klartext: Wenn du etwas tust oder sagst, das mir nicht gefällt, sperre ich dir dein Konto. Die Grundrechte von Menschen (und dazu gehört wohl noch die freie Meinungsäußerung) durch die Blockierung ihrer finanziellen Mittel zu untergraben lässt erahnen, welche Gefahren die Einführung der digitalen Währung mit sich bringen kann.

Klaus Schwab ist bekanntlich ein glühender Befürworter der bargeldlosen Gesellschaft. Als regelmäßiger Gast des »*Weltregierungsgipfels*« hat er auch 2022 an dieser Veranstaltung in Dubai (online) teilgenommen,[266] bei der die Einführung von digitalen Währungen ein wichtiges Thema war. Dr. Philippa Malmgren (Wirtschaftsexpertin, Technologieunternehmerin, Bestsellerautorin und ehemalige US-Präsidentenberaterin[267]) hat sich mit klaren Worten dazu geäußert:

> »**Was eine Weltordnung untermauert, ist immer das Finanzsystem** [...] wir stehen kurz vor einem dramatischen Wandel und wir sind gerade dabei, und ich sage das ganz offen, das traditionelle Geld- und Rechnungswesen aufzugeben und ein neues einzuführen. Und das neue System, das neue Rechnungswesen, nennen wir Blockchain – das bedeutet [es ist] digital [...] **Es birgt auch enorme Gefahren für das Machtgleichgewicht zwischen Staaten und Bürgern, und**

meiner Meinung nach werden wir eine Verfassung der digitalen Menschenrechte brauchen, sollte es zum digitalen Geld kommen.«[268] (H.d.A.)

Also selbst eine elitenahe Befürworterin der digitalen Währung befürchtet, dass die Staaten dieses Blockchain-basierte, von den jeweiligen Notenbanken herausgegebene digitale Geld missbrauchen und die Grundrechte stark eingrenzen könnten. **Es sind also nicht nur die sogenannten Querdenker und Verschwörungstheoretiker, die hier Gefahren wittern.**

Wir haben gesehen, dass der WEF-Partner PayPal bereits Konten aufkündigen kann, wenn Menschen eine andere als die Mainstream-Meinung vertreten – und dass selbst Unterstützer der programmierbaren Digitalwährungen davon ausgehen, dass diese sehr wohl genutzt werden können, um unsere Grund- und Menschenrechte einzuschränken. Dass und wie eine digitale Währung künftig auch an ein Sozialkreditsystem nach chinesischer Art geknüpft werden könnte, zeigt uns auch folgender WEF-Bericht:

> »Das schwedische Fintech-Unternehmen Doconomy hat eine neue Kreditkarte auf den Markt gebracht, die den CO_2-Fußabdruck ihrer Kunden überwacht – **und ihnen den Geldhahn zudreht, wenn sie ihr Kohlenstoffdioxid-Limit erreicht haben.**«[269] (H.d.A.)

Im Klartext: Ein privates Unternehmen, das mit Mastercard (auch ein Partner des WEF[270]) zusammenarbeitet,[271] entscheidet, ab wann wir zu viel CO_2 verbraucht haben, und kann uns dann den Zugang zu unserem Geld blockieren. Damit wir dieses System bereitwillig annehmen, wird es uns umweltbewussten Bürgern schmackhaft gemacht:

»Die Kreditkarte selbst wird aus biologischen Materialien hergestellt und mit Air Ink [Lufttinte] bedruckt – Tinte, die aus recyceltem Kohlenstoff aus luftverschmutzenden Abgasen [z. B. aus Auspuffrohren] hergestellt wird.«[272]

Sind wir erst einmal auf diese planetenfreundliche Karte hereingefallen, werden alle unsere Einkäufe von dem jeweiligen Zahlungsunternehmen auf ihren CO_2-Fußabdruck hin geprüft – vom Lippenstift über Autozubehör bis hin zum Reinigungsmittel für den Ofen –, und sobald man den von diesem Unternehmen festgelegten maximalen CO_2-Fußabdruck erreicht hat, gibt es kein Geld mehr. Uns blüht also eine Feinstkontrolle unserer Handlungen und Entscheidungen. Ob man den Planeten auf diese Weise wirklich retten kann? Nicht zuletzt verbrauchen all diese Plattformen ja selbst immense Energien.[273]

Eine solche absolute Überwachung der Bürger könnten auch die Notenbanken (und somit die Staaten) ausüben, wenn in den nächsten Jahren der digitale Euro in Form von Wallets (Tools für Online-Zahlungen) in Umlauf gebracht wird. Die EU ist jedenfalls schon dran.[274]

Augenöffnend ist hier auch die Stellungnahme von Dr. Augustín Carstens, General Manager der Bank für Internationalen Zahlungsausgleich (BIZ) über digitales Zentralbankgeld (Central Bank Digital Currency = CBDC):

»Unsere Analyse des CBDC, insbesondere in Bezug auf dessen allgemeine Verwendung, beabsichtigt die Gleichwertigkeit mit Bargeld zu ermitteln, aber es gibt da einen großen Unterschied, denn bei Bargeld wissen wir zum Beispiel nicht, wer heute einen 100-Dollar-Schein benutzt, wir wissen nicht, wer heute einen 1000-Peso-Schein benutzt. Der Hauptunterschied zum CBDC besteht darin, **dass die Zentralbank die absolute**

> **Kontrolle hat über die Regeln und Vorschriften, die die Verwendung dieses digitalen Zentralbankgeldes bestimmen,** und wir werden auch die Technologie haben, um dies durchzusetzen. Diese beiden Punkte sind äußerst wichtig und machen einen großen Unterschied in Bezug auf das, was Bargeld ist.«[275] (H.d.A.)

Man beachte: Diese Aussage stammt nicht von einem Verschwörungstheoretiker, sondern von jemandem, der der Bank- und Finanzelite angehört.

Noch eine kurze Anmerkung: Das vom WEF angepeilte Ziel, Staaten und supranationalen Organisationen wie der EU eine komplette Kontrolle über die Bürger zu ermöglichen, wird auch damit begründet, dass sich dadurch die Wirtschaftsproduktivität steigern lässt, wie Vittorio Colao Ende 2021 in Italien bekundete:

> »Es ist wichtig, dass wir uns in Richtung einer **bargeldlosen Welt** bewegen […] Denn wenn man den Zahlungsverkehr digitalisiert, digitalisiert man zwangsläufig auch die mit dem Zahlungsverkehr zusammenhängenden Prozesse […] **Der Kampf für weniger Bargeld und mehr Bargeldlosigkeit […] ist ein Kampf für die Digitalisierung des Landes,** für die Steigerung der Produktivität und der Wettbewerbsfähigkeit, **insbesondere von kleinen und kleinsten Unternehmen.**«[276] (H.d.A.)

Vor allem die letzte Behauptung scheint eher als Vorwand zu dienen, um bei der Öffentlichkeit beim Thema Bargeldlosigkeit Akzeptanz zu erzielen.

Transhumanismus – »Die vielleicht gefährlichste Idee der Welt«[277]

Wie denkt Klaus Schwab über diese disruptive Ideologie? Bevor ich näher auf einschlägige Aussagen aus seinen Büchern eingehe, seien zum Einstieg einige seiner Äußerungen in einem Interview zitiert, das er 2016 dem Schweizer Fernsehsender *RTS* gab (Transkript und Übersetzung aus dem Französischen):

> *Interviewer:*
> Heute werden wir über die Mikrochips reden, die man ins Gehirn implantieren kann – wann wird dies alles möglich sein?
> *Klaus Schwab:*
> Sicherlich innerhalb der nächsten zehn Jahre. Zuerst wird man sie in die Kleidung einnähen – die sogenannten Wearables – und später werden sie wohl in unsere Gehirne implantiert werden oder unter die Haut. Und am Ende könnten wir mit diesem Gehirn vielleicht direkt mit der digitalen Welt kommunizieren. Was wir sehen, ist eine Verschmelzung der physischen, digitalen und biologischen Welt.
> *Interviewer:*
> Wenn wir also jemanden anrufen wollen, bräuchten wir keine Apparate mehr, sondern die Technik ermöglicht eine Erweiterung unseres Körpers?
> *Klaus Schwab:*
> Ja, die Menschen würden dann sprechen und einfach sagen: Ich möchte jetzt mit jemandem – egal, mit wem – verbunden werden. Wir werden auch unsere persönlichen Roboter haben […] ich habe gehört, Herr Zuckerberg hat vorausgesagt, dass er Ende des Jahres [2016] einen persönlichen Butler, einen Roboter, haben wird, der ihm zur Verfügung steht.

Interviewer:
Also wie in *Downtown Abbey* werden wir unseren persönlichen Butler haben – einen Assistenten, einen Sklaven?
Klaus Schwab:
Ja, aber es gibt da ein Unterschied. Es handelt sich um einen Diener, der dank künstlicher Intelligenz in der Lage ist zu lernen und der Ihnen nicht nur bei den manuellen Tätigkeiten assistieren wird, sondern Ihnen auch ein echter intellektueller Partner werden kann.«[278]

Künstliche Gesprächspartner – welche Bankrotterklärung für den sozialen Zustand der Menschheit. Aber es gibt sie schon – und sie werden bereits genutzt.[279]

Mit der Zeit hat Klaus Schwab gelernt, seinen Enthusiasmus zu zügeln, insbesondere in Interviews oder auch beim Bücherschreiben, um seine wahren Ziele besser zu verbergen; das gilt auch für das Thema Transhumanismus. Trotzdem verweist er immer wieder auf die Tatsache, dass der technologische Fortschritt und die vierte industrielle Revolution **unvermeidlich** sind.

Es verwundert also nicht, dass Elon Musk 2008 einer der Young Global Leaders des WEFs wurde:[280] Beide Männer verbindet die Leidenschaft für Technik und Transhumanismus in hohem Maße.[281] Mit seiner Firma Neuralink versucht Musk bereits seit Jahren, durch implantierbare Chips die Gehirne von Tieren und Menschen direkt mit der digitalen Welt in Verbindung zu bringen (wobei ihm die FDA für Experimente mit Letzteren noch keine Zulassung erteilt hat, Stand: September 2022):

»Für Aufsehen sorgte [2021] vor allem das Video des Affen Pager, der mithilfe seines Gehirnimplantats das Uralt-Computergame ›Pong‹ spielte – und zwar ohne einen Joystick zu benutzen.«[282]

Musks Konkurrent, die Firma Synchron, durfte bereits die ersten Humanversuche starten: Ein Hirnimplantat ermöglicht es einem gelähmten Menschen, mit Computern und Handys zu interagieren, das heißt, allein mit seinen Gedanken und seinen Augen Befehle und Klicks zu tätigen, ohne die Hände zu benutzen:

> »Synchron hat eine endovaskuläre Hirn-Computer-Schnittstelle entwickelt, **die jeden Winkel des Gehirns über seine natürlichen Verkehrswege, die Blutgefäße, erreichen kann.** Unsere bahnbrechende Plattform eröffnet neue Möglichkeiten für die Behandlung von neurologischen Erkrankungen: Neurointerventionelle Elektrophysiologie (Neuro-EP). Unsere Technologie wird drei medizinische Bereiche verändern: Neuroprothetik, Neuromodulation und Neurodiagnostik.«[283] (H.d.A.)

In einem Video auf der Internetseite von Synchron ist einer der beiden gechipten Patienten zu sehen. Dieses neue Verfahren wird darin grafisch sehr anschaulich dargestellt: Die Mikrochips werden über die Blutgefäße in den Motorcortex des Gehirns eingepflanzt, um dort die neurologischen Signale zu empfangen und dann weiterzuleiten.[284]

In einem Bericht auf der Internetseite des WEF wird unmissverständlich darauf hingewiesen, dass wir in naher Zukunft mit implantierten Chips durch den Alltag gehen werden, um diverse gesundheitliche oder biologische Fehlentwicklungen in den Griff zu bekommen. So wird bereits die Möglichkeit erörtert, legasthenischen Kindern entsprechende Chips zu implantieren. Das klingt durchaus gut und vielversprechend – die Frage ist aber: **Wer** wird **wo** die Grenzen setzen? In dem gerade erwähnten WEF-Bericht geht der Autor davon aus, dass die Entwicklung von Chips, die ins Gehirn oder unter die Haut implantiert werden, vermutlich genauso verlaufen wird wie bei den Wearables, das heißt, dass wir uns diese Chips zuerst zur Behebung von Gesundheitsproblemen einsetzen lassen werden (was ja durchaus segensreich sein kann) – später aber auch dann, wenn sie in Schule, Ausbildung und Beruf **als Optimierungstool** verlangt werden könnten.[285]

Smart Cities

Werfen wir nun einen Blick auf das Programm der G20 Global Smart Cities Alliance, die vom WEF geführt und zurzeit schon weltweit umgesetzt wird, darunter auch in mehreren europäischen Städten.[286]

So zum Beispiel in der niederländischen Kleinstadt Apeldoorn, deren Gemeindeverwaltung im Rahmen dieses vom WEF geleiteten G20 Global Smart Cities Alliance-Programms einen **geheimen Vertrag** mit der österreichischen Firma RadioLED unterzeichnet hat, um das Städtchen mit modernster Smart Technology ausrüsten zu lassen.

Angesichts dessen, was diese Neuerungen alles bedeuten können, haben zahlreiche besorgte Apeldoorner eine Bürgerinitiative gegründet und ihre Mitbürger dazu aufgerufen, eine Petition zu unterzeichnen, die wie folgt lautet:

> »Apeldoorn wurde die zweifelhafte Ehre zuteil, eine von 36 Städten weltweit zu sein, die testweise eine sogenannte ›Smart City‹ werden soll. Zu diesem Zweck hat sie u. a. dem Technologieunternehmen RadioLED die Genehmigung erteilt, eine Infrastruktur mit Multipoints, kleine [hochleistungsfähige][287] Datenzentren, die an Lampenpfosten angebracht sind.
>
> *Petition*
>
> **Wir,**
>
> besorgte Bürger von Apeldoorn,

beobachten,
dass:
die Gemeinde Apeldoorn bereits mit der Einführung der »Smart City« begonnen hat, ohne die Bürger ausreichend einbezogen zu haben;
an den Straßenlampen bereits Multipoints/weiße Kästen hängen, über deren Sicherheit wenig bekannt ist;
es unklar ist, wie viele Multipoints beteiligt sind, an welchen Standorten sich diese befinden und welche Daten gesammelt werden;
Unklarheit darüber besteht bezüglich der Haftung für Schäden an der Privatsphäre und/oder der Gesundheit;
und fordern
die Verwaltung von Apeldoorn auf, die Installation der Kästen und die Einführung der Smart-City-Pläne unverzüglich zu stoppen, bis:
die Bürgerinnen und Bürger umfassend informiert sind und Zugang zu allen Verwaltungs- und Finanzunterlagen über Smart City erhalten haben;
unabhängige Untersuchungen zu den Risiken und schädlichen Auswirkungen im Bereich der Privatsphäre und der Gesundheit durchgeführt wurden;
klar ist, wer für eventuelle Schäden haftet.«[288] (H.d.A.)

Da die Gesamtprojektkosten von ca. 18 Millionen Euro von *Radio-LED* getragen werden,[289] fragt man sich, was diese österreichische Technologiefirma wohl als Gegenleistung für die sicherlich nicht selbstlose und enorm teure Investition bekommt – vermutlich eine Masse privater Daten,[290] denn anders ist diese österreichische Großzügigkeit nicht zu erklären.

Auf der Internetseite des WEF ist zu lesen, dass im Rahmen der G20 *Global Smart* Cities *Alliance* Experten aus über 50 globalen

Organisationen zusammengearbeitet haben, um eine weltweite politische Roadmap für Smart-City-Technologien zu entwickeln. Weiter heißt es dort:

> »Die Pionierstädte, die den Fahrplan übernommen haben und seine Entwicklung in Richtung Smart City Governance lenken, sind: **Apeldoorn** (Niederlande); **Barcelona** (Spanien); **Belfast** (Großbritannien); Bengaluru (Indien); Bilbao (Spanien); Buenos Aires (Argentinien); Bogota (Kolumbien); Brasilia (Brasilien); Chattanooga (USA); Cordoba (Argentinien); Daegu (Südkorea); Dallas (USA); Dubai (Vereinigte Arabische Emirate); Thekwini (Südafrika); Faridabad (Indien); Gaziantep (Türkei); Hamamatsu (Japan); Hyderabad (Indien); Indore (Indien); Istanbul (Türkei); Kampala (Uganda); Kaga (Japan); Kakogawa (Japan); **Karlsruhe** (Deutschland); Leeds (Vereinigtes Königreich); Lissabon (Portugal); London (Vereinigtes Königreich); Maebashi (Japan); Manila (Philippinen); Medellin (Kolumbien); Melbourne (Australien); Mexico City (Mexiko); **Mailand** (Italien); Muscat (Oman); Newcastle (Australien); Pittsburgh (USA); San Jose (USA); Tampere (Finnland) und Toronto (Kanada).«[291] (H.d.A. – der Fettdruck aus dem Originaltext wurde nur auszugsweise übernommen)

Bis Mai 2022 hatte das WEF zusammen mit der von Klaus Schwab geschaffenen Allianz bereits mehr als 70 Städte bei der Einführung einer Smart City Governance unterstützt:

> »Angesichts dieses Erfolgs plant die Allianz den Aufbau weiterer Netzwerke in Asien, dem Nahen Osten und Afrika.«[292]

Kurzer Exkurs 1: Es droht hier nicht nur »die Kontrolle und Überwachung der Bürger«, wie bereits mehrere Kritiker anmerkten,[293] sondern auch eine Ausnutzung der Wirtschaftsressource »Daten« – genauer gesagt, es geht um private persönliche Daten, die von einzelnen Firmen ausgebeutet und zu Geld gemacht werden. Zu diesen gehören bekanntlich u. a. Amazon, Google, Meta (vormals Facebook) und Microsoft – übrigens alle Partner des WEF.
In einem Artikel der Wharton School (University of Pennsylvania) finden wir hierzu weitere Nachweise:

> »Viele [Technologiefirmen] verkaufen ihre Daten zwar nicht, geben aber oft den Zugang zu ihnen weiter. So hat beispielsweise PayPal bekanntgegeben, dass es Verbraucherdaten (wie Name, Adresse, Telefonnummer, Geburtsdatum, IP-Adresse, Bankkontoinformationen, letzte Einkäufe) mit Hunderten von Unternehmen in der ganzen Welt teilt.«[294]

Auch die Harvard-Professorin Shoshana Zuboff hat dies bereits vor mehreren Jahren in ihrem sorgfältig recherchierten Buch *Das Zeitalter des Überwachungskapitalismus*[295] deutlich dargelegt.

Unsere persönlichen Daten sind zum neuen essenziellen Rohstoff mutiert; sie werden von etlichen Firmen gesammelt und katalogisiert und dann entweder geteilt oder verkauft. Facebook, Google und Twitter versichern uns zwar, dass sie unsere Daten nicht verkaufen – aber sie teilen sie mit Werbekunden,[296] damit diese ihre Anzeigen auf den Seiten der Big-Tech-Plattformen effizienter platzieren können. Mithilfe unserer Daten können Letztere dann also von ihren Werbekunden mehr Profit erzielen.[297] Derzeit ist dies alles möglich »dank« der berüchtigten Cookies – aber sehr bald werden diese gar nicht mehr nötig sein, wie der Schweizer Konsumentenschutz darlegt:

»Die Ära der Cookies ist bald vorbei. Die digitalen Werbeunternehmen sind deshalb auf der Suche nach neuen Möglichkeiten, um Internetnutzerinnen websiteübergreifend zu tracken. Bei Google heißt die Antwort ›Topics‹, bei ›kleineren‹ Anbietern könnte vermehrt Fingerprinting zum Einsatz kommen.«[298]

Diese Begriffe, den meisten von uns (noch) unbekannt, stehen für neue Technologien, die es den Unternehmen erheblich erleichtern werden, Unmengen von Daten und Fakten über uns zu sammeln.
Hochinteressant ist zum Beispiel die Tracking-Technik des Browser- bzw. Device-Fingerprinting (digitaler Fingerabdruck):

»Wenn Sie eine Website aufrufen, liefert Ihr Webbrowser automatisch Daten, die der Server für die Anzeige der Website benötigt. Darunter sind zum Beispiel die Bildschirmauflösung und das installierte Betriebssystem. Zudem fragt die digitale Werbefirma beim Fingerprinting weitere Daten per JavaScript ab. So findet sie unter anderem heraus, welche Browser-Erweiterungen und Schriftarten Sie verwenden und in welcher Zeitzone Sie sich befinden. Mit den einzelnen Daten lässt sich für sich genommen keine Besucherin identifizieren. Aber durch die Kombination dieser Daten entsteht, je nach Soft- und Hardware, ein einmaliger Fingerabdruck. […] Beispiel: Ein Windows-10-Nutzer surft mit dem Google Chrome Browser. Diese Faktoren sind für sich genommen nicht selten genug. Sobald aber wenige seltene Faktoren dazukommen (z. B. 5K-Auflösung und ungewöhnliche installierte Schriftarten), ist der Fingerabdruck einmalig.«[299]

Selbst wenn gesetzliche Regulierungen die Verfolgung (das Tracken) der Internetnutzer etwas eingrenzen, scheinen immer wieder neue Techniken ans Tageslicht zu kommen, die es den Firmen bequemer machen, das neue Gold des 21. Jahrhunderts rund um die Uhr zu schürfen – also persönliche Daten über unser Verhalten, unsere Vorlieben und unsere Neigungen.

Kurzer Exkurs 2: Das Unglaubliche ist aber (leider), dass wir unsere privaten Daten, zumeist bereitwillig und ohne mit der Wimper zu zucken, selbst freigeben. Dazu reicht es aus, dass man uns die Nutzung von Informationen und Apps im Netz kostenlos überlässt.

Anscheinend haben viele von uns auch keinerlei Skrupel, persönliche Daten von Freunden, Familie und Bekannten preiszugeben. So wurde in einem Experiment der Stanford University in Zusammenarbeit mit dem MIT (2017) Studenten eine Gratis-Pizza angeboten; als Gegenleistung sollten sie die E-Mail-Adressen ihrer besten Freunde bekannt geben. Alle gingen darauf ein – selbst jene, die sich zuvor noch Sorgen über Datenschutz gemacht hatten.[300]

Dies zeigt, wie leicht wir uns zu Indiskretion und Achtlosigkeit verführen lassen, sobald wir entweder Geld sparen (kostenlose Internetnutzung) oder uns eine materielle Belohnung winkt (... ein Stück Pizza).

Solche Belanglosigkeiten sind sicherlich nicht von Interesse für das WEF. Klaus Schwab und seinen Freunden und Partnern geht es bei der Implementierung der Smart Cities nicht nur um eine engmaschige, totalitäre Form der Überwachung. In einem Artikel für das WEF-Portal von Simon Wilson – übrigens kein Verschwörungstheoretiker, sondern Technischer Direktor von Aruba (Partner des WEF) – wird offen zugegeben, welche Interessen noch dahinterstecken:

»Der vielleicht größte Vorteil von Smart Cities sind die Daten, die sie produzieren. [...] Außerdem eröffnen sich dadurch auch Möglichkeiten für zusätzliche Einkünfte.«[301] (H.d.A.)

Alles klar!

KAPITEL 5

VERSCHÄRFTE MONOPOLISIERUNG DER AGRARWIRTSCHAFT

»Wer die Nahrung kontrolliert,
kontrolliert die Menschen«[302]
Henry Kissinger

In diesem und im folgenden Kapitel wird die mit dem *Reset the Table*-Projekt verbundene Problematik beleuchtet, das heißt die disruptiven Veränderungen in den Bereichen Landwirtschaft, Lebensmittelindustrie und Ernährung (die Themen Insektennahrung, Laborfleisch u. a. werden eingehend in Kapitel 6 abgehandelt).

Zunächst muss man wissen, dass das Weltwirtschaftsforum einen großen Einfluss auf die Vereinten Nationen (UN) hat und oft Hand in Hand u. a. mit der Rockefeller-Stiftung arbeitet. Man braucht nur »Rockefeller« ins Suchfeld der WEF-Internetseite einzugeben und erhält über 1300 Eintragungen. Auf der ersten angezeigten Seite heißt es dann gleich:

> »Die *Rockefeller-Stiftung* fördert die Erweiterung der Grenzen von Wissenschaft, Daten, Politik und Innovation, um die globalen Herausforderungen in den Bereichen Gesundheit, Ernährung, Energie und Wirtschaftsmobilität zu lösen. Als wissenschaftsorientierte philanthropische Stiftung, die den Aufbau kollaborativer Beziehungen mit Partnern und Finanzhilfeempfängern auf der ganzen Welt im Fokus hat,

möchte die Rockefeller Foundation zu bahnbrechenden Lösungen, Ideen und Gesprächen inspirieren und diese vorantreiben, um das Wohlergehen der Menschen auf der ganzen Welt zu fördern.«[303] (H.d.A.)

Dazu Albert Camus: »Das Wohl des Volkes im Besonderen war schon immer das Alibi der Tyrannen ...«[304].

Im Zuge ihrer globalen Einflussnahme möchte die Rockefeller-Stiftung also zusammen mit anderen Stiftungen und Organisationen (darunter das WEF) ihre Aktivitäten auch auf unsere Nahrungsmittel und unsere Essgewohnheiten ausweiten, wie auf der Website des WEF 2020 ausführlich dargelegt.[305]

Einige Hintergrundinformationen

Vor einigen Jahren lancierte die Rockefeller-Stiftung zusammen mit dem CSIS das Projekt *Reset the Table*[306]. (Das CSIS ist ein Zentrum für Strategische und Internationale Studien, das laut *New York Times* für seine Lobbyarbeit auch Gelder von der Waffenindustrie erhalten hat.)[307] Was die Rockefeller-Stiftung und das CSIS hier darlegen, wird ihren Worten zufolge nur aus edlen Motiven vorangetrieben (Hunger bekämpfen, Planet retten); **faktisch aber geht es, wie aufgezeigt werden wird, um die globale Vormachtstellung der USA im Bereich der Agrar- und Nahrungsmittelindustrie.**

Die Bestrebungen der Rockefeller-Stiftung gehen fast immer mit der WEF konform – so hat sie u. a. die WEF-Systeminitiative zur Gestaltung der Zukunft von Ernährungssicherheit und Landwirtschaft mitfinanziert. Im Rahmen dieser Initiative erschien 2018 ein WEF-Paper über *Die Rolle der technologischen Innovation bei der Beschleunigung der Transformation der Lebensmittelsysteme.*[308] Da wir Ähnliches auch auf der Website des CSIS lesen, wird der Eindruck erweckt, dass diese Denkfabriken und Organisationen auffallend koordiniert zusammenarbeiten:

> »Jetzt ist die Zeit zum Umdenken. [...] Während unsere derzeitigen Herausforderungen neue Ansätze erfordern, haben sich die Vereinigten Staaten von ihrer langjährigen globalen Führungsrolle in der Landwirtschaft und der Ernährungssicherung zurückgezogen.
> Das CSIS freut sich mit [dem von der Rockefeller-Stiftung begründeten] ***Reset the Table*** ein Projekt vorzustellen, **das auf die heutigen Herausforderungen für die globale Ernährungssicherung abzielt und erneut eine Führungsrolle der USA in diesem Bereich fordert.**«[309] (H.d.A.)

Zuweilen sind die wahren Interessen der US-amerikanischen Elite doch sehr eindeutig erkennbar, denn hier halten sie nicht damit hinter dem Berg, dass sie wieder an ihrer früheren globalen Vorreiterrolle interessiert sind – und diesmal vermutlich auf definitive Art und Weise, denn: **»wer die Nahrung kontrolliert, kontrolliert die Menschen«,** wie Henry Kissinger in seiner unnachahmlich direkten Art bereits vor Jahren betonte.[310]

Die Rockefeller-Stiftung, für die Henry Kissinger tätig war, zeigt in einem 27-seitigen Kommunikationsleitfaden auf, wie man den Menschen die lukrative, patentierbare Zukunftsnahrung (siehe Kapitel 6) schmackhaft machen kann. Es werden Beispiele geliefert, was man in den verschiedenen Medien thematisieren sollte und auf welche Werte man verweisen kann, um das *Reset the Table*-Projekt bestmöglich zu propagieren.[311]

Bei diesem Projekt geht es darum, uns für neue Lebensmittel wie Insekten, genmanipulierten Weizen[312] oder Stammzellfleisch aus Bioreaktoren zu gewinnen. Das bedeutet aber u. a., die vielen kleinen, mittleren oder auch größeren Viehzüchter in Europa, in den USA und anderswo von der Landkarte zu streichen mit dem Ziel, die Fleischproduktion zu monopolisieren und weltweit auf einige wenige große Unternehmen aufzuteilen, wie es zum Beispiel mit der Saatgut-Produktion bereits geschehen ist (nur vier Konzerne dominieren hier den globalen Markt).[313] Diese Monopolisierung wird seit Langem vom WEF[314], von der Rockefeller-Stiftung und den Vereinten Nationen angestrebt.[315]

In diesem Zusammenhang haben Wissenschaftler aus den USA (Cornell University) und den Niederlanden (Leiden Law School) nach einer Analyse der Entwicklung und Organisation des 2021 einberufenen UN-Weltgipfels zu Ernährungssystemen (UNFSS) dessen gravierendste Aspekte ausführlich beleuchtet:

> »Obwohl kaum jemand bestreiten wird, dass die globalen Nahrungsmittelsysteme einer Transformation bedürfen, ist deutlich geworden, dass der Gipfel stattdessen **der Versuch einer mächtigen Allianz aus multinationalen Konzernen, philanthropischen Organisationen und exportorientierten Ländern ist,** multilaterale Institutionen für Nahrungsmittel-Governance zu untergraben und **das globale Narrativ der ›Transformation der Lebensmittelsysteme‹ zu vereinnahmen […] um koloniale und unternehmerische Formen der Kontrolle zu erhalten.**«[316] (H.d.A.)

Einer der wichtigsten Partner des UN-Weltgipfels zu den Ernährungssystemen war das WEF, das 2019 mit der UN einen Partnerschaftsvertrag unterzeichnete. Die Autoren des o. g. wissenschaftlichen Artikels führen weiter an:

> **»In seinem Bemühen, die Interessen der weltweit größten Konzerne zu fördern, hat das WEF einen ›Great Reset‹**

> **verfolgt** […] In den folgenden Monaten […] wurde deutlich, was hinter dem Gipfel steckt. Da sich die Welt zunehmend der sozialen und ökologischen Probleme bewusst wird, die durch das industrielle Lebensmittelsystem verursacht werden, hat sich der UNFSS als ein ausgeklügelter Prozess erwiesen, der die demokratischen Bereiche der globalen Nahrungsmittelpolitik untergräbt und **gleichzeitig die Kontrolle der Konzerne über die Lebensmittelsysteme stärkt.**[317] (H.d.A.)

Bei der Umwälzung der Nahrungsmittelproduktion und in deren Folge der Landwirtschaft scheint die UN undemokratische Verfahren zu bevorzugen, wie auch einem Kommentar von *Focus on the Global South* zum UN-Welternährungsgipfel zu entnehmen ist:

> »Gemäß einem Multi-Stakeholder-Ansatz versammeln sich auf dem Gipfel Teilnehmer*innen, **die sich der Global Redesign Initiative des Weltwirtschaftsforums (WEF) verschrieben haben**, einem kontroversen Projekt, **das die Rolle des Privatsektors bei der Steuerung weltpolitischer Entscheidungen stärken will.**«[318]

Der Kampf der Bauern

Der Blick auf Nachhaltigkeit und Umwelt ist natürlich absolut notwendig, aber bevor man die »Schuld« am Klimawandel hauptsächlich auf die Landwirtschaft schiebt und drastische Maßnahmen in die Wege leitet – wie es verschiedene Regierungen auf beiden Seiten des Atlantiks und in Asien seit Jahren praktizieren –, müsste man (gerechterweise) auch die umweltschädlichen Emissionen des einen Prozent Superreicher unter die Lupe nehmen, die unseren Planeten laut aktuellen Zahlen stärker verschmutzen als alle weltweit tätigen Viehzüchter zusammen.[319] Dazu ein Beispiel: Meta-CEO Mark Zuckerberg, WEF-Partner und ein ausgesprochener Befürworter des Klimawandels sowie der dazugehörigen Umweltschutzmaßnahmen, hat 2022 mit seinem Privatjet in weniger als zwei Monaten Treibstoff im Wert von über 158 000 Dollar verbraucht und in diesem Zeitraum 253 Tonnen CO_2 emittiert. Zum Vergleich: Ein US-Bürger hat einen jährlichen CO_2-Fußabdruck von 16 Tonnen.[320] Jedoch ist das WEF immer sofort dabei, die Landwirte für die Klimaprobleme verantwortlich zu machen:

> »Die Viehzucht ist für schwindelerregende 15 % der weltweiten Emissionen pro Jahr verantwortlich.«[321]

Dabei wird tunlichst vermieden, darauf hinzuweisen, dass pro Jahr nachweislich ebenso schwindelerregende 15 Prozent der weltweiten Emissionen durch den luxuriösen, Koste-es-was-es-wolle-Lebensstil der Superreichen verursacht werden. Doch lieber bei den »Kleinen« anfangen und diese in den Konkurs treiben – während einige Megawohlhabende (darunter Bill Gates) mit alternativen Fleischprodukten große Gewinne erwarten können, sich selbst aber »um des Planeten willen« kein Jota einschränken.

Wie sehr es darum geht, die Ziele der UN-Agenda 2030 für nachhaltige Entwicklung möglichst rasch durchzusetzen, erkennt man auch daran, dass beispielsweise die niederländische Regierung von den Viehzüchtern fordert, ihren Nutztierbestand im Interesse der Umweltfreundlichkeit gewissermaßen von heute auf morgen drastisch zu reduzieren. (Auch im niederländischen Kabinett sitzt zumindest ein Minister, der die WEF-Kaderschule durchlaufen hat.)[322] Die Ankündigung der neuen Umweltauflagen hat im Sommer 2022 bei den niederländischen Landwirten verständlicherweise Existenzängste ausgelöst und wochenlang zu heftigen Protesten geführt.[323] Immerhin würde die Umsetzung der Regierungsvorhaben dazu führen, dass rund 12 000 Betriebe schließen müssten[324] (die meisten davon Familienbetriebe).

Auch den irischen Bauern könnte es an den Kragen gehen, denn seit Mitte 2022 fordert die dortige Regierung, die Agraremissionen bis 2030 um 25 Prozent zu verringern – und das würde bedeuten, so die Viehzüchter, dass sie schätzungsweise über eine Million ihrer Tiere »ausmerzen« müssten und unzählige landwirtschaftliche Betriebe in die Insolvenz gedrängt würden.[325] (Nebenbei: Auch in der irischen Regierung sitzt ein Young Global Leader.[326])

Eine besonders kreative Idee zur Rettung des Planeten kommt aus Neuseeland: Dort strebt Premierministerin Jacinda Ardern (auch sie ein Young Global Leader des WEF) seit 2022 eine sogenannte Burb-Tax an, also »eine Steuer auf Fürze und Rülpser von Kühen und Schafen, die die Viehzüchter ab 2025 zahlen sollen«.[327]

Im Nachbarland Australien werden all diese Entwicklungen mit Sorge verfolgt. Der *Spectator Australia* meinte dazu:

> »Es ist schmerzlich klar, dass Neuseeland, wo immer es hingeht, Australien gehorsam hinterherlaufen wird.
> In diesem Fall soll die heimische Agrarindustrie auf dem Altar des ›Klimawandels‹ geopfert werden. […]
> Nachdem [Ardern und ihr Minister für Klimawandel], um die Tourismusindustrie zu stützen, Hunderttausende von Amerikanern aufgefordert haben, über den Pazifik zu jetten und dabei wer weiß wie viele CO_2-Emissionen auszustoßen, bestehen [sie] nun darauf, dass unbedingt etwas gegen Methan getan werden muss. Ach ja, die Beseitigung von Tieren und Pflanzen ist jetzt Teil des ›klimafreundlichen‹ Trends, um – äh – um die Erde grüner zu machen?«[328]

Was bei alldem auffällt, ist, dass verschiedene Länderregierungen nahezu zeitgleich ähnliche Maßnahmen bezüglich »Viehzucht und Klimawandel« auf den Weg bringen wollen: Auch in Oregon und in Kalifornien (USA) haben die 2022 angekündigten radikalen Maßnahmen »zum Wohl des Umweltschutzes« bei den Landwirten tief greifende Existenzsorgen ausgelöst. [329]

Schon vor Jahren kam eine Studie der University of Michigan zu dem Schluss, dass die US-Amerikaner ihren Rindfleischkonsum um 90 Prozent reduzieren müssten, um ihre Agraremissionen bis 2030 um 50 Prozent zu senken.[330] Berechnungen zufolge dürften die Amerikaner dann höchstens zwei Kilo Rindfleisch im Jahr verspeisen, also einen Burger pro Monat.[331] Angesichts der Tatsache, dass das Emissionsproblem bereits seit Jahrzehnten (!) bekannt ist – hätte man da in den USA und in der EU nicht schon früher **gezielt darauf hinarbeiten können, den Fleischkonsum zu reduzieren** (zum Beispiel durch Anhebung der Qualität und/oder der Preise), anstatt die Existenz der Landwirte nun mit einer Art Hauruck-Aktion zu gefährden? Auch hier ist der Verdacht angebracht, dass diese Maßnahmen zur drastischen Reduzierung der Viehbestände eigentlich in erster Linie dazu dienen, patentierte Fleischproduktionsverfahren und somit die Global Players zu begünstigen.

Ein Verdacht, der durch das Verhalten der EU erhärtet wird, denn seitens der Kommission wurde wenig für eine vernünftige Reduzierung und Umstrukturierung der Viehzucht getan; vielmehr wurde die Landwirtschaft weiterhin mit unseren Steuergeldern subventioniert, um Rindfleisch etc. auch nach China zu exportieren.[332] Aber jetzt auf einmal möchte man den Viehbestand auch in Europa anscheinend radikal herunterfahren:

> »Im Rahmen des Green Deal hat die Europäische Union im Mai 2020 die Farm-to-Fork-Strategie auf den Weg gebracht,

> die eine 20-prozentige Verringerung des Düngemitteleinsatzes, eine 10-prozentige Verringerung der landwirtschaftlich genutzten Flächen, eine 50-prozentige Verringerung von Pflanzenschutzmitteln und Mikroorganismen für die Tierhaltung und so weiter vorschreibt. Dies wird die Landwirte in den Ruin treiben und Millionen von Menschen den Lebensunterhalt kosten.«[333]

Auch wenn man der Umsetzung dieser Verordnungen bis 2030 Zeit gibt, wollen mehrere Länder diese bereits jetzt durchbringen. Laut WEF und Klaus Schwab ist es das Ziel, bis 2025 kohlenstoffneutral zu sein.[334] Dementsprechend bleibt den Landwirten keine andere Wahl, als auf die Straße zu gehen, wie 2022 in mehreren Ländern geschehen:

> »Die deutschen Landwirte starten in Berlin eine Demonstration, und diese wird als ›365‹-Nonstop-Aktion fortgesetzt, bis das Ziel erreicht ist, die Politik zu beenden, die derzeit die Landwirtschaft ruiniert und die Nahrungsmittelproduktion einschränkt. Diese Demo unterstützt die Protestinitiativen der niederländischen Landwirte und anderer, die in Italien, Spanien, Irland, Polen, Chile, Kanada und weiteren Ländern Aktionen durchführen, einschließlich der amerikanischen Viehzüchter, die vor Gericht und in den Parlamenten kämpfen. Die indischen Landwirte haben es vorgemacht. Die Einzelheiten unterscheiden sich von Ort zu Ort, aber es ist derselbe Kampf.«[335]

Dieser Überlebenskampf hat in den Niederlanden dazu geführt, dass der Agrarminister Henk Staghouwer im September 2022 seinen Rücktritt einreichte:

> »Ich habe mir die Frage gestellt, ob ich die richtige Person bin, um diese großen Aufgaben zu leiten? Letztes Wochenende bin ich zu dem Schluss gekommen, dass ich nicht diese Person bin.«[336]

Staghouwer fügte hinzu, dass er angetreten sei, um mit allen Beteiligten in der Landwirtschaft und Fischerei zu arbeiten, denn als ehemaliger Unternehmer habe er großes Verständnis für die Nöte der Landwirte und Fischer.[337]

Wie groß die Sorgen der Bauern sein können, hat uns auch Sri Lanka gezeigt:

> »Das Verbot chemischer Düngemittel in der Landwirtschaft Sri Lankas führte zum Zusammenbruch des Agrarsektors und der Wirtschaft des angeschlagenen Landes. Es endete damit, dass sich Demonstranten im Swimmingpool des Präsidenten tummelten […].
> Sri Lanka sollte das Aushängeschild für den modernen ökologischen Landbau sein. **Das Weltwirtschaftsforum veröffentlichte sogar stolz einen Artikel über den erwarteten Erfolg, verfasst von dessen Premierminister,** dessen Haus von Demonstranten in Brand gesetzt wurde.«[338]
> (H.d.A.)

Also auch hier waren die Fangarme des Klaus Schwab und seiner Lobbyorganisation am Werk. Nachdem diese grüne Hauruck-Reform gescheitert ist (Sri Lanka war das erste Land, in dem ausschließlich auf Ökolandbau gesetzt wurde), können sich die Menschen dort kaum mehr ernähren.[339]

Bevor man drastische Neuerungen beschließt, sollte man sich der Tatsache bewusst sein, dass diese vielleicht nicht nur zeitgeistgemäß »disruptiv«, sondern im wahrsten Sinne dieses Wortes zerstörerisch sein können.

Aber das nehmen Klaus Schwab und sein Elitezirkel anscheinend in Kauf, um durch den Abbau ganzer wirtschaftlicher Sektoren ihre neue monopolistische Weltwirtschaftsordnung aufzubauen. Dabei sei daran erinnert, dass wir uns ja laut Schwab bereits mitten in der *vierten* industriellen Revolution befinden.

Der Abbau wirtschaftlicher Sektoren

Sehr aufschlussreich in diesem Zusammenhang ist auch ein Zitat der Wirtschaftswissenschaftlerin Carlota Pérez, das in Klaus Schwabs Buch *Das Große Narrativ* zu finden ist:

> »Ich habe ein Muster identifiziert, dem frühere technologische Revolutionen gefolgt sind (wobei die Gesetzmäßigkeit jedes Mal durch einzigartige Merkmale geprägt ist): (1) Eine Revolution kommt dann zustande, wenn die vorhergehende(n) Anzeichen von Reife und Erschöpfung zeigt (abnehmende Rentabilität aufgrund von Marktsättigung und Erschöpfung des Innovationsraums zur Steigerung der Produktivität oder zur Einführung neuer Produkte auf den bekannten Pfaden). (2) **Die ersten Jahrzehnte (bzw. die Aufbauphase) sind ein turbulenter Prozess der ›schöpferischen Zerstörung‹, wenn das neue Paradigma die Ablösung des alten erzwingt. Auf dem Weg dorthin entstehen neue Millionäre, viele Arbeitsplätze und Qualifikationen werden vernichtet, alte Industrien werden modernisiert oder abgeschafft, die Ungleichheit nimmt zu, Finanzblasen entstehen und zerfallen.** (3) Die darauf folgende Rezession zeigt die sozialen Folgen der ›**Zerstörungs**‹-Hälfte. Proteste, Ressentiments, Spaltungen und Populismus sind die Folge und lassen die

> Alarmglocken läuten und Forderungen nach einem neuen ›Gesellschaftsvertrag‹ laut werden […].«[340] (H.d.A.)

»Auf dem Weg dorthin entstehen neue Millionäre« – oder die, die es schon sind, werden noch reicher. Es gilt also, den riesigen Kuchen der Agrar- und Lebensmittelproduktion unter wenigen Mächtigen aufzuteilen.

Die Entwicklung der Hightech-Branche dient hier als Vorbild: Nicht umsonst ist Bill Gates inzwischen der größte Landbesitzer der USA.[341] Er ist sehr auf diese Art von Besitz erpicht, denn er hat …

> »in etlichen Fällen deutlich höhere Preise für die Ackerflächen bezahlt als die ortsansässigen Farmer zahlen konnten – und die Landwirte damit aus dem Markt gedrängt«.[342]

Was Gates mit diesen Ländereien wirklich vorhat, ist nicht bekannt. Man darf gespannt sein.

In der Zwischenzeit sollten wir uns an die Tatsache erinnern, dass zehn Konzerne weltweit den größten Teil der Lebensmittel produzieren, die wir täglich im Supermarkt kaufen: Nestlé (Schweiz), PepsiCo (USA), Coca-Cola (USA), Unilever (UK), Danone (Frankreich), General Mills (USA), Kellogg's (USA), Mars (USA), Associated British Foods (UK) und Mondelez (USA). **Die ersten vier sind Partner des WEF.**

Oxfam hat hierzu 2014 eine Übersichtsgrafik erstellt, die genau aufzeigt, wer was produziert.[343] Darauf kann man überrascht feststellen, dass Uncle Ben's Reis von Mars produziert wird und Unilever das Magnum-Eis herstellt. Ob unter diesen Global Players der Nahrungsindustrie welche dabei sind, die bereits in Laborfleisch aus Bioreaktoren investieren, ist nicht bekannt.

Bekannt ist allerdings, dass zahlreiche Unternehmen ihr Geld nicht mehr in pflanzenbasierte Fleischalternativen stecken (Marktwert 2019: 11 Milliarden Euro), sondern nunmehr in Laborfleisch aus tierischen Stammzellen investieren – wie beispielsweise Tyson Foods.[344]

Wie sehr der Markt für vegane Fleischalternativen ins Stocken geraten ist, erkennt man auch daran, dass Kellog's dieses Segment vermutlich verkaufen möchte (Stand: Juni 2022).[345] Dies deutet klar darauf hin, dass die globalen Nahrungsmittelkonzerne das neue Stammzellfleisch aus dem Bioreaktor für sich entdeckt haben.

Die Mehrheit der kleinen innovationsfreudigen Unternehmen, die auf diesem Gebiet bereits aktiv sind, befindet sich in den USA, gefolgt von Israel.[346] Eat Just, ein kalifornisches Unternehmen, das neben alternativen Pflanzenproteinen im großen Stil auch In-vitro-Fleisch aus Hühnerstammzellen produziert, wurde vom WEF als »*World Economic Forum Technology Pioneer*« ausgezeichnet.[347] Laut der WEF-Internetseite ist Singapur die erste Nation, die das Stammzellfleisch dieses Unternehmens 2020 für den menschlichen Verzehr behördlich freigegeben hat.[348]

Sobald diese Novel-Food-Firmen und die Global Players Gewinne erwirtschaften, wird es für Landwirte und Viehzüchter, wie wir sie kennen, kaum mehr Platz geben – und zwar weltweit. Außer vielleicht für Milcherzeuger; doch auch in diesem Bereich herrscht seit Jahren ein Kampf gegen kleine und mittlere Betriebe. Auf der Facebook-Seite des WEF erschien bereits 2019 der Slogan »*Moo-ve over dairy*« (etwa: »Vergiss Milchprodukte«) – mit der Jubelmeldung, dass die US-Konsumenten eine Milliarde Dollar weniger für Milchprodukte ausgegeben haben, da die pflanzenbasierten Alternativen auf dem Vormarsch sind.[349]

Kurzer Exkurs: Wie lange schon wird dem Verbraucher eingetrichtert, dass Milch uns Menschen »krank macht« oder sogar giftig ist – und wie viele Mütter, den Medienberichten folgend, verabreichen ihren Kindern Sojamilch, um sie vor der »bösen« Kuhmilch zu schützen? Nun, etliche wissenschaftliche Studien haben nachgewiesen, dass dieser Milchersatz oft gesundheitsschädlich sein kann. So wurde z. B. am Seattle Children's Research Institute eine Korrelation zwischen dem Verzehr von Sojamilch und einem erhöhten Risiko der Entwicklung des Kawasaki-Syndroms festgestellt, das zu einer Entzündung der Gefäße im ganzen Körper führen kann.[350]

Eine weitere Studie (2018), finanziert vom NIH (National Institutes of Health, einer Behörde des US-amerikanischen Gesundheitsministeriums), hat Folgendes herausgefunden:

> »Kleinkinder, die als Neugeborene Formulanahrung auf Sojabasis bekamen, wiesen in einigen Zellen und Geweben des Fortpflanzungssystems Unterschiede auf im Vergleich zu Säuglingen, die Kuhmilchnahrung bekommen hatten oder gestillt wurden […].«[351]

Diese Muttermilch-Ersatzprodukte enthalten Phytoöstrogene, also Pflanzenwirkstoffe, die dem weiblichen Hormon Östrogen ähnlich sind.

Solche Studien zeigen auf, dass wir oft allzu schnell neue Lebensmittelprodukte einführen, ohne uns absolut sicher zu sein, dass sie keine gesundheitlichen Schäden verursachen können – insbesondere bei Säuglingen und Kleinkindern. Wie wird unser Körper künftig auf Laborfleisch aus Stammzellen reagieren, die in Nährbrühen voller chemischer Substanzen heranwachsen? (Mehr darüber in Kapitel 6.)

Disruptionen in der Agrarwirtschaft – Indien und Ukraine

Menschen, die den technologischen Fortschritt begeistert begrüßen, weil sie darin hauptsächlich die Chance auf immensen Profit und noch mehr Macht sehen, treiben die in diesem Kapitel beschriebenen Entwicklungen gezielt voran.

Warum dieses Streben nach immer mehr Macht? Will man die lästigen Restbestände an Souveränität einzelner Nationen definitiv aus der Welt schaffen, um die Nahrungsmittelindustrie durch noch stärkere Konzentration weiter zu monopolisieren?

Während die Bürger mit ihrer Covid-Angst beschäftigt waren, haben weltweit viele Regierungen gesellschaftsrelevante Bereiche, die nichts mit Gesundheit zu tun hatten, durch Gesetze neu geregelt.

Was zum Beispiel seit 2020 in Indien geschieht, sollte uns nicht nur die Augen öffnen, sondern auch eine Warnung sein – und uns einmal mehr verstehen lassen, was hinter der WEF-geförderten Agenda 2030 wirklich steckt. In einem ausführlichen und sehr sorgfältig recherchierten Artikel auf *NewAge.com* wird dazu 2021 Folgendes dargelegt:

> »Die jüngsten radikalen Landwirtschaftsgesetze der Regierung von Narendra Modi in Indien sind Teil der gleichen globalen Agenda, und das ist alles nicht gut.
> In Modis Indien protestieren die Landwirte massiv, seit im vergangenen September [2020] **im Eiltempo drei neue Landwirtschaftsgesetze durch das Parlament gebracht wurden**. Die Modi-Reformen wurden durch die gut organisierte Bemühung des Weltwirtschaftsforums und seine neue Vision für die Landwirtschaft motiviert, die Teil von Klaus Schwabs Great Reset ist, der unternehmerischen Seite der UN-Agenda 2030. [...]

> Für den Großen Reset des WEF, besser bekannt als die UN-Agenda 2030 für ›nachhaltige Landwirtschaft‹, muss Indiens traditionelles Landwirtschafts- und Lebensmittelsystem aufgebrochen werden. Die kleinbäuerlichen Familienbetriebe müssen gezwungen werden, an große Agrarkonzerne zu verkaufen, und die regionalen oder bundesstaatlichen Schutzmaßnahmen für diese Landwirte müssen abgeschafft werden. Es wird ›nachhaltig‹ sein, aber nicht für die Kleinbauern, sondern für die riesigen Agrarkonzerne.
> Um diese Agenda voranzutreiben, hat das WEF eine mächtige Gruppe von Unternehmens- und Regierungsinteressen ins Leben gerufen, den NVA India Business Council.«[352] (H.d.A.)

Um sich einen Eindruck davon zu verschaffen, welche Konzerne in diesem Council sitzen, sei auf Endnote 352 verwiesen.

Die Ideen, die Klaus Schwab zusammen mit seinen elitären Mitspielern vorantreibt, halten viele für beunruhigend, wenn nicht gefährlich – zum Beispiel auch die kanadische Autorin Naomi Klein *(Die Schock-Strategie):*

> »Kurz gesagt, der Great Reset umfasst **einige gute Dinge, die nicht passieren werden, und einige schlechte Dinge, die mit Sicherheit passieren werden** […] – nichts Ungewöhnliches in unserer Ära der ›grünen‹ Milliardäre, die Raketen für den Mars bereit machen. In der Tat wird jeder, der auch nur flüchtig mit dem Davos-Sprech vertraut ist und weiß, wie oft versucht wurde, den Kapitalismus als leicht fehlerhaftes Programm zur Armutsbekämpfung und ökologischen Wiederherstellung darzustellen, den Jahrgangs-Champagner in dieser Online-Karaffe erkennen.«[353]

Mit weniger Ironie, aber ebenso deutlich widmet sich Vandana Shiva, eine indische Autorin zum Thema Ernährungssouveränität, der WEF-Problematik. Für sie geht es diesem mächtigen Zirkel und seinen Partnern nur darum –

> »so viele Elemente des Lebens auf dem Planeten zu kontrollieren, wie sie nur können. Von den digitalen Daten, die die Menschen produzieren, bis hin zu jedem Bissen Nahrung, den wir essen. Beim Great Reset geht es um die Aufrechterhaltung und Ermächtigung einer unternehmerischen Ausbeutungsmaschinerie und das Privateigentum am Leben.«[354]

Da Ähnliches auch in Afrika und nun auch bei uns in Europa geschieht, sollten wir endlich aufhören, à la »Eyes wide shut« herumzulaufen, und allmählich begreifen, welche Interessen Klaus Schwab und seinen globalen Unterstützer tatsächlich verfolgen.

Auch die Ukraine, die Kornkammer der Welt, gehört zu den Ländern, deren hoch ertragreiche Landflächen sich die Global Players seit Jahren unter die Nägel reißen und dies auch weiter betreiben – trotz einiger Gesetze, die das eigentlich nicht erlauben:

> »Zwar können ausländische Unternehmen ukrainische Agrarflächen nicht direkt kaufen, doch ist nicht auszuschließen, dass diese Unternehmen Beteiligungen an ukrainischen Agrarflächen besitzen – über Tochtergesellschaften, Pachtverträge, Anteile an Grundbesitzen oder auf andere Weise.«[355]

Die in Kalifornien ansässige Denkfabrik Oakland Institute hatte bereits im Dezember **2014** ein Paper über ***die Vereinnahmung der ukrainischen Landwirtschaft durch Unternehmen*** veröffentlicht:

»Mitten in der Krise erstellte das Oakland Institute einen Bericht, der im Detail auf verschiedene weniger bekannte Aspekte des Konflikts einging – zum Beispiel die Förderpakete und Wirtschaftsreformen, die vom Internationalen Währungsfonds als Bedingung für das EU-Handelsabkommen aufzuerlegen seien.[(2)] Neben der Offenlegung der harten Sparmaßnahmen, die in diesen Abkommen enthalten sind, fand das Oakland Institute auch Beweise für erhebliche Investitionen in das ukrainische Agrarsystem seitens transnationaler Agrarunternehmen.«[356]

Kurz davor, im Juli 2014, veröffentlichte das Oakland Institute einen Bericht mit dem Titel *»Walking on the West Side: The World Bank and the IMF in the Ukraine Conflict«,* in dem dargelegt wird, wie sich die internationalen Finanzinstitutionen sofort nach dem politischen Umbruch in der Ukraine [Ende 2013] daranmachten, den riesigen Agrarsektor des Landes zu deregulieren und für ausländische Unternehmen zu öffnen:

»Das vorliegende Factsheet enthält Einzelheiten zu den transnationalen Agrarunternehmen, die zunehmend in der Ukraine investieren – darunter Monsanto, Cargill und DuPont –, und wie Konzerne das ukrainische Agrarsystem in allen Aspekten übernehmen. Dazu gehören die Umgehung von Landmoratorien, Investitionen in Saatgut- und Betriebsmittelproduktion sowie der Erwerb von Produktions-, Verarbeitungs- und Transporteinrichtungen für Rohstoffe.«[357]

Im September 2022 berichtete der *Schweizer Standpunkt* dazu:

»Nachdem bereits 2016 insgesamt zehn multinationale Konzerne 2,8 Millionen Hektar Ackerland kontrollierten,

> sollen es mittlerweile laut Schätzungen inzwischen bis zu 6 Millionen Hektar sein. **Dies würde in etwa einem Fünftel des gesamten Ackerlandes der Ukraine entsprechen.**«[358] (H.d.A.)

Das alles führt uns vielleicht mehr vor Augen, als wir eigentlich sehen wollen, denn demnach wird die ukrainische Kornkammer unter einigen wenigen Global Players aufgeteilt. Monsanto gehört inzwischen Bayer, aber Aktien der Bayer AG (Partner des WEF) gehören u. a. BlackRock (ebenfalls Partner des WEF), dem Finanzdienstleister Vanguard und dem norwegischen Staatsfonds.

Interessant ist, wie dabei vorgegangen wird, denn ein weiteres Paper des Oakland Institute (2015) legt dar, dass in der Ukraine eine ähnliche Strategie zum Einsatz kommt wie zuvor in Rumänien, wo –

> »der Konkurs der nationalen Agrarunternehmen ein Einfallstor für die ausländische Kontrolle über Rumäniens Agrarland geschaffen [hat]«.[359]

Mit anderen Worten, man gewährt den Betrieben Kredite, die diese nicht bedienen können, und kauft sie nach dem Konkurs auf. Diese Machenschaften laufen ab »dank« der Mitarbeit supranationaler Organisationen wie dem Internationalen Währungsfonds, der es (wie wir es bei Griechenland hautnah erlebt haben) besonders leicht hat, sich durchzusetzen, wenn die betreffende Regierung nicht mehr über ausreichend Souveränität verfügt – wie der Weltagrarbericht konstatierte:

> »Die größten Landnahmen konzentrieren sich auf Länder, deren Rechtsverhältnisse besonders unsicher und deren Regierungen schwach sind.«[360]

Ob Landgrabbing oder Monopolisierung der globalen Lebensmittelproduktion – dank ihrer Sprachrohre (sei es das WEF und Klaus Schwab oder die Trilaterale Kommission und Henry Kissinger …) gelingt es der Kapitalelite, zusammen mit ihren ausführenden Organen (Regierungen, IWF, UN, EU) immer wieder, ihre Pläne und Interessen voranzubringen und erfolgreich durchzusetzen.

Zu den US-amerikanischen Vorhaben in der Ukraine gehören nicht nur die der Biden-Regierung (siehe Kapitel 7), sondern auch die handfesten Interessen von Konzernen, die danach trachten, sich dieser europäischen Kornkammer wirtschaftlich zu bemächtigen.

Russen und Chinesen haben die Strategien des WEF und seiner Mitstreiter längst verstanden, ebenso wie viele Europäer, US-Amerikaner, Lateinamerikaner und Araber. Die westlichen Mainstream- bzw. Leitmedien (zumeist finanziert von Einzelpersonen oder Organisationen wie BlackRock und Vanguard, die der Kapitalelite angehören[361]) arbeiten jedoch akribisch daran, keine Informationen zu liefern, die dem wohltätigen Image (und den Interessen) der selbst ernannten Umwelt- und Gesundheits-Philanthropen zuwiderlaufen könnten. Umso mehr gilt es, sich eine eigene Meinung zu bilden, die auf Fakten basiert – und die gemeinhin nicht unbedingt in den Leitmedien zu erfahren sind.

Das nächste Kapitel liefert Informationen, die zumindest besser verstehen lassen, welche gesundheitlichen Risiken Insektennahrung oder im Labor herangezüchtetes Stammzellfleisch mit sich bringen kann.

KAPITEL 6

»RESET THE TABLE« – DER GROSSE ERNÄHRUNGSUMBRUCH

»Ernährungssouveränität bedeutet, die Wirtschaft zu schützen und die Beziehung zu den Landwirten wieder in den Mittelpunkt der Nahrungsmittelproduktion zu stellen. Italienische Produkte sind weltweit anerkannte Spitzenprodukte. Und die Verbindung zum Land ist von größter Bedeutung. Was uns wirklich beunruhigt, sind Entartungen, über die niemand spricht, wie etwa die Produktion von Laborfleisch. Ein solches Produkt auf dem Teller ist ekelhaft.«[362]
Francesco Lollobrigida (Minister für Landwirtschaft, Italien)

Dieses Kapitel ist der genaueren Betrachtung von WEF-Projekten gewidmet, die uns bereits heute aufzeigen, wie radikal sich unsere Ernährung bald ändern wird.[363] Auch diese Vorhaben werden natürlich nur zum Wohle des Volkes lanciert, denn wie Klaus Schwab schreibt:

> »Wenn wir eine Klimakatastrophe vermeiden wollen, müssen wir die Emissionen viel schneller reduzieren als bisher zugesagt, und zwar auf der Ebene der Länder, der Industrie, der Unternehmen und natürlich auch der einzelnen Menschen. **Das bedeutet, dass wir als Einzelpersonen anders konsumieren, reisen und essen müssen**, d. h. auf eine viel weniger kohlenstoffintensive Weise.«[364] (H.d.A.)

Wir müssen also anders essen – und genau dazu finden wir auf der Website des WEF Hunderte von Artikeln, die sich mit den Themen Ernährung und Nahrungsmittelproduktion beschäftigen. So wird dort bereits seit 2015 das »Vertical Farming« erklärt[365] (eine Sonderform der urbanen Landwirtschaft) und dessen weltweite Entwicklung verfolgt und gepriesen.[366] Es lohnt sich jedoch, auch andere Artikel und Berichte zu lesen, denn darin geht es hauptsächlich darum, was demnächst auf unsere Tische kommen soll.

Insekten

Ein wichtiges WEF-Thema sind nämlich Gliederfüßer sowie deren Larven und anderes Getier als Lebensmittel.[367] Damit folgt Klaus Schwab einem US-amerikanischen Trend (finanziert u. a. von Bill Gates[368] und der Rockefeller-Stiftung[369]).

Um uns diese neue, aber recht fragwürdige Nahrungsvariante schmackhaft zu machen, wurde vor Jahren eine regelrechte Propagandamaschinerie in Gang gesetzt. In den letzten Jahren haben in den USA mehrere bekannte Schauspieler und andere Promis in verschiedenen Fernsehshows den Zuschauern demonstriert, dass sie der Natur zuliebe Insekten essen. Einige haben es allerdings nicht ganz geschafft, ihren Ekel vor laufender Kamera zu verbergen, wie beispielsweise Jessica Biel.[370] Angelina Jolie dagegen, ungewöhnlichen Verhaltensweisen auch sonst nicht abgeneigt, hat bereits 2017 in einem BBC-Video in Kambodscha nicht nur Kerbtiere, sondern auch einige Taranteln verspeist, um bei ihren Kindern Lust auf diese neue Essensvariante zu wecken.[371] Andere wie etwa Nicole Kidman bemühen sich redlich, dem Zuschauer vorzuführen, dass sie dieses Novel Food ausgesprochen lecker finden, aber wer genau hinschaut, sieht deutlich, dass selbst diese brillante Schauspielerin ein gewisses Unbehagen nicht verhehlen kann, während sie sich u. a. lebendige Raupen und frittierte Heuschrecken in den Mund steckt – und das, obwohl sie sich brav an das Drehbuch hält und den Zuschauern versichert, dass über zwei Milliarden Menschen Insekten essen.[372] Was man nicht alles für den Planeten (und für die Karriere) tut!

Es ist die Elite, die diese neue Speisekarte vorantreibt: Bill Gates macht Insektennahrung seit Jahren immer wieder zum Thema, und seit 2012 finanziert die Bill-und-Melinda-Gates-Stiftung diesbezüglich Projekte.[373] 2013 veröffentlichte die UN einen 200-seitigen Bericht, in dem empfohlen wurde, Insekten zu essen, um die Welt zu retten.[374] Auf der WEF-Internetseite wird in einem Artikel ziemlich klar erläutert, worum es hier eigentlich geht:[375]

> »Zufällig einen Käfer im Essen zu finden kann ein Schreckensmoment sein, der einem auf einen Schlag Laune und Appetit verdirbt. Aber das könnte sich ändern – Meticulous Research hat Berechnungen angestellt, aus denen ersichtlich ist, **dass wir bald freiwillig Insekten knabbern werden**. Dieses Marktforschungsunternehmen sagt [nämlich] voraus, dass der Weltmarkt für essbare Insekten bis 2023 auf 1,18 Milliarden Dollar anwachsen könnte. Das ist fast das Dreifache des derzeitigen Wertes [2018].«[376]

Quod erat demonstrandum? Es geht also wieder einmal nur darum, einige Unternehmen und deren Investoren Gewinne erzielen zu lassen.

Die schiere Zahl von WEF-Artikeln und Studien über Insektennahrung lässt erkennen, wie wichtig dieses Thema für Klaus Schwab und den elitären WEF-Zirkel ist. Böse Zungen zufolge »wollen die milliardenschweren Eliten, dass wir Insekten essen«.[377] Und wir werden es tun, denn laut den Befürwortern wird es kein Entrinnen geben.[378]

Zweifellos sollten wir uns wegen der schwindenden Wasservorräte, aus Gründen der Nachhaltigkeit und nicht zuletzt im Interesse unserer Gesundheit dafür entscheiden, weniger Fleisch zu essen, aber gleichzeitig auch einmal schauen, was die Wissenschaft zu Insekten als Lebensmittel zu sagen hat. Zu diesem Thema publizierte *PlosOne* (eine internationale multidisziplinäre Online-Fachzeitschrift) 2019 eine ausführliche Studie der Veterinärmedizinischen Fakultät der polnischen Universität Warmia und Mazury. Darin geht es um nichts weniger als eine –

> »[...] parasitologische Analyse essbarer Insekten und deren Rolle bei der Übertragung von parasitären Krankheiten **auf Mensch** und Tier«[379] –

denn auch diese kleinen proteinreichen Wesen können unsere Gesundheit auf die Probe stellen. Die Wissenschaftler haben festgestellt, dass in über 80 Prozent der Insektenfarmen »parasitäre Entwicklungsformen« nachweisbar sind und dass die Parasiten in über 30 Prozent der Fälle für den Menschen potenziell pathogen waren. Weiter erfährt man:

> »Bei den Recherchen in einzelnen Betrieben beobachteten wir unethische Praktiken einzelner Züchter, **wie z. B. die Fütterung von Insekten mit Tierkot aus einer Zoohandlung, die Fütterung von Insekten mit Kadavern kleinerer Tiere oder die Fütterung von Insekten mit verschimmeltem Futter und sogar rohem Fleisch.** Diese Praktiken mindern die Qualität des Endprodukts erheblich und beeinträchtigen die mikrobiologische/parasitologische Sicherheit solcher Lebensmittel. Derzeit [2019] gibt es jedoch keine Vorschriften über die zoohygienischen Bedingungen und das Wohlergehen dieser Tiere als potenzielle Lebensmittel.«[380] (H.d.A.)

Abgesehen von den haarsträubenden (und vermutlich nur schwer zu überwachenden) Zuchtbedingungen können essbare Insekten auch Vektoren für die Übertragung schädlicher Krankheitserreger sein, zum Beispiel *Cryptosporidium spp.* (einzellige Parasiten, die chronische Diarrhö verursachen) oder Bandwürmer *(Cestoda)*, wie die polnische Studie feststellte:

> »Die Ergebnisse unserer Studie deuten darauf hin, dass essbare Insekten eine wichtige Rolle bei der Übertragung von Bandwürmern auf [...] Menschen spielen. [Auch] wurde nachgewiesen, dass Insekten ein wichtiger epidemiologischer Faktor bei der Übertragung von bakteriellen Krankheiten sein können. Zu den wichtigsten Bakterien, die durch Insekten übertragen werden, gehören *Campylobacter spp.* und *Salmonella spp.* [beide Durchfallerreger]. Kobayashi et al. wiesen nach, dass Insekten auch ein Überträger von *Escherichia coli* 0157:H7 [Kolibakterium/Fäkalindikator] sein können.«[381]

Sind Insekten demnach eine echte Alternative? Immerhin ist bekannt, dass die äußere Hülle vieler Insektenarten aus Chitin besteht und dass diese Substanz für uns Menschen gefährlich ist, da sie u. a. Allergien auslösen und Asthma sowie atopische (genetisch determinierte) Dermatitis verursachen kann. Insektenchitin ist auch eine häufige Ursache für gravierende berufsbedingte Allergien.[382] Die *Ernährungs-Umschau* verwies bereits 2018 darauf, dass das Allergiepotenzial von essbaren Insekten nicht unterschätzt werden sollte.[383] Neuere Studien haben diese Gesundheitsgefahr bestätigt.[384]

Trotzdem steht beispielsweise in Großbritannien in einigen Schulen bereits Insektenfleisch auf dem Speiseplan:

»Keine Koteletts, Pommes frites oder Kroketten. Für die Kinder von vier Grundschulen in Wales gibt es eine Neuheit: Insekten à la Bolognese.
Das Gericht ist Teil des Projekts ›Novel Food‹ mit dem Ziel, herkömmliche Essgewohnheiten durch Speisen auf Insektenbasis zu ersetzen. Kindern zwischen 5 und 11 Jahren wird eine ›Bolognese‹ aus Insekten und pflanzlichen Proteinen angeboten, um Kinder und Eltern zu ermutigen, auf Fleisch zu verzichten.
Das von Wissenschaftlern der Cardiff University und der University of the West of England (UWE Bristol) geleitete Projekt wird auch die Einstellung der Kinder zu Umweltfragen erkunden, um herauszufinden, wie sich diese auf ihre Meinung zu den Lebensmitteln auswirkt, die sie essen.«[385]

Die University of Bristol hatte bereits 2020 eine Studie publiziert über die Bereitwilligkeit von Kindern, Insekten zu essen – finanziert von der Firma Bug Farm Foods LTD, die solche Lebensmittel produziert. Das Ergebnis dieser »wissenschaftlichen« Studie: Kinder mögen Insekten.[386]

War auch nicht anders zu erwarten. Wie die weltweite Indoktrination funktioniert, zeigt uns das Beispiel Australien, wo in 1000 Schulen Insektenchips angeboten werden.[387] Solche Novel-Food-Tests mit Schulkindern starteten mehr oder minder zeitgleich, und ähnliche Bestrebungen sind bereits in anderen Ländern zu verfolgen: Auch in Italien sprechen sich schon einige Politiker für Insekten in Schulkantinen aus,[388] und in den Niederlanden werden den Kindern ab Herbst 2022 Kerbtier-Mahlzeiten angeboten.[389] Man kann demnach davon ausgehen, dass Kinder bereits in frühem Alter massiv dahingehend beeinflusst werden sollen, dass es ganz normal ist, Insekten zu essen, und dass sie damit die Welt retten. Diese pawlowsche Konditionierung der Kinder scheint vermutlich koordiniert zu sein;[390] dieser Eindruck erhärtet sich bei einem Blick auf die Internetseite der Bundesanstalt für Landwirtschaft und Ernährung, denn auch dort wird für Insektennahrung geworben – hier in Form eines Unterrichtsmoduls für die Klassen 9 bis 10:

> »Viel Fleisch schadet dem Klima. Sind Insekten eine Alternative? Gerade weil dieses Thema polarisiert, eignet es sich für den Unterricht.«[391]

Zahlreiche geläufige Mainstream-Medien aus den USA und Europa wie zum Beispiel *Time, The Guardian, The Economist, BBC, Forbes, Der Spiegel*[392] und *Die Zeit*[393] propagieren seit Jahren, dass wir uns mit Insektenmahlzeiten anfreunden sollten, um den Planeten zu retten. Und wir tun anscheinend schon unser Bestes, denn 2019 sollen in Europa über 500 Tonnen Insekten für den menschlichen Verzehr produziert und von 9 Millionen Menschen verspeist worden sein.[394] Leider werden dabei neben den bereits erwähnten Gesundheitsrisiken oft einige weitere wichtige Aspekte außer Acht gelassen. Denn auch wenn das Erhitzen dazu beiträgt, gesundheitliche Gefahren zu reduzieren, stellt sich nämlich die Frage, warum der EU-Rat, der seit 2018 Insekten als Lebensmittel zulässt, keine strikteren Regularien für die Züchtung oder deren Kontrolle erlassen hat. (Stand: Oktober 2022)

In Deutschland gibt es bereits Zuchtfirmen, die sich auf die Produktion von Insekten als Lebensmittel spezialisiert haben, wie z. B. die Firma Catch-your-Bug, die ihre Produkte im Internet so vermarktet:

> »Essbare Insekten aus deutscher Zucht
> Bei uns bekommt ihr essbare Insekten direkt von der Insektenfarm. Wir züchten essbare Heuschrecken, Mehlwürmer

> und Heimchen und bieten Nahrungsmittel, die Insekten enthalten, zum Kauf an. Insekten zu essen hat nicht nur ernährungsphysiologische, sondern auch ökologische Vorteile. Durch den Verzehr von Insekten versorgen wir unseren Körper mit wichtigen Nährstoffen und leisten einen Beitrag zum Umweltschutz.«[395]

Auch andere deutsche Firmen konkurrieren um diesen neuen und wachsenden Markt, indem sie eine breite Palette von Insektenprodukten anbieten:

> »Wir haben für Euch verschiedene Snack-Insects Produkte wie Dschungelade, Bug-Break-Riegel, Insektenlutscher und Insektenmehl im Sortiment. Wir bieten Euch Speise-Insekten wie Heuschrecken, Grillen, Mehlwürmer und Buffalowürmer zum Kochen und passend dazu unser Insektenkochbuch.«[396]

Angesichts der durchaus bestehenden Nachhaltigkeit solcher Produkte sind viele von uns bereit, ihre Essgewohnheiten zu ändern und sich solche oder ähnliche Erzeugnisse oftmals womöglich noch von Amazon liefern zu lassen,[397] dem Unternehmen des reichsten Mannes der Welt. Haben diese umweltfreundlichen Menschen die leiseste Ahnung davon, dass gerade dieses Unternehmen zu den Top-Umweltsündern gehört?[398] Und wissen sie, wie umweltfeindlich sich gerade die Superreichen verhalten?

Die Doppelmoral des WEF – wie Superreiche unsere Umwelt verpesten

Laut eigener Daten hat Amazon (WEF-Partner) als Unternehmen im Jahr 2021 die Atmosphäre mit sage und schreibe 71,54 Tonnen CO_2 verpestet.[399]

Wie *MDR AKTUELL* berichtet,[400] wird laut einer Oxfam-Studie (2021) das reichste ein Prozent der Menschheit bis 2030 für 16 Prozent des CO_2-Ausstoßes weltweit verantwortlich sein:

> »Betrachtet man nicht die Pro-Kopf-Emissionen, sondern die globalen Gesamtemissionen, wird das reichste ein Prozent der Menschheit – weniger als die Bevölkerung Deutschlands – bis 2030 für 16 Prozent der Emissionen weltweit verantwortlich sein, gegenüber 13 Prozent im Jahr 1990 und 15 Prozent im Jahr 2015.«[401]

Apropos Emissionen: Die FAO beziffert den CO_2-Ausstoß der **gesamten globalen Viehzucht** aktuell auf **14 Prozent**.[402] Somit verschmutzt laut Oxfam- und UN-Daten das eine (**1!**) Prozent Superreicher mit einem CO_2-Ausstoß von 15 Prozent (2015) die Atmosphäre genauso stark wie alle Viehzüchter der Welt zusammen – mit dem Unterschied, dass diese Menschen »echte« Lebensmittel für uns herstellen, während die reichen Eliten bedenkenlos CO_2 in unsere Atmosphäre pusten, weil sie Spaß daran haben, mal kurz ins All zu düsen oder in Privatflugzeugen um die Welt zu jetten (siehe auch Kapitel 5).

Die Oxfam-Studie von 2021, die übrigens auf Forschungsarbeiten des Instituts für Europäische Umweltpolitik (IEEP) und des Stockholm Environment Institute (SEI) beruht, kommt bezüglich der Superreichen zu folgendem Ergebnis:

> »Um zur Einhaltung [der 1,5-Grad-Grenze] beizutragen, müsste jeder, der zum reichsten 1 Prozent der Weltbevölkerung zählt, bis 2030 seine Emissionen im Vergleich zu heute um etwa 97 Prozent reduzieren.«[403]

Ändert sich nichts, ist der CO_2-Fußabdruck der Superreichen 30-mal höher als verträglich.[404]

Auf dem WEF-Portal ist eine Oxfam-Studie zu finden (2020), nach der alles darauf hindeutet, dass …

> »[…] die Eindämmung des globalen Klimawandels [...] harte Maßnahmen erfordert, um den übermäßigen Konsum der Reichen in der Welt einzudämmen […].«[405]

Hätte Klaus Schwab aus all diesen Nachweisen nicht entsprechende Schlüsse ziehen und beispielsweise das Davos-Treffen 2022 wie im Corona-Jahr zuvor als Online-Livechat veranstalten können? Die Oxfam-Studien sind ihm doch sicherlich bekannt – aber obwohl ihm die Umwelt und die Rettung des Planeten erklärtermaßen so am Herzen liegen, ließ er die Elite dieser Welt erneut mit Privatjets in die Schweiz einfliegen. Ein Kommentar dazu von *Al Jazeera:*

> »Gerade als man dachte, man würde das nie wieder sehen müssen – das Spektakel der Privatjets, die in der Schweizer Bergstadt Davos landen, damit die Reichen und Mächtigen über ›Lösungen ‹für den Klimawandel und die Ungleichheit diskutieren können (ohne über sich selbst zu lachen) – da ist das Weltwirtschaftsforum zurück.
> Zum ersten Mal seit Januar 2020 treffen sie sich von Angesicht zu Angesicht. Haben Sie das vermisst? Nein, ich auch nicht.«[406]

Dabei kommt einem unwillkürlich die Redewendung »Wasser predigen, Wein trinken« in den Sinn, denn hier wird offenkundig mit zweierlei Maß gemessen – und das unterminiert den Glauben an die hehren, stets als umwelt- und zukunftsorientiert präsentierten Vorhaben zum Besten der Menschheit, wie sie von Klaus Schwab und seinen »Partnern und Freunden« verkündet und vorangetrieben werden. Gibt diese Doppelmoral nicht berechtigten Anlass, ihre Agenda auch aus anderen Blickwinkeln zu betrachten?

Die Propagandamaschinerie, die uns seit vielen Jahren dazu bringen soll, Insekten in jeglicher Form zu essen (was der Elite hohe Gewinne verspricht), hat in Deutschland bereits einiges bewirkt: Während 2016 fast 60 Prozent der Deutschen auf keinen Fall Insekten essen wollten,[407] waren es drei Jahre später nur noch 42 Prozent.[408]

In anderen Ländern, wie z. B. in Italien, stößt diese Art von Mahlzeit immer noch an Grenzen. Laut einer Umfrage (2022) ist die Mehrheit der Italiener nicht bereit, Krabbeltiere zu essen (ob als Mehl oder fertig frittiert) – eher würden sie ihren Fleischkonsum reduzieren.

Apropos neue Lebensmittel: Der Nationale Verband der italienischen Kleinbauern Coldiretti verweist ebenso nachdrücklich wie kritisch auf die EU, die ständig Gesetze verabschiedet, welche die **Qualität** herkömmlicher Lebensmittel verschlechtern – ob es dabei um erlaubten Zuckerzusatz in Wein[409] oder um die Verwendung von Grashüpfer-Mehl für die Herstellung von Spaghetti geht.[410] Man kann nur hoffen, dass solche industriefreundlichen Errungenschaften wenigstens deutlich deklariert werden, damit dem Verbraucher noch ein Mindestmaß an »Entscheidungsfreiheit« verbleibt.

Die Monopolisierung der Lebensmittelproduktion

Warum also hat das WEF (ebenso wie die Rockefeller-Stiftung mit ihrem »*Reset the Table*«-Projekt[411]) ein so großes Interesse daran, was künftig bei uns auf den Tisch kommt? Vermutlich geht es auch in diesem Fall (wie so oft) schlicht um Geld und Macht – das heißt

hauptsächlich um die Konzentration der weltweiten Lebensmittelproduktion in wenigen Händen, denn zum Beispiel Bioreaktor-Fleisch wird den Investoren viel Geld einbringen, da bei diesen Produkten Patente und geistiges Eigentum eine wesentliche Rolle spielen. Ein ganzes Rind kann man nicht patentieren.

McKinsey (die weltweit größte Unternehmensberatung) ermutigt seine Kunden ausdrücklich, in den Markt alternativer Proteine zu investieren,[412] und auch der BayWa-Konzern hat dieses Marktsegment entdeckt und erklärt in einem Bericht von 2022, worum es hierbei geht:

> »Durch Technologie und innovative Erzeugnisse ist es möglich, Milch-, Fleisch- und weitere tierische Produkte auch unter Nutzung von nicht-tierischen, alternativen Quellen zu produzieren.«[413]

Auf diesem exponentiell wachsenden Markt gibt es bereits vier verschiedene Produktionsmethoden, um alternative Proteine zu gewinnen:

Verwendung von Soja, Nüssen, Hülsenfrüchten u. a. für pflanzenbasierte Produkte

Anzüchtung von tierischen Stammzellen in großen Bioreaktoren (In-vitro-Fleisch, Laborfleisch, kultiviertes Fleisch)

Kultivierung von Mikroben, Mikroalgen und Pilzen

Herstellung von Lebensmitteln aus Insekten als Ganzes oder als Bestandteil[414]

Stammzellfleisch aus Bioreaktoren

Das Lebensmittelunternehmen Good Meat, einer der Marktführer auf dem Gebiet der Fleischtechnologien der Zukunft, gab im Mai 2022 bekannt, dass es die weltweit größten Bioreaktoren für die Züchtung von Fleisch aus Rinder- und Geflügelstammzellen herstellt und dass diese bereits in den USA und in Singapur eingesetzt werden. Bei Maximalproduktion könnte diese Firma in ihren neuen 250 000 Liter großen Reaktoren rund 13,6 Millionen Kilogramm Fleisch herstellen, ohne ein einziges Tier dafür zu töten.[415]

Den letzten Teil des Satzes können wir sicherlich abnicken, aber wollen wir wirklich Fleischproteine essen, die in chemischen Brühen aus Stammzellen erzeugt wurden und uns dann – zum Beispiel – in Form einer »leckeren« Rindersteak-Attrappe serviert werden? Nebenbei: Im Science-Fiction-Film *Matrix* sagt Cypher beim Verzehr eines Beefsteaks sinngemäß, dass er sich der Illusion bewusst sei, **aber Nichtwissen vorziehen würde**.[416]

Bill Gates (seine Stiftung ist einer der wichtigsten Partner des WEF) hat viel Geld in solche neuen Fleisch-Bioreaktoren investiert und preist das Stammzellfleisch wie folgt an:

> »Angezüchtetes Fleisch weist das gleiche Fett, die gleichen Muskeln und die gleichen Sehnen auf wie jedes Tier ... All dies kann mit einem nur geringen oder gar keinem Ausstoß von Treibhausgasen erfolgen, abgesehen von der Elektrizität, die man braucht, um das [Produktions-]Gelände zu versorgen, auf dem der Prozess durchgeführt wird.«[417]

Diese Aussagen von Bill Gates finden sich auf der WEF-Internetseite in einem Artikel von *Visual Capitalist* (2022), der die wirtschaftlichen Vorzüge dieser Fleisch-Innovation wie folgt weiter darlegt:

> »Angezüchtete Lebensmittel – auch bekannt als zellbasierte Lebensmittel – **werden voraussichtlich unser globales Lebensmittelsystem, wie wir es kennen, auf den Kopf stellen.**

> Nach Schätzungen von McKinsey wird der Markt für angezüchtetes Fleisch bis 2030 **ein Volumen von sagenhaften 25 Milliarden Dollar erreichen**, allerdings nur, wenn er Hürden wie Kaufpreisparität und Verbraucherakzeptanz überwinden kann.«[418] (H.d.A.)

Dank guter Narrative wird sich die Akzeptanz beim Verbraucher wahrscheinlich schrittweise entwickeln und immer größer werden, auch weil nur die wenigsten wirklich wissen (und wissen werden oder wissen wollen), wie solches Fleisch entsteht, geschweige denn sich vorstellen können, dass die Stammzellen aus kleinen neugeborenen Kälbern und Schweinen stammen.[419] Laut WEF-Informationen wird in einem ersten Schritt …

> »[…] dem Tier Gewebe entnommen, um daraus Stammzellen zu extrahieren und Zelllinien zu erzeugen.
> Die extrahierten Stammzelllinien werden dann in einer nährstoffreichen Umgebung kultiviert, wobei das tierische Gewebewachstum nachgeahmt und Muskelfasern in einem Bioreaktor produziert werden.
> Diese Muskelfasern werden verarbeitet und mit zusätzlichen Fetten und Zutaten vermischt, um das fertige Fleischprodukt zusammenzustellen. […]
> Gezüchtete Zellen (bzw. Zellkulturen) benötigen sehr spezifische Umgebungsbedingungen. Das Zellkulturmedium ist ein Gel oder eine Flüssigkeit, welche(s) die Nährstoffe enthält, die für das Wachstum außerhalb des Körpers erforderlich sind.
> In diesem Bereich ist weitere Forschung notwendig, um optimierte Rezepturen zu finden und diese Produkte erschwinglicher zu machen.«[420]

Was wird in dieses gallertartige oder flüssige Zuchtmedium wohl alles hineingegeben? Angesichts der Tatsache, dass uns wissenschaftliche Studien auf diesem Gebiet bereits einiges verraten, ist diese Frage mehr als berechtigt: Um Stammzellen zu fleischigen Muskelzellen aufzubauen und massenhaft heranzuzüchten, verwendet man beispielsweise einen **leukämiehemmenden Faktor** (engl. LIF), wie eine Studie der koreanischen Yeungnam University (2021) aufzeigt.[421] Eine weitere wissenschaftliche Abhandlung (2021) der Maastricht University beschreibt, wie man aus einem Gramm entnommener Zellen ein Kilogramm Muskelzellenfleisch produziert: Die Züchter verwenden dazu ein weiteres Mittel gegen Tumoren, und zwar Asc-2P – eine Substanz, die als Antineoplastikum eingestuft ist.[422] Wurde jemals untersucht, ob die Verwendung solcher krebshemmender Substanzen bei der Herstellung dieser neuen In-vitro-Fleischalternative für uns zum Gesundheitsrisiko werden könnte? Hat sich jemand jemals eine solche Frage gestellt bzw. werden potenzielle Folgen überhaupt erforscht? Die Biotechnologie entwickelt sich mit rasanter Geschwindigkeit, und wir laufen ihr wie Lemminge hinterher, weil wir dem uns aufoktroyierten Narrativ des sogenannten Fortschritts glauben. In *Covid-19: Der Große Umbruch* schreibt Klaus Schwab:

> »So gibt es kaum Zweifel daran, dass wir in den nächsten Jahren eine Explosion der Kreativität von Start-ups und neuen Unternehmungen im Bereich Digitalisierung und Biotechnologie erleben werden.«[423]

Er hat recht, denn die Publikationen von Studien in Bezug auf die Fleischzüchtung aus Stammzellen überschlagen sich regelrecht.

Eine Studie der University of Nottingham (2021) gibt uns einen weiteren Einblick in diese vom WEF propagierten Fleischinnovationen. Und was erfährt man hier? Dass zur Entwicklung der

Stammzellen literweise Blutserum von Rinderföten verwendet wird, da es zahlreiche Wachstumsfaktoren enthält.[424] Was die Arbeit der Wissenschaftler von Nottingham und deren Kollegen aus Cambridge aber so bedeutsam macht, ist, dass es ihnen gelang, ein neues chemisches Züchtungsmedium zu kreieren, mit dem Zelllinien entstehen, die sich sehr leicht genetisch verändern lassen. Dazu der Leiter der Studie, Professor Alberio:

> »Mit dieser Art von Genom-Editierung werden Veränderungen vorgenommen, die in der Natur nur über einen langen Zeitraum stattfinden können; hiermit jedoch erfolgen diese auf selektive und schnelle Weise und man kann damit spezifische Merkmale bedarfsgerecht anpassen. Dadurch lässt sich die genetische Selektion von Nutztieren und von kultiviertem Fleisch beschleunigen, um die Produktivität zu steigern und gesündere Lebensmittel zu erzeugen.«[425]

Gen-Mais wird seit Jahren von vielen Menschen heftig abgelehnt, aber keinen scheint es momentan zu stören, künftig in einen Hamburger oder eine Wurst aus genmanipuliertem Stammzellfleisch zu beißen. Auch seitens der EU bzw. in einem Artikel ihres Wissenschaftsportals *CORDIS* wurde der oben genannten Studie größte Aufmerksamkeit entgegengebracht. Die Innovation, die fötales Kälberserum als Züchtungsmedium vermutlich obsolet macht und die genetische Manipulation von Stammzellenfleisch erleichtert, wurde damit begrüßt, dass …

> »in einer Welt, die mit einer wachsenden Bevölkerung und einem sich erwärmenden Klima konfrontiert ist, […] Fleisch aus dem Labor – angezüchtetes Fleisch – klare Vorteile [bietet]«.[426]

Wie gesagt, kann man davon ausgehen, dass derlei Lebensmittel patentiert werden und dass sich einige Superreiche an diesen neuen Technologien noch weiter bereichern. Die breite Aufmerksamkeit für die Ergebnisse der oben erwähnten Studie von Professor Alberio ist verständlich, denn seine Errungenschaft könnte zwei der größten Hindernisse eliminieren, welche die Fleischerzeugung in Bioreaktoren erschwert.

Das erste Hindernis ist das Blutserum, denn laut den Experten dieser neuen Lebensmittelsparte könnte es problematisch werden, den Menschen ein Produkt schmackhaft zu machen, das tierisches Blutserum enthält.[427]

Das zweite Hindernis ist der Kostenfaktor, wie es *Wired* (ein Mainstream-Computermagazin des WEF-Partners Condé Nast) bereits 2018 beschrieb:

> »Ein einziger Liter fötales Rinderserum kostet zwischen 300 und 700 Pfund [350 und 800 Euro], und die Frischfleischindustrie verbraucht jeden Tag eimerweise davon. Mark Post, Mitbegründer von Mosa Meat und Schöpfer des ersten angezüchteten Burgers der Welt, schätzt, **dass für die Herstellung eines einzigen Rindfleisch-Burgers 50 Liter Serum benötigt werden.** Es sind die schieren Kosten für das Serum, die sauberes Fleisch [Fleisch aus dem Labor] so wahnsinnig teuer machen.«[428] (H.d.A.)

Im September 2022 haben Wissenschaftler aus Singapur eine vermutlich noch bessere Methode vorgestellt: Die Stammzellen werden einem magnetischen Feld ausgesetzt und produzieren dabei all die Substanzen, die erforderlich sind, um sie zu einer Muskelfleischmasse heranwachsen zu lassen.[429]

Doch es gilt nicht nur formlose Klumpen aus Stammzellenfleisch zu produzieren – aus diesen herangezüchteten Fleischmassen will man ja Koteletts oder Steaks kreieren, die in Struktur, Marmorierung und Faserung möglichst täuschend echt aussehen, damit sie von den Verbrauchern akzeptiert und gerne gekauft werden. Hier haben japanische Forscher 2021 einen Durchbruch erlangt, indem sie »fleischähnliche Gewebe durch den Zusammenbau von Zellfasern mittels Tendon-Gel Integrated Bioprinting [TIP]« hergestellt haben.[430] TIP ist ein Prozess zum Einbau von Kollagenfasern aus Sehnen, womit die per 3-D-Bioprinting gewonnenen Zellfasern in der Zellkultur verankert werden.

In Europa hat Ivyfarm Technologies in Oxford die größte Pilotanlage für die Produktion von angezüchtetem Muskelzellenfleisch eröffnet, und laut Ankündigung sollen ab 2023 die ersten Produkte zum Verkauf angeboten werden:

> »Werfen Sie den Grill an, denn ab 2023 wollen wir im Vereinigten Königreich eine Reihe von mageren, schmackhaften Fleischprodukten anbieten. Angefangen mit der klassischen britischen Schweinewurst bis hin zu Angus-Rindfleisch-Burger und Wagyu-Fleischbällchen, und was auch immer den Gaumen des Küchenchefs als Nächstes kitzelt.«[431]

Die Stammzellentechnologie wird inzwischen nicht nur zur Herstellung von In-vitro-Fleisch aus Hühner-, Rinder- und Schweine-Stammzellen, sondern auch zur Erzeugung von Fischfleisch eingesetzt, wie einer Studie (2020) in der wissenschaftlichen Zeitschrift *Cell* zu entnehmen ist.[432]

All diese Errungenschaften sind nicht nur biotechnologisch, sondern auch in anderer Hinsicht ein großer Wurf: Ein Artikel von Experten der Boston Consulting Group (BCG), der 2021 auf der WEF-Internetseite erschien, betont den wirtschaftlichen Aspekt dieser Innovationen und stellt fest, dass sie die Gewinne ankurbeln werden (BCG ist WEF-Partner und gehört zu den drei weltweit bedeutendsten Unternehmens- und Strategieberatungsfirmen, auch bekannt als die »Big Three«):

> »Auf Pflanzen, Mikroorganismen **und tierischen Zellen basierende Alternativen zu** tierischem Fleisch, Fisch, Eiern und Milchprodukten werden im Jahr 2035 voraussichtlich mindestens 11 % des weltweiten Proteinkonsums ausmachen – **mit einem Schub von Regulierungsbehörden** und schrittweisen technologischen Veränderungen könnten sie sogar 22 % des Gesamtverbrauchs erreichen [...]
> Laut einem neuen Bericht der Blue Horizon Capital (BHC) und der Boston Consulting Group (BCG) bildet der Markt für alternative Proteine mit einem Volumen von 290 Milliarden Dollar die Grundlage für ein nachhaltigeres Lebensmittelsystem.«[433] (H.d.A.)

Wo wird uns das hinführen? Momentan ist es so, dass Embryonen[434] oder neugeborenen Kälbern und Schweinen Stammzellen entnommen werden. Diese wachsen in mit chemischen sowie krebshemmenden Substanzen angereichertem Blutserum zu Zellmassen heran, aus denen Fleisch für den menschlichen Verzehr hergestellt wird. Werden wir uns an diese neuen Lebensmittel gewöhnen?

Bestimmt – denn andernfalls könnten wir ja an einer psychischen Erkrankung leiden, einer **Nahrungsmittel-Neophobie** (Ablehnung unvertrauter Nahrungsmittel).[435] Dies ist zumindest die Meinung zweier Psychologinnen, deren Artikel bezüglich neuartiger Lebensmittel auf der WEF-Internetseite veröffentlicht wurde. Soll das etwa heißen, Menschen würden an einer krankhaften Phobie leiden, nur weil sie sich weigern, Algen-Burger und Chips aus Insekten-Mehl zu essen, und auf angezüchtetes Laborfleisch lieber verzichten wollen?[436] Hier wird eindeutig der Versuch unternommen, Menschen zu pathologisieren, die sich gegen diese fragwürdigen Lebensmittelvarianten sträuben. (Trotz des obligatorischen Hinweises *»Die in diesem Artikel geäußerten Ansichten sind die des Autors und nicht die des Weltwirtschaftsforums«* sagt bereits die Publikation solcher Berichte auf der WEF-Internetseite sehr wohl etwas darüber aus, in welche Richtung diese Organisation steuert.)

Wäre es nicht einfacher, wenn man die Menschen dazu bewegen würde, der Umwelt zuliebe einfach **weniger** Fleisch oder Fisch zu konsumieren? Müssen wir uns in Gefilde wagen, die zu einer ungeheuren Konzentration der Lebensmittelproduktion in wenigen Händen führen und krankhaften Visionen Tür und Tor öffnen?

Denn es geht womöglich noch weiter: *Wired*, das Techno-Magazin von WEF-Partner Condé Nast[437], hat 2017 allen Ernstes die Frage gestellt: **Was ist falsch daran, Menschen zu essen?**[438] Wenn man schon Rindfleisch aus Stammzellen in einem Bioreaktor züchten und daraus einen Burger herstellen kann, ohne dass dafür ein Tier sterben muss, so der Autor des Artikels, könnte man sich doch genauso gut **von menschlichem Fleisch ernähren**, solange dessen Erhalt nicht mit Grausamkeiten verbunden wäre (also wenn die fleischliefernden Menschen weder getötet werden noch bei der Entnahme von Stammzellen leiden müssten):

> »**In nicht allzu ferner Zukunft wird es also keine eindeutigen technischen Hürden mehr geben, um Menschenfleisch für den Verzehr zu züchten**. Es wird wahrscheinlich gefahrlos zu essen und vergleichbar mit jedem anderen Fleisch sein, das aus einem Labor stammt. Eine innere Abscheu davor wird es wahrscheinlich aus den Supermarktregalen und von den Speiseplänen der breiten Masse fernhalten – ausgenommen besonders neugierige Menschen und exzentrische Restau-

> rants. Aber wer es wirklich will, wird sein [Menschen-]Steak bekommen.«[439] (H.d.A.)

Wenn ein angesehenes Magazin heutzutage so etwas publizieren kann, ohne einen Aufschrei zu erzeugen, ist in unserer Gesellschaft etwas tief greifend falsch gelaufen.

Wir scheinen Fortschritt, Innovation und Liberalismus wie einem neuen Kult zu huldigen, in dessen Namen Ethik und Moral leichtfertig beiseitegeschoben und ausradiert werden. Man kann sich direkt vorstellen, dass sich der Autor des oben zitierten Artikels bereits ausmalt, wie irgendein Promi in exklusiver Runde ein Steak aus menschlichen Stammzellen verzehrt, die in Bioreaktoren herangezüchtet wurden – und diese Perversion womöglich damit begründet, dass es Kannibalismus unter Menschen in der Vergangenheit ja schon mal gegeben hat.[440] Es ist, als ob sich beklemmende Science-Fiction-Filme zu bewahrheiten scheinen – hier etwa *Soylent Green* von 1973 (deutscher Titel: *»Jahr 2022 … die überleben wollen).*

Leider hat der oben zitierte Artikel nichts mit Science-Fiction zu tun, denn er ist nur Ausdruck einer grenzenlosen Involution der menschlichen »Zivilisation«. Über Abartigkeiten, wie sie in dem o. g. *Wired*-Artikel beschrieben sind, liest man auf der WEF-Internetseite nichts – dort finden sich seit Jahren nur zahlreiche Berichte, die den Genuss des neuen Stammzellenfleischs aus Bioreaktoren propagieren und ihm eine großartige Zukunft voraussagen – wie der folgende Text von 2019:

> »Zwischen 2025 und 2040 wird Stammzellenfleisch die neuartigen *[pflanzlichen]* **Fleischersatzprodukte überflügeln**, da sich sowohl die Technologie, als auch die Verbraucherpräferenzen weiterentwickeln. **Die disruptive Auswirkung neuer biotechnologischer Methoden wird sich nicht nur auf die**

Fleischproduktion beschränken, sondern auch Milch, Eiklar, Gelatine und Fischprodukte betreffen.«[441] (H.d.A.)

Im Klartext: Damit wäre ein Ziel des WEF und seiner Partner-Organisationen, -Denkfabriken und -Stiftungen demnächst erreicht – die weitreichende Patentierung von Herstellungsverfahren und somit die Konzentration der globalen Lebensmittelproduktion in wenigen Händen.

KAPITEL 7

DER FINANZIELLE RESET

»Der Dollar ist unsere Währung, aber euer Problem.«
John Connally, US-Finanzminister unter Nixon

Wer einen »Great Reset« auf der Agenda hat, muss insbesondere das »Finanzsystem« im Blick haben, denn wie Wirtschaftsexpertin Philippa Malmgren beim World Government Summit 2022 in Dubai betonte, ist dieses das Grundelement einer Weltordnung.[442] Deshalb widmet Klaus Schwab in seinem Buch *Covid-19: Der Große Umbruch* (Mitverfasser Thierry Mallet) ein ganzes Unterkapitel dem Schicksal des Dollars:

> »Jahrzehntelang genossen die USA mit ihrem Dollar das ›exorbitante Privileg‹ der globalen Leitwährung, ein Status, der lange Zeit ›eine Annehmlichkeit imperialer Macht und ein wirtschaftliches Elixier‹ war. In erheblichem Maße wurden US-amerikanische Macht und Wohlstand durch das weltweite Vertrauen in den Dollar und die Bereitschaft ausländischer Kunden, Dollarreserven zu halten, aufgebaut und gestärkt, meist in Form von US-Staatsanleihen. Die Tatsache, dass so viele Länder und ausländische Institutionen Dollarreserven als Wertanlage und als Tauschmittel (für den Handel) halten, hat seinen Status als globale Leitwährung konsolidiert. Somit konnten die USA günstig Kredite im Ausland aufnehmen und gleichzeitig von den niedrigen Zinssätzen im Inland profitieren, **was es der US-amerikanischen Bevölkerung wiederum** ermöglicht hat, **über ihre Verhältnisse zu konsumieren. Es**

hat auch die großen US-Staatsdefizite der letzten Zeit möglich gemacht, den USA erhebliche Handelsdefizite gestattet, das Wechselkursrisiko verringert und die US-Finanzmärkte liquider gemacht. […]
Seit geraumer Zeit ziehen einige Analysten und politische Entscheidungsträger ein mögliches und schrittweises Ende der Dominanz des Dollars in Betracht. Sie denken nun, dass die Pandemie der Katalysator sein könnte, der ihnen recht gibt. […].
Schließlich kann sich der Status einer Leitwährung nicht länger halten als das Vertrauen ausländischer Investoren in die Fähigkeit des Devisenhalters, seine Zahlungen zu leisten. […]
Auch wenn die US-Notenbank und das US-Finanzministerium den Dollar und sein weltweites einflussreiches Netzwerk effizient managen, betonen Skeptiker, dass die Bereitschaft der US-Regierung, **den US-Dollar als geopolitische Waffe einzusetzen** (etwa gegen Länder und Unternehmen, die mit dem Iran oder Nordkorea Handel treiben), Besitzer von Dollarreserven unweigerlich zur Suche nach Alternativen veranlassen wird. Gibt es tragfähige Alternativen? […] Eine globale virtuelle Währung ist noch nicht in Sicht, aber es gibt Versuche, nationale digitale Währungen einzuführen, die letztendlich die Hegemonie des US-Dollars beenden könnten. Der bedeutendste Versuch wurde Ende April 2020 in China mit einem Test einer nationalen digitalen Währung in vier Großstädten gestartet. Bei der Entwicklung einer digitalen Währung in Kombination mit leistungsstarken elektronischen Zahlungsplattformen ist dieses Land dem Rest der Welt um Jahre voraus. **Dieses Experiment zeigt deutlich, dass es Geldsysteme gibt, die sich von den US-Intermediären unabhängig machen möchten und gleichzeitig eine stärkere Digitalisierung ansteuern.** Letztendlich hängt ein mögliches

> Ende des Dollar-Primats davon ab, was in den USA geschieht. Wie Henry Paulson, ein ehemaliger US-Finanzminister, sagt: ›Die Bedeutung des US-Dollars beginnt zu Hause.‹ […] Fragen und Zweifel über den zukünftigen Status des Dollars als globale Leitwährung erinnern uns daran, dass die Wirtschaft nicht isoliert betrachtet werden kann. Besonders hart trifft diese Realität überschuldete Schwellenländer und arme Länder, die heute nicht mehr in der Lage sind, ihre oft auf Dollar lautenden Schulden zurückzuzahlen. **Für sie wird diese** [Covid] **Krise gewaltige Ausmaße annehmen und ihre Bewältigung Jahre dauern, denn der beträchtliche wirtschaftliche Schaden wird sich schnell in sozialem und humanitärem Leid niederschlagen.«**[443] (H.d.A.)

Diese Darstellung ist ziemlich ausführlich; allerdings fehlen hier einige wesentliche Elemente, wie zum Beispiel angezettelte Kriege und Unruhen (siehe weiter unten). Wir befinden uns derzeit in einem finanziellen Reset, der seinesgleichen sucht – das heißt in einem globalen finanziellen Reset in Verbindung mit dem Dollar, der zulasten anderer Währungen geht und zur wirtschaftlichen Disruption der betroffenen Länder führen könnte, wie es zum Beispiel mit dem Euro in den letzten Monaten geschehen ist – siehe den Kursrutsch des Euro zum Dollar.[444] (Stand: September 2022) In einem Bericht des Atlantic Council, Partner des WEF und eine der wichtigsten Denkfabriken der USA für internationale Angelegenheiten, äußert sich der Autor im Januar 2022, also kurz vor dem Ukraine-Krieg, klar und unmissverständlich über den Dollar als Waffe gegen Russland:

> »Es ist nur eine Frage der Zeit, bis die Vereinigten Staaten einen aggressiveren und extremeren Einsatz der finanziellen Kriegsführung versuchen. Ob nach einer Invasion in der

> Ukraine Russland das Ziel sein wird, bleibt abzuwarten. Mindestens 40 Senatoren haben jedoch signalisiert, dass sie diesen Kurs befürworten, und der Präzedenzfall für ähnliche Maßnahmen der Vereinigten Staaten ist bekannt. Am 19. Januar sagte Präsident Biden: ›Wenn sie einmarschieren, werden sie dafür bezahlen. Ihre Banken werden nicht in der Lage sein, in Dollar zu handeln‹ – ein Hinweis auf eine der zahlreichen Strategien zur Nutzung des Dollars als Waffe, die nach geltendem Recht existieren und im Kongress diskutiert werden. […]
>
> Die Auswirkungen eines vollständig als Waffe eingesetzten Dollars wären zwar nicht so offenkundig wie ein Bombenangriff, **aber doch so gravierend, dass ein Bombenangriff ein passender Vergleich für die Auswirkungen auf die Zivilbevölkerung wäre**. […] Die Waffe Dollar ist bereits eine Tatsache in der Weltpolitik. Die Regierungen Kubas, des Irans, Nordkoreas und Venezuelas können das bestätigen, **ebenso wie ihre Zivilbevölkerung.** In allen vier Ländern wurde die Dollar-Souveränität in einem zeitgenössischen Kontext zur Waffe. In Lateinamerika und anderen Teilen der Welt gibt es historisch eine Vielzahl von tief greifenden Beispielen. In kleinerem Maßstab sind auch die zahlreichen Sanktionsmaßnahmen, die vom Sanctions Dashboard des Atlantic Council erfasst werden, Formen des Dollars als Waffeneinsatz.«[445] (H.d.A.)

Die o. g. Atlantic-Council-Analyse besagt also, dass die US-Amerikaner ihren Dollar – den wir aufgrund unserer historischen Abhängigkeit und Trägheit, wie sie selbst behaupten,[446] so wichtig haben werden lassen – wie einen Bombenangriff einsetzen und dass solche Angriffe die Zivilbevölkerung treffen. Wäre dies eigentlich nicht ein ausreichender Grund, die USA wegen Kriegsverbrechen[447] anzuklagen? Und wäre es nicht auch ein Grund für den WEF und Klaus Schwab, sich von Partnern wie dem Atlantic Council zu distanzieren? Nein, er tut alles andere als das. Auf der WEF-Internetseite (»Geopolitics«) findet man mehrere Artikel, die das Thema »Dollar als Waffe« beleuchten.[448] Einer davon (verlinkt und von 2022) stammt von James Kenneth Galbraith (Sohn des bekannten Wirtschaftswissenschaftlers John K. Galbraith), der zu folgendem Schluss kommt:

»Wie die jüngsten Krisen zeigen, wurde die auf dem Dollar basierende Ordnung bisher hauptsächlich durch die Instabilität in anderen Ländern gestützt.«[449] (H.d.A.)

Unter Instabilitäten sind hier hauptsächlich Konflikte und Kriege zu verstehen.

Kurzer Exkurs in die Geschichte

Wie kam es eigentlich dazu, dass die USA den Dollar als Waffe einsetzen und auf diese Weise Länder und Menschen in Schach halten können?

Das Dollar-Problem ist ein historisches: Im Jahr 1944 haben die Finanzminister der meisten Industrieländer des Westens den Goldstandard aufgegeben mit der Vereinbarung, dass die USA feste Kurse zu den anderen Währungen beibehalten. Die *SZ* schrieb dazu:

> »Nach diesem System war der Dollar die einzige Reservewährung der Welt. Es beruhte auf dem Versprechen der USA, jederzeit Dollar in Gold zu tauschen, und zwar zum Preis von 35 Dollar je Feinunze (heute kostet Gold fast 2000 Dollar). Im Sommer 1971 erkannte der damalige Präsident Richard Nixon, dass die USA sich dieses Versprechen nicht mehr leisten konnten, und nahm es in aller Form zurück. Mit dem ›Nixon-Schock‹ begann das Zeitalter frei gehandelter Wäh-

rungen in der Welt. **Die Hegemonie des Dollars verschwand nicht, sie wurde eher noch größer, obwohl der Dollar formal nur eine Währung unter anderen ist.**«[450] (H.d.A.)

Der Dollar blieb also die wichtigste internationale Weltwährungsreserve der Notenbanken.[451] In den letzten Jahren schwächelte der Dollar zunehmend: Wurden im Jahr 2020 noch 62 Prozent der Weltwährungsreserven in Dollar gehalten, waren es 2021, also nur ein Jahr später, nur noch 59 Prozent.[452]

Eine Reduzierung um drei Prozent sollte den USA eigentlich nicht wirklich Sorge bereiten. Trotzdem war dieser Abwärtstrend vielen in den Vereinigten Staaten ein Dorn im Auge (es geht ja um Macht), denn eins wurde damit klar: Der Dollar war unter Beschuss. Schon länger versuchen mehrere Länder, den Dollar als (Haupt-)Währungsreserve vom Thron zu stoßen, da er im Grunde genommen seit Jahrzehnten ein Problem darstellt. Wie der *Spiegel* darlegte, gaben dies selbst die Amerikaner vor vielen Jahren zu:

»Anfang Dezember 1971 fragte ein Journalist in Rom den US-Finanzminister John Connally am Rande einer Konferenz, was er mit dem damals von Krise zu Krise taumelnden Dollar zu tun gedenke. Connallys Antwort sollte in die Geschichte eingehen: ›**Der Dollar ist unsere Währung, aber euer Problem.**‹«[453] (H.d.A.).

Der Dollar als Waffe – und Waffeneinsatz zur Rettung des Dollars

Dieses Problem beschäftigt insbesondere die Chinesen, die seit Jahren daran arbeiten, die hegemonische Macht des Dollars ein-zugrenzen (obwohl sie ihn selbst als Währungsreserve horten). Bereits 2020 hat China mit dem Iran einen Deal unterzeichnet, der die Schäden der US-Sanktionen teilweise aufheben, dem Land also eine wirtschaftliche Verschnaufpause geben sollte. Diese Maßnahme war gleichzeitig dazu gedacht, den Dollar weiter zu schwächen, indem man Länder an den chinesischen Renminbi (die offizielle Bezeichnung des Yuan) bindet, wie mehrere Medien bereits 2020 konstatierten.[454]

(Wer tiefer in dieses Thema einsteigen möchte, dem sei das Buch des Brokers Joseph Aminian empfohlen: *China-Iran Axis – Currency War: The U.S. Dollar Under Siege,* übersetzt etwa: Die China-Iran-Achse – Währungskrieg: Der US-Dollar im Belagerungszustand.)

Der Krieg Chinas gegen den Dollar ist teilweise begründet, denn die USA haben ihren Dollar in den letzten 50 Jahren zur weltweit wichtigsten Währung werden lassen – was aber **brandgefährlich** ist, denn wie 2022 selbst der amerikanische Fernsehsender *CNN* darlegte:

> »Am wichtigsten ist vielleicht, dass die USA unter extremen Umständen den Dollar-Zugang zu Zentralbanken auf der ganzen Welt abschneiden und deren Volkswirtschaften somit isolieren und ausbluten lassen können. Raghuram Rajan, der ehemalige Gouverneur der indischen Zentralbank, bezeichnet diese Macht als eine ›wirtschaftliche Massenvernichtungswaffe‹.«[455]

CNN weiter:

> »Die USA haben diese Waffe im Februar gegen Russland eingesetzt, nachdem das Land in die Ukraine einmarschiert war, indem sie Devisenreserven im Wert von 630 Milliarden Dollar einfroren, wodurch der Wert des Rubels stark untergra-

> ben wurde. Dies gab Amerika die Möglichkeit, Russland zu bestrafen, ohne US-Truppen in einen Krieg zu verwickeln. Aber große Macht geht mit großer Verantwortung einher: Wenn man eine Massenvernichtungswaffe einsetzt, selbst wenn es sich um eine wirtschaftliche handelt, bekommen die Menschen Angst.«[456]

Und China, das ja als neue Weltmacht emporsteigt und den ebenso aggressiven wie gefährlichen Überlebenskampf der bestehenden, aber angekränkelten Weltmacht USA nicht tatenlos verfolgen will, hat seiner Mentalität und Kultur gemäß im Vorfeld bereits einige Schritte unternommen: Die chinesische Regierung baut auf die neue digitale Renminbi-Währung, die sie wie erwähnt bereits vor Jahren auf den Markt gebracht hat.[457] Diese digitale chinesische Staatswährung soll in Zukunft die Transaktionen mit anderen Ländern erleichtern und das Land u. a. vor wirtschaftlichen Strafmaßnahmen der USA schützen, wie sie 2022 gegen Russland durchgesetzt wurden (z. B. durch den Ausschluss von SWIFT, also dem Telekommunikationsnetz der Banken). *Bloomberg* stellt dazu fest:

> »Banken müssen Nachrichten senden, um Gelder zu bewegen. Die Sanktionen gegen Russland unterstreichen für Peking die Notwendigkeit, sich von dem US-dominierten System abzukoppeln.
> Die Sperrung des Zugangs einiger russischer Banken zu SWIFT – dem Telekommunikations-Netzwerk im Zentrum des globalen Geldverkehrs – mag eine äußerst wirksame Strafe für Präsident Wladimir Putins Einmarsch in die Ukraine sein. Aber es wird anderen geopolitischen Rivalen, insbesondere China, den Vorwand liefern, im globalen Handel und Finanzwesen digitale Versionen des Geldes ihrer eigenen Zentral-

banken zu fördern. Das könnte die internationale Schlagkraft des Dollars schwächen.«[458]

Andererseits wird in den USA aktuell gerade darauf spekuliert, dass die chinesische Wirtschaft (u. a. aufgrund des Ukraine-Kriegs) sowie der Renminbi schwächer werden. Wieder einmal haben wir es hier mit einem erbitterten Währungskampf zu tun, denn die USA wollen die anvisierte Möglichkeit eines Petroyuans[459] im Keim ersticken. Wie man den Charts des Dollar-Renminbi-Kurses entnehmen kann, kam es infolge des Ukraine-Kriegs zu einer Stärkung des Dollars im Vergleich zum Yuan (April 2022), der somit für die arabischen Staaten zu unsicher und schwach wurde, um damit Öl-Transaktionen abzuwickeln.

Ein Hedgefonds-Manager bei Crescat Capital (USA) wettet und hofft darauf, dass aufgrund der wirtschaftlichen Schwierigkeiten Chinas der Renminbi im Vergleich zum Dollar in nächster Zeit bis zu 50 Prozent an Wert verliert.[460]

China scheint sich jedoch nicht ins Abseits drängen lassen zu wollen. Im Juni 2022, als der Ukraine-Krieg in vollem Gange war, haben sich die BRICS-Staaten (Brasilien, Russland, Indien, China und Südafrika) darauf geeinigt, eine internationale Reservewährung und ein alternatives internationales Zahlungssystem zu entwickeln, »um die Abhängigkeit von Dollar und Euro zu verringern«.[461] In den BRICS-Staaten leben ca. 40 Prozent der Weltbevölkerung und an dem o.g. Gipfel (er fand in China statt und wurde von den Leitmedien des Westens so gut wie ignoriert) nahmen auch noch weitere Länder teil, z.B. Argentinien und Iran.[462]

Hier sollte man vielleicht kurz hinzufügen, dass die herrschenden gesellschaftlichen Unruhen gerade in BRICS-Kandidatenländern wie dem Iran (Stand 4.10.2022) den USA womöglich in die Hände spielen könnten. Im Moment ist offen, ob diese Proteste von den Amerikanern oder einigen ihrer Alliierten vielleicht regelrecht geschürt wurden – wie dies vor Jahren nachweislich in Libyen der Fall war.[463]

Sicher ist, dass die US-Regierung weniger an einem Atomabkommen mit dem Iran als an der Unterstützung der zivilen Unruhen in diesem Land interessiert ist, wie Ned Price, Sprecher des Außenministeriums, Mitte Oktober 2022 erkennen ließ:

> »Unser Fokus liegt im Moment darauf, das ins Rampenlicht zu rücken, was sie [die iranischen Demonstranten] tun, und sie auf die Weise, wie wir es können, zu unterstützen.«[464]

Auch amerikanische Tech-Giganten sollen sich diesbezüglich einsetzen.[465]

Den Weg zu neuen Wirtschaftstransaktionen, die sich nicht mehr ausschließlich auf den Dollar als Hauptwährung stützen, haben Russland und China bereits 2022 eingeschlagen: Putin forderte, dass die EU-Staaten die Gaslieferungen in Rubel bezahlen, und China versucht, Saudi-Arabien davon zu überzeugen, die saudischen Öllieferungen in Renminbi und nicht in Dollar zu zahlen.[466] Der Iran hatte den Renminbi bereits 2012 als Zahlungsmittel akzeptiert.[467]

Dass all dies der Weltmacht USA Sorge bereitet, lässt sich der Tatsache entnehmen, dass Biden trotz der weltweiten Kritik an den Menschenrechtsverletzungen in Saudi-Arabien dem Kronprinzen Mohammed Bin Salman im Sommer 2022 einen Besuch abstattete, um diesen langjährigen US-Geschäftspartner u. a. von einer weitreichenden Partnerschaft mit China abzubringen.[468]

Hier geht es eben nicht mehr um Menschenrechte (Monate zuvor hatte der US-Präsident die Verwicklung des Kronprinzen in den Kashoggi-Mord als »ungeheuerlich« bezeichnet), sondern um die handfesten finanziellen und wirtschaftlichen Belange Amerikas: Bevor Biden in Saudi-Arabien eintraf, hatte er in Israel öffentlich verlauten lassen, dass er im saudischen Königreich die Interessen der USA verfolgen werde.[469] Während seines Besuchs enthielt er sich jeglicher harschen Kommentare über den Kashoggi-Mord; womöglich hat er seine seinerzeitige Äußerung, Saudi-Arabien zu einem »Pariastaat« verkommen lassen zu wollen, sogar zurückgenommen. Wie sonst hätte Biden die Saudis und insbesondere den Kronprinzen dazu bewegen können, keine größeren Partnerschaften mit China einzugehen, wo China doch aus Saudi-Arabien dreimal so viel Öl bezieht wie die USA?[470]

Anscheinend war sein Besuch aber nicht besonders erfolgreich, denn im Oktober 2022 gab der Kronprinz bekannt, dass »Saudi-Arabien den Wunsch nach einem Beitritt in den BRICS-Verbund hegt«.[471] Eine Nachricht, die das Weiße Haus dazu verführen könnte, im Vorfeld Maßnahmen zu treffen, um das Machtpotenzial der eigenen Währung nicht destabilisieren zu lassen, denn seit Mitte 2022 hat der Dollar nach Jahren des Schwächelns wieder seine alte Macht erlangt – und dies »dank« eines Krieges mitten in Europa.

Der Ukraine-Krieg, der sehr wohl hätte verhindert werden können, kam den USA sehr gelegen, denn die Maßnahmen der FED (US-Notenbank) hatten bis zu dessen Ausbruch keinen großen Einfluss auf den Dollarkurs gehabt. Hierzu braucht man sich nur die Grafiken anzuschauen, die den Dollarkurs zum Euro darstellen und zeigen, dass der Dollar **erst** in Verbindung mit dem Ukraine-Konflikt in die Höhe schnellte.[472]

(Aufgrund dieses Krieges geht es Europa nämlich wirtschaftlich so schlecht wie noch nie – Prognosen gehen bereits von einer Schrumpfung des realen Bruttoinlandsprodukts von 2 bis 12 Prozent aus,[473] was bereits 2022 zu einer Entwertung des Euro im Vergleich zum Dollar geführt hat. Aber auch andere Währungen haben den Krieg schon zu spüren bekommen, beispielsweise der kanadische Dollar und der Schweizer Franken.)

Der US-Dollar stieg also weiter, bis er im Sommer 2022 die Parität zum Euro erreichte. Und nun jubelten unsere atlantischen Freunde. Die *New York Times* schrieb am 13. Juli 2022:

> »In den letzten Monaten hat der Druck auf den Euro zugenommen, während die Anleger in Scharen in den US-Dollar flüchteten, **der in Zeiten wirtschaftlicher Umwälzungen als Zufluchtsort gilt.** [...]
> Noch bemerkenswerter als das Durchbrechen dieser Marke ist, wie schnell der Euro gegenüber dem Dollar gefallen ist. Die Währung, die von 19 europäischen Ländern geteilt wird, ist in diesem Jahr um mehr als 11 Prozent eingebrochen, während die Stärke des Dollars fast unerreicht ist. Der drastische Rückgang des Euro ist in einer Zeit erfolgt, in der der Dollar – seit Generationen einer der sichersten Geldparkplätze – gegenüber fast allen wichtigen Währungen der Welt zugelegt hat.«[474] (H.d.A.)

Es wird wohl Jahre dauern, bis wieder Kapital in den Euro investiert werden wird – wenn überhaupt. Hat die US-Regierung eine solche Umwälzung der Wirtschaft und der Finanzen in Europa für den Erhalt ihres Dollars gebraucht oder vielleicht sogar herbeigeführt?

Auf der Internetseite des International Monetary Fund (IMF) erschien 2014 ein Artikel des Wirtschaftsprofessors Eswar S. Prasad von der Cornell University (Autor von *Die Dollar-Falle: Wie der US-Dollar die globale Finanzwelt fest im Griff hat*)[475], der die US-amerikanische Finanzpolitik schon damals unter die Lupe nahm:

> »Viele sind der Meinung, dass diese Dollar-Dominanz es den Vereinigten Staaten ermöglicht hat, über ihre Verhältnisse zu leben, indem sie hohe Leistungsbilanzdefizite verzeichnen, finanziert durch die Aufnahme von Anleihen zu günstigen

Zinssätzen beim Rest der Welt. Einige Länder haben sich über dieses ›exorbitante Privileg‹ der Vereinigten Staaten geärgert. Zudem wird die Tatsache, dass ein reiches Land wie die Vereinigten Staaten ein Nettoimporteur von Kapital aus Ländern mit mittleren Einkommen wie China ist, als ein Paradebeispiel für die Herbeiführung globaler Leistungsbilanz-Ungleichgewichte angesehen. Solche steigenden Kapitalströme […] haben zu Forderungen nach einer Umstrukturierung des globalen Finanzwesens und nach einem Überdenken der Rolle und der relativen Bedeutung der verschiedenen Reservewährungen geführt.«[476]

Dazu muss gesagt werden, dass einige Länder die Rolle des Dollars bereits vor 2014 (also vor der ukrainischen Maidan-Revolution) infrage gestellt[477] und sich mit dem Projekt einer neuen Weltwährungsreserve angefreundet hatten. Frankreich startete diesbezüglich bereits in den 1960er-Jahren einen Versuch, als Wirtschaftsminister Valery Giscard D'Estaing feststellte, dass die Position des US-Dollars, wie bereits in dem oben zitierten IMF-Artikel erwähnt, ebendieser Währung ein »exorbitantes Privileg« zusicherte, und Präsident Charles de Gaulle sich dieser Auffassung anschloss. (Nebenbei: Wie weit das Dollar-Privileg geht, zeigt die Tatsache, dass die US-Jurisdiktion sich auch auf ausländische Unternehmen erstrecken kann, die den Dollar in ihrem Land, also außerhalb der USA, für ihre Transaktionen verwenden.)[478] Die Suche nach Alternativen zu diesem Währungsgefängnis ist somit für viele Länder ein Muss.

In dem o. g. Bericht auf der IMF-Internetseite von 2014 ist weiter zu lesen:

»Die chinesische Regierung unternimmt zahlreiche Schritte, um die Verwendung des Renminbis bei internationalen

> Finanz- und Handelsgeschäften zu fördern. Angesichts der schieren Größe der Volkswirtschaft und ihrer Leistungsfähigkeit gewinnen diese Maßnahmen im internationalen Handel schnell an Zugkraft. In dem Maße, wie die Beschränkungen für die grenzüberschreitende Kapitalmobilität aufgehoben werden und die Währung frei konvertierbar wird, wird der Renminbi auch zu einer brauchbaren Reservewährung werden.«[479]

Läse ich als Finanzexperte der US-Regierung solche Artikel auf der Internetseite des International Monetary Funds (Internationaler Währungsfonds), würde ich in leichte Panik geraten, denn solche Entwicklungen könnten die Macht des Dollars (und seine Einsatzmöglichkeit als Massenvernichtungsmittel) stark schwächen. Eine Befürchtung, die sich vermutlich im Januar 2021 noch weiter verstärkte, als die Europäische Kommission eine Mitteilung herausgab, in der die Notwendigkeit für die Stärkung des Euro und seiner internationalen Rolle dargelegt wurde.[480] *Focus-Online* fasste das EU-Paper in wenigen Worten zusammen:

> »Dass der US-Dollar die Weltwirtschaft beherrscht, ist der EU ein Dorn im Auge. [Deswegen] stellt sie […] einen Plan vor, um sich unabhängiger von der US-Währung zu machen. Eine zentrale Rolle spielt dabei der Klimaschutz. Er soll den Euro an die Spitze bringen.«[481]

Ein Jahr später begann der Ukraine-Krieg, und der Dollar gewinnt wieder an Macht – reiner Zufall?

Wie in dem eingangs erwähnten Atlantic-Council-Bericht bereits vorausgesehen, wird der Dollar in zehn Jahren als Weltwährungsreserve kaum mehr die Rolle spielen, die er heute innehat.[482] Die Notwendigkeit, all dies zu vermeiden, könnte die Amerikaner dazu gebracht haben, in der Ukraine bereits vor 2014 »Unruhen« zu befördern bzw. den Ukraine-Krieg in den letzten Jahren zu provozieren, wie von etlichen namhaften amerikanischen Historikern und Politologen dargelegt. Das Cato Institute, eine angesehene kalifornische Denkfabrik, schrieb dazu im März 2022:

> »**Die USA und die NATO haben den Ukraine-Krieg mit ausgelöst**. Dies zuzugeben ist keine Parteinahme für Putin.«[483] (H.d.A.)

Die Geschichte zeigt uns nämlich, dass die USA selbst vor der Organisation und Durchführung von Coup d'Etats in anderen Ländern nicht haltmachen. John Bolton, Staatssekretär für Rüstungskontrolle und internationale Sicherheit unter George W. Bush und Nationaler Sicherheitsberater unter Donald Trump, hat diese Handlungsweise der US-Regierungen in einem Interview des Fernsehsenders *CNN* im Juli 2022 sogar offen zugegeben[484] – ein Skandal, den nicht einmal die europäischen Leitmedien übersehen konnten.[485]

Wenn es darum geht, die Macht des Dollars zu retten, sind die USA auch militärischen Aktionen nicht abgeneigt – so Brent Johnson, ein renommierter Wirtschaftsexperte und CEO von Santiago Capital.[486]

Nebenbei: Die Hegemonialmacht USA hat 2022 dank Biden eine Richtlinie verabschiedet, wonach die Vereinigten Staaten in einem Krieg Nuklearbomben als Erste einsetzen können.[487] Dazu wird es hoffentlich nicht kommen, denn eingegrenzte Kriegsaktionen wie die in der Ukraine reichen aus, um global agierende Investoren in Angst und Panik zu versetzen und ihr Kapital hektisch in den Dollar zu pumpen – eine Reaktion des Marktes, die Brent Johnson als *Dollar Milkshake Theory* bezeichnet. Eine solche Situation nimmt derzeit in Europa konkrete Formen an (siehe unten).

Für die US-Regierung, aber auch für alle Dollar-Investoren gilt es wie seit eh und je, sich selbst zu retten. Die Amerikaner denken zuallererst an sich selbst. Der berühmte Ausrutscher »Fuck the EU« (»Scheiß auf die EU«), der US-Vize-Außenministerin Victoria Nuland in einem Telefonat mit dem ukrainischen Botschafter in Kiew unterlief (und für den sie sich später entschuldigte), zeigt die Haltung unserer transatlantischen Freunde.[488]

Nicht umsonst konnte Trump mit »America First« eine traditionsreiche politische Einstellung und Weltsicht der Amerikaner wieder stärken und aufleben lassen – was uns schon vor Jahrzehnten hätte klar sein sollen, denn diese Denkweise gehört zum nationalen Habitus der USA: 1971 stürzte die Weltwirtschaft nämlich nur deswegen in eine Krise, weil der US-Dollar gerettet werden musste. Der *Spiegel* schrieb dazu am 22. August 1971:

> **»US-Präsident Richard Nixon hat mit seinem Radikalprogramm zur Rettung des Dollars den Welthandel in eine schwere Krise gestürzt. Der neue Yankee-Protektionismus trifft vor allem die deutsche Exportindustrie, die ein Viertel des Volkseinkommens bestreitet. Doch die [sic] EWG-Minister in Brüssel zerstritten sich hoffnungslos über die Frage, wie der amerikanischen Herausforderung gemeinsam zu begegnen sei. Bonn rüstet zum Alleingang. […]** US-Wahlkämpfer Richard Nixon suchte seinen Inflationsdollar zu retten, **koste es die anderen, was es wolle.** In einem nationalökonomischen Parforce-Programm untersagte er den Umtausch von Dollar in Gold, stoppte Löhne und Preise und belegte die US-Einfuhr mit Schutzzöllen. **Der am Dollar orientierte Welthandel geriet aus dem Gleichgewicht, das düpierte EWG-Europa in Panik, die deutsche Exportindustrie in Existenzangst.«**[489] (H.d.A.)

Der Ukraine-Krieg, der Dollar und die deutsche Wirtschaft

Das waren die harten, aber ehrlichen Maßnahmen von damals; heute, also mehr als 50 Jahre später, rettet man den Dollar mittels Unruhen und Kriegen, das heißt mit Ereignissen, die Angst und Schrecken verbreiten, was die Kapitalströme, wie in der *Dollar-Milkshake-Theorie* beschrieben (siehe unten), in Richtung Dollar sprudeln lässt.

Hier könnte man an die oben bereits angedeuteten Fragen anknüpfen: Haben die US-Amerikaner den Ukraine-Konflikt auf europäischem Boden vielleicht gesucht, damit der Dollar seine verlorene Macht wiedererlangt? Und ließ sich anhand dieses Konflikts der angeschlagene Euro als möglicher Währungsreservekonkurrent ausschalten – unter gleichzeitiger Schwächung der europäischen Wirtschaft? Wird Letzteres von US-Ökonomen befürwortet, um gleichzeitig die chinesische Wirtschaft abzubremsen?

Wenn es uns Europäern nämlich wirtschaftlich schlecht geht und wir erheblich weniger konsumieren, trifft dies auch das Konsumgüter produzierende China. Tatsache ist, dass der Ukraine-Krieg 2022 einen Kapitalabfluss insbesondere aus China bewirkt und somit den Renminbi bereits geschwächt hat[490] – was die chinesische Regierung dazu veranlasste, einen Teil ihrer Dollarreserven auf den Markt zu pumpen, um ihre Währung wieder zu stärken.[491]

Wenn die Analyse vieler Historiker zutrifft, dass der Krieg in der Ukraine von den Denkfabriken strategisch »vorbereitet« und von den Regierenden der USA »provoziert« worden ist,[492] dann haben die Amerikaner nicht nur zwei, sondern gleich drei Fliegen mit einer Klappe geschlagen – wenn nicht sogar vier oder fünf:

Stärkung des Dollars

Schwächung des Euros

Schwächung des Renminbi
Schwächung der europäischen Wirtschaft
eine vermutliche Schwächung der chinesischen Wirtschaft

Chapeau! Was bedeutet das konkret für uns – bzw. für Europa? Blicken wir nach Großbritannien, wo die englische Notenbank aufgrund der Schwächung der europäischen Währungen, darunter des eigenen Pfunds[493], 2022 massiv intervenierte, um ihre Pensionsfonds zu retten:

> »Die Bank of England hat mit ihrer Intervention eine [sic] Lehman-Crash 2.0 verhindert! Denn hätte die Bank of England nicht eingegriffen, wären Pensionsfonds pleite gegangen und hätten damit eine Kettenreaktion ausgelöst, die wir ähnlich nach der Lehman-Pleite 2008 gesehen haben, als die Märkte austrockneten. Denn der Sturz eines Players zieht andere Player mit nach unten, weil diese über Finanztransaktionen vernetzt sind – mit der Folge eins [sic] Crash.«[494]

Aufgrund der neuen Dollarmacht kommt nicht nur die britische, sondern die ganze europäische Wirtschaft in Schieflage. (Die Einzigen, die in den USA mit einem starken Dollar Probleme bekommen könnten, sind große Hightech-Firmen wie Apple – diese haben jedoch genügend Puffer, um solche Probleme durchzustehen.[495] Die Konsumenten in Europa werden allerdings für ihre Apple-Geräte[496] demnächst bis zu 30 Prozent mehr zahlen müssen als die US-Amerikaner.)[497]

Inzwischen stellen uns zahlreiche Experten ihr Wissen auf Internet-Blogs zur Verfügung, damit wir mittels solider Hintergrundinformationen die wahren Gründe des Ukraine-Krieges besser verstehen. Im vorliegenden Fall wäre hier beispielsweise die deutsche Internetseite des Investor-Verlags zu nennen: Auch dort wird erläutert, dass der Ukraine-Krieg mit der Vormachtstellung des US-Dollars zu tun hat.[498]

Es sollte eigentlich jedem klar sein oder werden, dass die amerikanische Regierung diese »Disruption« heraufbeschworen hat. Zu einem ähnlichen Schluss kommt auch der US-amerikanische Politikwissenschaftler Professor John J. Mearsheimer (Universität Chicago). In einer Rede in Florenz im Juni 2022 ging er detailliert darauf ein, auf welche Weise die Reaktion Russlands von den USA seit vielen Jahren regelrecht provoziert wurde. Die volle Rede basiert auf einer Fülle dokumentierter Nachweise und wurde von *Rubikon* ins Deutsche übertragen und online veröffentlicht.[499]

Auch das WEF hatte sich bereits 2013 intensiv mit der Ukraine beschäftigt und in einer 2014 veröffentlichten Arbeit unter anderem hervorgehoben, dass die Ukraine in der Agrar- und Nahrungsmittelproduktion eine große Rolle spielt, mit dem Verweis darauf, dass …

> »Chinas jüngste Verhandlungen über einen langfristigen Pachtvertrag über 5 % der gesamten ukrainischen Landmasse bzw. 9 % der landwirtschaftlichen Nutzfläche zum Zweck der Ernährung chinesischer Verbraucher«[500]

… eindrucksvoll aufzeigen, welch großes Potenzial in der Ukraine steckt, auf diesem Markt ein wichtiger Akteur zu werden. Wundert es uns also, dass US-amerikanische Global Player das ukrainische Agrarland seit vielen Jahren mittels Strohmännern unter sich aufteilen, wie im Kapitel 5 beschrieben?

Der Krieg in der Ukraine hat nämlich vielerlei Gründe – und nur einer davon ist der Dollar.[501]

Ein anderer Grund könnte die Schwächung der europäischen und insbesondere der deutschen Wirtschaft sein, wie in Kapitel 3 dargelegt. Ganz böse Zungen behaupten nämlich, dass dieser

Konflikt die deutsche Industrie zum Ziel hat und dass die Sanktionen sowie die Sabotage der russischen Pipelines eine Art zweiter, diesmal aber geheimer Morgenthauplan sei (der 1944 erstellt wurde, um das Nachkriegsdeutschland in ein Agrarland umzuwandeln):

> »In der alliierten Diplomatie des Zweiten Weltkrieges nimmt der Morgenthau-Plan eine gewisse Sonderstellung ein. Vom amerikanischen Finanzminister, Henry Morgenthau, im September 1944 entworfen, sah er nicht nur vor, daß Deutschland jede zukünftige Wiederaufrüstung verboten werden müsse, sondern, **daß die deutsche Industrie völlig aufzulösen sei**. [..] und man hat seither, nicht zuletzt in Deutschland, eine direkte Linie von der bedingungslosen Kapitulationserklärung in Casablanca zum Morgenthau-Plan gesehen, und von da zu den Entschlüssen der Potsdamer Konferenz: ein Schritt führte automatisch zum anderen.«[502]

Heute haben wir es mit einem gewollten Reset oder Umbruch zu tun, der seit Jahren von WEF beschrieben wird und dessen Partnern in die Hände spielt. James K. Galbraith schreibt hierzu, dass …

> »es schwer zu glauben [sei], dass Deutschland seine Industrie, seine Technologie, seinen Handel und sein allgemeines Wohlergehen dauerhaft Washington und der Wall Street unterordnen würde, selbst um der hohen Prinzipien willen, die jetzt von seinen Politikern und der Presse so eloquent verkündet werden«.[503]

Durch die Energiekrise wurde das Wohlergehen vieler Europäer (derzeit sollte man wohl eher von Überlebensmöglichkeit sprechen) aufs Spiel gesetzt. Auch aus diesem Grund drängten die Spanier die Franzosen, den Bau der gemeinsamen Gas-Pipeline MidCAT fortzuführen, mit der große Teile Europas hätten versorgt werden können. Macron (auch ein Young Global Leader des WEF) hat dies im Oktober 2022 definitiv abgelehnt.[504] Man fragt sich, warum – angesichts der Tatsache, dass auch Deutschland dieses Projekt befürwortet hatte.[505] Irgendwie entsteht der Eindruck, dass diese akute europäische Energie- und Wirtschaftskrise eine gezielt herbeigeführte ist.

Die Dollar-Milkshake-Theorie

Es lohnt sich, einen genaueren Blick auf die oben erwähnte Dollar-Milkshake-Theorie zu werfen, in der es um einen massiven Wertzuwachs des US-amerikanischen Dollars geht.

Brent Johnson, der diese Theorie entwickelt hat, geht ebenso wie Klaus Schwab von der Tatsache aus, dass der Dollar seit Jahrzehnten als sicherer Hafen empfunden wird. Erstens hat dies zur Folge, dass die globalen Kapitalströme – insbesondere aus hochverschuldeten Ländern – immer stärker in den Dollar fließen. Zweitens müssen die betreffenden Länder daher immer mehr von ihrer Landeswährung drucken und diese somit selbst abwerten. Und drittens: Sobald es auf der Welt irgendwo zu Unruhen kommt, fließt das ausländische Kapital vermehrt in den vermeintlich sicheren Dollar-Hafen.[506]

Diese Finanzereignisse ähneln der Produktionsweise eines Milkshakes: Je größer und stärker der Wirbel, desto mehr verdichten sich in der Mitte die Substanzen (Dollars), die man der Milch zufügt (Kapitalströme) und die, um im Bild zu bleiben, von den USA durch einen Strohhalm aufgesaugt werden.[507]

So betrachtet würden also all die disruptiven bzw. gesellschaftlichen Wirbel, die in Europa oder anderswo stattfinden (und die für Klaus Schwab unausweichlich sind) **den Dollar stärken und gleichzeitig andere Währungen schwächen (wie eben den Euro).**

Für den Rest der Welt, so Brent Johnson, ist diese »Milkshake-Entwicklung« zugunsten des Dollars denkbar schlecht – er bezeichnet den Dollar sogar als ein Gefängnis.[508] Darren Winters, ein australischer Selfmade-Multimillionär, der den erfolgreichsten Investorenkurs in Europa und im Vereinigten Königreich betreibt, schilderte die Situation bereits 2019 so:

> »**Wer profitiert von der Dollar-Milkshake-Theorie?**
> Der Kapitalismus freut sich über diejenigen, die über die Mittel und die Weitsicht verfügen, zu günstigen Preisen in Vermögenswerte zu investieren. Wenn der Dollarkurs also aufwertet, werden globale Vermögenswerte für diejenigen, die USD halten, billiger. **Falls die EU zerfällt und den Euro mit sich reißt, wird Europa neu kolonisiert werden. Aber diesmal werden keine amerikanischen Panzer anrollen, sondern amerikanische Dollars. Die Dollar-Milkshake-Theorie könnte sich als eine Katastrophe für die Globalisierung erweisen, aber auch als Segen für die US-Dollar-Hegemonie und den Amerikanismus.«**[509]
> H.d.A.)

Es dürfte für jeden offensichtlich sein, dass die Dollar-Milkshake-Theorie im Laufe der Zeit mehrmals umgesetzt wurde und dass die Covid-Pandemie und insbesondere der darauf folgende Ukraine-Krieg den »disruptiven Wirbel«, also den vom Weltwirtschaftsforum längst angepeilten Global Reset, befördert haben. Auch ist eindeutig erkennbar, dass sich der Dollar im Zuge all dieser Ereignisse wieder festigen konnte – zulasten des Euros und anderer Währungen, denn wie Brent Johnson weiter darlegt:

»Der Punkt ist, dass die Macht nie einfach übergeben wird, ... **und es ist naiv zu glauben, dass die USA die globale Reservewährung verlieren werden ohne irgendeine Art von militärischer Aktion.** [...] Ich denke, bevor wir [den Dollar als] die Weltreservewährung verlieren, würden wir jedes nur verfügbare Werkzeug in unserem Arsenal nutzen – auch das letzte, das leider ein militärisches ist. [...] Und ich denke, es gibt mehr Länder, die mit uns mitziehen würden, als viele Leute glauben möchten.«[510]

König Dollar

Nicht umsonst geben die USA so viel Geld für ihr Militär aus »wie die nächstfolgenden zwölf Länder zusammen«.[511] Es geht ihnen um ihre Vormachtstellung, die auf den Dollar basiert. Laut Johnson wäre es an der Zeit aus dem US-Dollar-System auszusteigen, das er auch als »despotischen Herrscher« bezeichnet.[512]

König Dollar ist aber nach wie vor sehr machtvoll. Die Schickale derjenigen, die versuchten, sich von diesem »despotischen Herrscher« loszusagen, sind seit Jahrzehnten eine Warnung an alle, die das ebenfalls anstreben. Anfang 2022 stand in den *Deutschen Wirtschaftsnachrichten:*

»Im Jahr 2000 entschied der damalige irakische Staatschef Saddam Hussein, dass irakische Geschäft komplett auf den Euro umzustellen. Der US-Dollar sollte verbannt werden. Drei Jahre später führten die USA eine Invasion gegen den Irak durch, und im Jahr 2006 wurde Hussein zum Tode verurteilt.«[513]

Auch Muammar al-Gaddafi wurde der Versuch, sich vom Dollar zu emanzipieren, zum Verhängnis:

> »Im Jahr 2009 schlug Oberst Gaddafi, der damalige Präsident der Afrikanischen Union, den Staaten des afrikanischen Kontinents vor, auf eine neue, vom amerikanischen Dollar unabhängige Währung umzustellen, das Dinar-Gold. Das Ziel dieser neuen Währung ist es, die Öleinnahmen in Fonds umzuleiten, die vom Staat und nicht von amerikanischen Banken kontrolliert werden. [...] Länder wie Nigeria, Tunesien, Ägypten und Angola sind bereit, die Währung zu wechseln ...«[514]

Das kam natürlich nicht gut an, und so intervenierte 2011 die internationale Koalition unter Leitung der NATO in Libyen mit militärischer Gewalt im Namen der Freiheit und der Demokratie.[515] Wem Ethik und Recht etwas bedeuten, müsste ein solches Eingreifen aufs Schärfste verurteilen. So betont Ellen Brown, US-amerikanische Rechtsanwältin, Autorin und Vorsitzende der Denkfabrik Public Banking Institute:

> »Dank der Veröffentlichung der E-Mails von Hillary Clinton im Jahr 2016 wurde der [wahre] Grund für den Einmarsch der NATO in Libyen enthüllt. Es ging darum, die Schaffung einer unabhängigen harten Währung in Afrika zu verhindern, die den Kontinent aus seiner wirtschaftlichen Knechtschaft unter dem Dollar, dem IWF und dem französischen afrikanischen Franc befreit hätte. Diese [neue] harte Währung hätte es Afrika ermöglicht, die letzten schweren Ketten der kolonialen Ausbeutung abzuschütteln.«[516]

Um die hegemoniale Machtstellung des Dollars aufrechtzuerhalten, ist den USA offensichtlich jedes Mittel recht – bis hin zum Krieg, wie der US-amerikanische Wirtschaftsexperte Brent Johnson ausführlich dargelegt hat.

Geht es bei dem »Großen Umbruch«, wie ihn Klaus Schwab mit einem gewissen Sendungsbewusstsein anstrebt, im Wesentlichen um einen Umbruch, der den USA weiterhin ihre globale Dominanz sichert, selbst wenn dies auf Kosten der Wirtschaften der europäischen, aber auch der asiatischen und afrikanischen Länder geht?

Ein Wirtschaftsexperte erklärt mir die Geschehnisse

Einer meiner Bekannten, Experte in Wirtschafts- und Finanzfragen (der nicht genannt werden möchte), versicherte mir im Sommer 2022 wörtlich, dass der Zusammenbruch unseres Wirtschaftssystems gerade erst begonnen habe.

Ich fragte ihn: »Welche Konsequenzen zeichnen sich daraus für unser aller Leben ab?«

Er antwortete, eine Möglichkeit, die starke Inflationskrise zu vermeiden, bestünde darin, die Umlaufgeschwindigkeit hoch zu halten. (Die Umlaufgeschwindigkeit des Geldes gibt an, wie häufig die Geldmenge einer Volkswirtschaft innerhalb eines Jahres im Durchschnitt umgesetzt wird, also den Besitzer wechselt.)[517]

»Was sich aber in den letzten Jahren getan hat, ist eine drastische **Reduzierung** dieser Umlaufgeschwindigkeit ...«

»Und wie kam es dazu?«, fragte ich.

»Lockdowns, Kriegssanktionen ... klingelt's?«

Daraufhin meinte ich, dass dies doch gewiss kein gezielter Plan sein könne; mir klang ein solches von langer Hand geplantes Vorgehen zu sehr nach Verschwörungstheorie. Doch mein Bekannter bekräftigte, dass dies so vorgesehen war, weil das System inzwischen morsch geworden sei und ersetzt werden müsste. Nichts anderes propagiert Klaus Schwab mit dem »Großen Reset« seit Jahren. Denn dass das System »morsch sei und ersetzt werden müsse«, bekräftigten 2021 auch deutsche Wirtschaftsexperten – z.B. auf der Website der Deutschen Bank:

»Unser Geldsystem steckt in einem Existenzkampf, glaubt Daniel Stelter, der Showdown naht. Alternative Modelle sind schlechter oder unrealistisch. Darum hilft nur eins: Die Schulden müssen weg.«[518]

Mein Bekannter fügte noch hinzu: »Wenn die Umlaufgeschwindigkeit sinkt, das heißt, wenn die weltweite Wirtschaftstätigkeit zurückgeht, **steigt die Nachfrage nach dem Dollar drastisch an, und, was noch schlimmer ist, es gibt nicht genug Geld, um Waren, also Lebensmittel und Energie, zu kaufen.** Und das wird unweigerlich zu Hunger und damit zu Unruhen führen, wie sie in Sri Lanka stattgefunden haben – dann aber weltweit! Je höher die Nachfrage nach dem Dollar, desto mehr sind alle von ihm abhängigen Länder gezwungen, Geld zu drucken, das heißt, ihre Währungen abzuwerten. Wenn man beobachtet, wie stark der Euro in den letzten Monaten abgewertet hat und wie die Inflation weltweit ansteigt, hat dieser Prozess bereits begonnen. Niemand weiß, was passieren wird – wir befinden uns in beispiellosen Zeiten, und das Hauptproblem ist, dass es keine sicheren Alternativen gibt. Natürlich sind Gold und Bitcoin absolut zuverlässiger als Fiat-Währungen, aber auch diese spüren bereits die Auswirkungen. **Eine der konkretesten Möglichkeiten wäre, dass sich die schwächeren Länder den BRICS anschließen und den Dollar außen vor lassen.** Dies aber würde die Krise der **westlichen** Welt weiter vertiefen.«

Wir befinden uns, wie schon mehrmals betont, mitten in der von Klaus Schwab längst vorhergesehenen finanziellen und wirtschaftlichen Disruption, wie er sie in *Das große Narrativ: Für eine bessere Zukunft* kurz auf den Punkt bringt:

»Die Umwälzung wird kommen. Sie wird sowohl gut als auch schlecht, aber vor allem erheblich sein.«[519] (H.d.A.)

Für wen diese Umwälzung letztlich »eine bessere Zukunft« bringt, ist noch nicht entschieden, aber allem Anschein nach dürfte die Hegemonialmacht USA hier wieder einmal der Gewinner sein – und die meisten europäischen Länder werden unter den neuen Verhältnissen leiden. Viele Europäer, die mit diesen und weiteren disruptiven Entwicklungen künftig zurechtkommen müssen, werden die Züge, die auf dem weltweiten Schachbrett gespielt werden, nicht im Detail verstehen – es ist aber tröstlich zu beobachten, dass immer mehr Menschen das Narrativ, das uns die USA und die EU durch die Leitmedien auftischen, nicht mehr für bare Münze nehmen. Die Zahl der europäischen Bürger, die für eine Lockerung der Sanktionen gegen Putin sind, steigt stetig (Stand: Oktober 2022). Wenn man geplante disruptive Maßnahmen zu sehr forciert, rebellieren manchmal sogar die Lämmer, selbst wenn sie vorher lange Zeit alles schweigend oder achselzuckend hingenommen haben.[520]

Paolo Scaroni, ehemaliger CEO von Eni und Enel (italienische Energiekonzerne), derzeit stellvertretender Vorsitzender von Rothschild & Co. sowie Präsident des AC Mailand, gab der italienischen Finanztageszeitung *Il Sole 24 Ore* im September 2022 ein Interview und sprach dabei ausführlich über die Energiekrise und die Beziehungen zwischen Europa und Russland:

> »Der Konflikt in der Ukraine ist ein Konflikt, der mittels fossiler Brennstoffe eine neue Weltordnung schafft und dem wie bei jedem Konflikt durch Beschuss der eigenen Truppen Menschen zum Opfer fallen. […] Als die NATO beschloss, den Weg der Sanktionen einzuschlagen, saßen sehr unterschiedliche Länder am Tisch, von denen einige, wie die USA und Norwegen, von bestimmten Strategien profitieren können, während andere sehr viel verlieren werden. Was heute geschieht, war vorhersehbar, denn wie hätte Russland

> angesichts der schweren Sanktionen reagieren sollen, wenn nicht durch Erpressung mit Gas?«[521]

Noch deutlicher hat sich Emma Marcegaglia, ehemalige Präsidentin von Confindustria (die größte italienische Arbeitgeberorganisation), geäußert (ebenfalls im September 2022):

> »Die Situation ist so, dass amerikanische Unternehmer heute siebenmal weniger für Strom bezahlen als italienische Unternehmen – und das, obwohl die Befürworter der Sanktionen auf der anderen Seite des Ozeans sitzen. **Die Sanktionen sind de facto zu einem Instrument des unlauteren Wettbewerbs für die italienischen Erzeuger geworden. Die Unternehmen in Italien werden von ihren ›Freunden‹ in Übersee vernichtet, weil jeder die globale Krise für sich allein überstehen muss.**«[522] (H.d.A.)

Wie sich diese Krise auf Deutschland auswirkt, wurde am 20.10. 2022 am runden Tisch von Maybrit Illner erörtert. Auf die Frage der Moderatorin hat Siegfried Russwurm (Präsident des Bundesverbandes der Deutschen Industrie) seine Besorgnis folgendermaßen zum Ausdruck gebracht:

> »Die Fragen sind, was wir aus diesem Geschäftsmodell des Landes, des Industrielandes Deutschland, für die Zukunft machen – weil eines wissen wir, so günstig an Energie, wie wir das in den letzten Jahrzehnten alle miteinander, auch volkswirtschaftlich, gekommen sind, werden wir nicht mehr kommen. **Also damit ändert sich etwas für die Grundfesten dieses Industrielandes, für unsere internationale Wettbewerbsfähigkeit, und darüber müssen wir reden**, das ist sicher.«[523] (H.d.A.)

Seltsam ist, dass weder Unternehmer noch Finanzmanager und Wirtschaftswissenschaftler imstande waren, die sich am Horizont abzeichnende Katastrophe für die europäische Industrie vorherzusehen. Viele Menschen sprechen bereits von einem »wirtschaftlichen Selbstmord Europas«.[524] Diese Situation haben wir Bürger aber sicherlich nicht gewollt und erst recht nicht herbeigeführt. Hiermit wiederhole ich mich: Ist es das, worauf der Great Reset u. a. abzielt – die Wiedererstarkung des Dollars und der US-Wirtschaftselite, deren meiste Vertreter WEF-Partner sind? Es kommt nämlich einem so vor als, als würde die EU, eine der wichtigsten mit Klaus Schwab kooperierenden supranationalen Organisationen, gegen die europäischen Völker arbeiten, denn wie der Wirtschaftswissenschaftler und Unternehmer Fernando del Pino Calvo Sotelo in einem Artikel betont:

> »Die Unterwerfung der selbsternannten europäischen politischen ›Elite‹ unter die Vereinigten Staaten ist schlichtweg unfassbar. Tatsächlich scheint der wahre Verantwortliche für die Außenpolitik der EU nicht der amtierende Hohe Vertreter [der Spanier Joseph Borrell, wegen Insiderhandels verurteilt[525]] zu sein, sondern die Vereinigten Staaten von Amerika. Die europäische Außenpolitik verteidigt also nicht die Interessen der europäischen Bürger, sondern die der US-Regierung.«[526]

Sicher ist eines: Man lässt uns mit unseren Problemen im Regen stehen. Wir haben einfach »Pech gehabt«, so die Überschrift eines Kommentars im *Wall Street Journal* vom August 2022.[527] Unsere Vasallentreue gegenüber den USA und die amerikanische Dollar-Hegemonie kommen uns offenbar sehr teuer zu stehen. Wenn wir nicht schleunigst aufwachen, wird der »Große Umbruch« zahlreichen europäischen Ländern (und sehr wahrscheinlich auch dem »reichen Deutschland«) einen Dolchstoß versetzen – denn, wie es der belgische Premierminister Alexander De Croo im September 2022 ausdrückte:

> »Die EU-Wirtschaft riskiert Stillstand und Deindustrialisierung.«[528]

KAPITEL 8

EIN KURZER EXKURS IN DAS COVID-NARRATIV: ÜBERPRÜFUNG DER BÜRGER AUF IHRE GEFÜGIGKEIT

»Unsere Stiftung hat mehr als 10 Milliarden [in Impfstoffe] investiert, und wir sind der Meinung, dass die Rentabilität mehr als 20 zu 1 beträgt [aus 10 Milliarden wurden 200 Milliarden]. Wenn man sich also nur den wirtschaftlichen Nutzen ansieht, ist das eine ziemlich starke Zahl im Vergleich zu allen anderen.«
Bill Gates beim Weltwirtschaftsforum in Davos 2019 (Interview CNBC).[529]

Spulen wir die Zeit ein paar Jahre zurück: tödliche Lungenentzündungen in Wuhan, ein unbekanntes Virus, Fledermäuse, SARS-CoV-2, Angst in Europa, Covid-19, Pandemie. Eine unbekannte lebensgefährliche Krankheit wird in ein meisterhaft inszeniertes Narrativ eingebettet. Die Leitmedien berieseln die Menschen rund um die Uhr mit immer neuen Inzidenz- und Todeszahlen, was bei vielen panikartige Reaktionen auslöst, sodass sie allem folgen, was Vater Staat und Mutter EU ihnen an Grundrechteinschränkungen auferlegen. Lockdowns zum Beispiel – dabei hatten hochrangige Medizinprofessoren und Epidemiologen diese Maßnahme schon zu Beginn der Pandemie (wie in der Great-Barrington-Erklärung dargelegt) als sinnlos und sogar schädlich erkannt.[530]

Diese Erklärung wurde von den Professoren Sunetra Gupta, Jay

Bhattacharya und Martin Kulldorff initiiert (alle lehrende Forscher an den Universitäten Oxford, Stanford bzw. Harvard), die sich der herrschenden Meinung nicht beugten. Sie wurden jedoch sofort in die Ecke der schlimmsten Verschwörungstheoretiker gedrängt, weil sie »cognogens« verbreiten würden – das heißt gefährliche, nicht in der Realität verankerte Ideen.[531] Auf diese Weise wurden die wohlüberlegten und fundierten Kritiken anerkannter Wissenschaftler an den Maßnahmen der Regierungen einfach beiseitegefegt.[532] Immerhin haben ca. 50 000 Ärzte die Great-Barrington-Erklärung unterzeichnet, die u. a. von zahlreichen Studien in ihren Aussagen bestätigt werden konnte.[533]

Auch das Narrativ einer »hochtödlichen Krankheit« wurde aufrechterhalten – trotz der Tatsache, dass die Sterberate von Covid-19 kaum höher ist als bei epidemischen Grippewellen, was der weltweit anerkannte Epidemiologe Professor John Ioannidis bereits am Anfang der Pandemie nachwies[534] und was selbst Bill Gates einräumte, wenn auch erst Mitte 2022 (siehe Kapitel 3). Warum wurde trotzdem an diesem Narrativ so unbeirrt festgehalten? »Weil sich alle impfen mussten!«[535]

Die EU bestellte bei verschiedenen Pharmaherstellern neuartige Impfstoffe auf mRNA-Basis – eine Technologie, die seit vielen Jahren erforscht wird, aber immer wieder, so die einschlägigen Studien, an Grenzen gestoßen ist.[536] Trotzdem wurden diese Impfstoffe wie auch weitere in aller Eile zugelassen, da sie, wie die Regierenden und ihre Helfershelfer anfänglich behaupteten, die Ansteckungsgefahr unterbinden und damit der Verbreitung der Pandemie entgegenwirken bzw. bei den Geimpften zu einem leichteren Verlauf der Covid-Krankheit führen würden.[537] Es ist allerdings zu bedenken, dass es sich beispielsweise bei dem Pfizer/BioNTech-Impfstoff um mRNA-Stränge handelt, die in Nano-Lipide eingebettet sind – und Letztere zum Zeitpunkt der Impfstoffentwicklung eigentlich nur zu Forschungszwecken zugelassen waren.[538] Wer zögerlich auf diese neuartigen Impfstoffe reagierte oder sich vielleicht einfach etwas mehr Zeit nehmen wollte, um sich vor eventuellen Nebenwirkungen zu schützen, erhielt pauschal das Etikett »No-Vax« oder »Impfgegner« und wurde sofort als egoistisch, oft sogar als asozial oder unsolidarisch diffamiert,[539] weil die Impfung doch die Übertragung und somit die Pandemie aufhalten würde. Auf den sozialen Plattformen übertrafen sich die Kommentare über die »Impfgegner« an Aggressivität – einige Notfall-Krankenschwestern taten kund, dass sie Ungeimpfte nicht behandeln würden, und so mancher TikTok- oder Twitter-Nutzer äußerte den Wunsch, man solle erkrankten Ungeimpften unter dem Beatmungsgerät den Stecker ziehen.

Die Leitmedien hatten mal wieder ganze Arbeit geleistet und dem Narrativ dazu verholfen, Menschen so zu verblenden, dass sie die Freiheit Andersdenkender nicht nur nicht mehr respektierten, sondern ihnen mit ungezügeltem Hass entgegentraten – und das nur, weil sie selbstverantwortlich ihre individuellen Entscheidungen getroffen hatten. Das ist realer Faschismus, und zwar in seiner ursprünglichsten Form – nämlich auf mentaler Ebene. Die absolute Sicherheit, mit der viele Geimpfte über Ungeimpfte urteilten, ist in der Tat erstaunlich. So sagte zum Beispiel die Schauspielerin Heidelinde Weis in der Sendung »Kölner Treff« (WDR, 14.10.2022) über die Menschen, die in Deutschland gegen die Impfung protestieren:

> »[D]ie überlegen nicht, was sie tun, **die gehen auf die Straße und demonstrieren gegen Impfung** und ich kann … also … **sie sind wirklich zu prügeln, sind diese Menschen.**«[540]

Wenn man solche Worte und danach den Beifall der Studiobesucher hört, wird einem fröstelnd klar, wie weit ein gut verbreitetes Narrativ gehen kann und wie leicht es in den Menschen unverhohlen aggressive Emotionen gegenüber denen hervorrufen kann, die dem Staat und seinen Maßnahmen nicht folgen. Als demokratisch empfindender Mensch bekommt man dabei eine mentale Gänsehaut, denn so muss es wohl auch zu Beginn der Nazizeit gewesen sein. Ein Eindruck, der von mehreren Kommentatoren auf YouTube bestätigt wird, so zum Beispiel Silke Becker:

> »Unfassbar. Es macht mich traurig, wütend. Am schlimmsten ist der Applaus. Die Zustimmung erinnert mich an finstere Zeiten ...«[541]

(Die hinten verlinkte YouTube-Seite, auf der noch weitere Kommentare zu dieser Sendung zu lesen sind, wird dem Leser empfohlen).

Eine hasserfüllte Spaltung der Gesellschaft erleichtert es der Machtelite, der Durchsetzung ihrer inzwischen nicht mehr so verborgenen Ziele den Weg zu ebnen: Die Errichtung eines totalitären Systems, das man laut Experten entweder als »Feudaltechnokratie« oder »technokratische Plutokratie« bezeichnen könnte (siehe Kapitel 9).

Bleiben wir im Moment noch bei unserem konkreten Beispiel. Während der Covid-Pandemie ließen sich Menschen reihenweise bereitwillig impfen, selbst junge, die diese Krankheit kaum zu befürchten hatten. Sie taten es nur um ihrer Liebsten willen, also um Oma, Opa oder die Eltern vor einer Infektion zu schützen – denn »die Covid-Impfungen verhindern die Übertragung«, wie uns von Ärzten, Virologen und Politikern in den Nachrichten und in Talkshows pausenlos mitgeteilt wurde.

Jetzt, zwei Jahre später, erfahren wir Stück für Stück die Wahrheit: Zu Anfang der Pandemie hatte Pfizer mitnichten Nachweise dafür erbracht, dass die Impfung die Infektionskette unterbrechen würde. Somit haben all diejenigen, die (wie z. B. der ehemalige Gesundheitsminister Spahn) vollmundig verkündeten, die Impfungen würden die Ausbreitung der Pandemie stoppen, eindeutig irreführende Aussagen verbreitet.[542] Durch eine Studie, die Pfizer im Januar 2021 in Israel durchgeführt hatte,[543] konnte das Narrativ, Geimpfte seien nicht ansteckend, noch eine Zeit lang aufrechterhalten werden,[544] denn im April des gleichen Jahres hieß es dazu in der *Zeit:*

> »Jens Spahn kündigt Rücknahme der Einschränkungen für Geimpfte an
> Wer vollständig gegen Corona geimpft ist, soll dem Bundesgesundheitsminister zufolge bald Freiheiten zurückbekommen. Laut RKI können Geimpfte das Virus kaum weitergeben.«[545]

Diese Behauptung erfolgte trotz der Tatsache, dass zahlreiche Geimpfte am eigenen Leibe Gegenteiliges erlebt hatten – sehr viele von ihnen hatten sich nicht nur selbst infiziert, sondern das Virus auch auf andere Menschen übertragen (ich selbst wurde von einem dreifach Geimpften angesteckt). Ab Oktober 2021 war aber dann bekannt, dass, einmal angesteckt, Geimpfte wie Ungeimpfte die gleiche Viruslast aufweisen, wie eine umfangreiche Studie des Imperial College London im *Lancet* belegte.[546] Geimpfte Personen sind also grundsätzlich nicht minder ansteckend als Ungeimpfte, was durch weitere Forschungen bestätigt wurde.[547]

Das Narrativ, dass die Impfung die Übertragung blockiere, begann also zu bröckeln – aber in der Zwischenzeit hatte man europaweit den Impfpass bzw. das Impfzertifikat eingeführt und somit die »formale« Diskriminierung ungeimpfter Menschen durchgesetzt. Trotz neuer Studien wurde also weiterhin nur den Ungeimpften verboten, an Konzerten oder anderen Veranstaltungen teilzunehmen.[548]

Ganz Europa war von diesen und ähnlichen Diskriminierungsmaßnahmen betroffen – in Österreich zum Beispiel durften Ungeimpfte ihre Wohnung nur aus triftigen Gründen verlassen.[549] Noch im Januar 2022 meinte der französische Präsident Macron (ein Young Global Leader), er verspüre große Lust, die Ungeimpften mit einer Reihe von Maßnahmen »zu schikanieren«.[550]

Somit trug das Narrativ dazu bei, die Gesellschaft überall in zwei Lager zu spalten – in die Mehrheit der Bürger mit Impfzertifikat (teilweise bereits per Smartphone), die wieder alles durften, und die »bösen Ungeimpften«, die vom sozialen Leben ausgeschlossen wurden. Will man uns auf diese Weise langsam, aber sicher in eine technokratische Diktatur steuern, in der man sich besser den Regeln von oben fügt, wenn man seine Grundrechte weiter ausüben möchte?

Ein Kollege erklärte mir damals: »Die testen aus, wie weit sie gehen können und ob wir alle Lämmer sind.« Eine Kurzanalyse, die der Wahrheit sehr nahe kam, denn in einem Beitrag auf der WEF-Internetseite wurde 2022 explizit erwähnt, dass »**Covid-19 ein Test für die soziale Verantwortung**«[551] war (siehe dazu auch Kapitel 3).

Diese Prüfung haben die braven Bürger also bestanden; nun kann die Elite flächendeckend die digitale Identität und das digitale Geld einführen (siehe Kapitel 4). Die Bereitwilligkeit, digitale Impfzertifikate zu akzeptieren (ob grün, gelb oder andersfarbig) oder sich impfen zu lassen, »um endlich wieder in ein Restaurant und ins Theater gehen zu können«, zeigt deutlich, welchen psychologischen Druck die Regierungen auf die Menschen ausgeübt haben. Dies funktionierte nur, weil ein gekonnt verbreitetes Narrativ die Covid-Pandemie tief ins Bewusstsein der Menschen gerückt hatte.

Die gute Fee

Und wer hätte hier der Elite besser zuarbeiten können als eine Klaus Schwab und dem WEF nahestehende Person? Die EU-Kommissionspräsidentin Ursula von der Leyen hat viele Steuermilliarden in die Entwicklung fragwürdiger Impfstoffe gesteckt und Geheimverträge mit dem Pharmaunternehmen Pfizer unterzeichnet (das wegen illegalem Marketing vor Jahren verurteilt worden ist, wobei Bestechungsgelder eine Rolle spielten).[552]

Von der Leyen, selbst ausgebildete Ärztin, hat bei Pfizer/BioNTech 1,8 Milliarden Dosen des Impfstoffes Comirnaty bestellt.[553] Zählt man die Bestellungen bei den Herstellern Astra Zeneca, Moderna etc. hinzu, hat sie insgesamt Verträge zur Bereitstellung von 4,2 Milliarden Impfstoffdosen auf den Weg gebracht.[554]

Was für ein Segen – damit stünden jedem EU-Bürger (selbst Neugeborenen) rund zehn Impfungen zu. Als EU-Abgeordnete Einsicht in die Pfizer-Verträge beantragten, stießen sie auf über 100 Vertragsseiten mit Schwärzungen, wobei einige Seiten fast komplett unlesbar waren, wie in mehreren YouTube-Videos zu sehen.[555] (Das im Anhang unter Endnote »556« erwähnte Video zeigt eine englischsprachige Pressekonferenz mit dem rumänischen EU-Parlamentsabgeordneten Cristian Terheş, die anzuschauen ich jedem nur empfehlen kann.)[556]

Dass die EU mit Ausnahme einiger Parlamentarier alles andere tut, als die Demokratie zu fördern, sollte inzwischen fast jeder begriffen haben, denn an die wichtigsten Informationen kommen wir schlicht nicht heran. Keine Transparenz – und dies angesichts eines Impfstoff-Deals mit Pfizer/BioNTech, der immerhin 35 Milliarden Euro an Steuergeldern verschlingt[557] und in einer Phase abgeschlossen wurde, in der das Risiko für Korruption sehr hoch war. Selbst die UN hat das erkannt:

> »Die Bekämpfung der Korruption ist in Krisenzeiten eine Priorität. Dieses Konzept wurde in der Erklärung zur Korruption im Kontext von COVID-19, vom Generalsekretär im Oktober 2020 veröffentlicht. […] Er stellte auch fest, dass die Pandemie neue Möglichkeiten für Korruption schafft.«[558]

Gehen wir diese doch sehr an italienische Korruptionsaffären ähnelnden Vorgänge der Reihe nach durch: 2021 schreibt die *New York Times,* dass der Vertrag zwischen der EU und Pfizer/BioNTech über persönliche (SMS- und Messenger) Kontakte zwischen Ursula von der Leyen und Albert Bourla lief und dieser Schriftverkehr für den Deal entscheidend war. Daraufhin stellte Alexander Fanta, Journalist von *Netzpolitik.org,* im Rahmen der Transparenz-Verordnung der EU eine Anfrage auf Nachweise über diese schriftlichen Kontakte. Die EU-Kommission (bestehend aus Vertretern der jeweiligen Mitgliedsstaaten und nominiert auf Vorschlag der Kommissionspräsidentin),[559] weigerte sich, die Nachrichten herauszugeben,[560] was die EU-Bürgerbeauftragte O'Reilly scharf kritisierte.[561] Auch bekamen die Abgeordneten keinen Zugang zu den abgeschlossenen Verträgen. Daraufhin reichten im April 2022 mehrere EU-Abgeordnete der Grünen beim Europäischen Gerichtshof Klage gegen die intransparenten Milliardenkäufe ein:

> »Die Klage folgt auf die wiederholte Weigerung der EU-Kommission, ungeschwärzte Fassungen der Verträge vorzulegen.« [562]

Die fünf Klägerinnen, darunter Jutta Paulus aus Deutschland, forderten die Offenlegung der Preise für die Impfdosen, der Vorauszahlungen sowie der Bedingungen für Impfstoffspenden, denn, so Paulus,

> »Käufe, die mit öffentlichen Geldern getätigt werden, sollten mit öffentlichen Informationen einhergehen, insbesondere in Gesundheitsfragen.«[563]

Recht hat sie – vor allem in diesem Fall, wo uns die Elite und ihre Helfershelfer mit schier unerträglicher Dreistigkeit daran hindern zu erfahren, wie mit unseren Steuergeldern umgegangen wird. Am 14. Oktober 2022 machte dann die Europäische Staatsanwaltschaft, die ja von der EU finanziert wird, eine überraschende Ankündigung:

> »Die Europäische Staatsanwaltschaft (EPPO) bestätigt, dass sie Ermittlungen über den Erwerb von Covid-19-Impfstoffen in der Europäischen Union führt.«[564]

Und diese Bekanntmachung erfolgte, wie die Behörde betonte:

> »aufgrund des extrem hohen öffentlichen Interesses«.[565]

Ein Interesse, das dadurch motiviert ist, dass 71 Milliarden Euro[566] unserer Steuergelder für den Kauf fragwürdiger Impfstoffe ausgegeben wurden, von denen Pfizer/BioNTech fast die Hälfte (35 Milliarden Euro) zugesichert wurden. Die Aufnahme der Ermittlungen seitens der EU-Staatsanwaltschaft ist mehr als begründet; vermutlich (Stand: Oktober 2022) geht es um den Deal mit Pfizer/BioNTech, denn hier wurde ein Vertrag über 1,8 Milliarden Dosen Impfstoff geschlossen, der nicht den vereinbarten Regeln entspricht, wie *Die Welt* darlegt:

> **»Dies war der einzige Vertrag, bei dem das gemeinsame Verhandlungsteam entgegen dem Beschluss der Kommission über die Beschaffung von Covid-19-Impfstoffen nicht in diese Verhandlungsphase einbezogen wurde.«**[567] (H.d.A.)

Alexander Fanta, der diese Affäre dank der *New York Times* vermutlich ins Rollen gebracht hat, präzisierte dazu auf *Netzpolitik.org:*

> Während die EU für die ersten Lieferungen pro Dosis 15,50 Euro bezahlte, **stiegen die Kosten nach dem persönlichen Kontakt zwischen von der Leyen und dem Konzernchef auf 19,50 Euro pro Dosis**, wie die *Financial Times* nach Einsicht in Teile der Verträge berichtete. **Die EU könnte Pfizer rund 31 Milliarden Euro zu viel bezahlt haben, glaubt die People's Vaccine Alliance, ein Bündnis humanitärer Organisationen.** Sie verweist auf eine Untersuchung des Imperial College London, nach der eine einzelne Dosis des Impfstoffs für weniger als drei Euro hergestellt werden könne – die Differenz wäre ein immenser Profit für die Pharmafirma.[568] (H.d.A.)

Anscheinend hatte Ursula von der Leyen schon seit Jahren ein Faible für intransparente Vorgänge: Als der Untersuchungsausschuss zur Beraterafäre die Verträge unter die Lupe nahm, die während ihrer Zeit als Verteidigungsministerin erfolgt waren, kam er zu dem Schluss, dass von der Leyen zwar keinen der problematischen Verträge selbst unterzeichnet hatte, aber vermutlich doch über einige der Deals informiert worden war.[569] Man kann sich jedenfalls nur schwer vorstellen, dass sie von diesen nichts wusste, insbesondere von dem Millionenauftrag an die Firma Orphoz, Tochter des US-Beratungsunternehmens McKinsey[570] (strategischer Partner des WEF): Dieser Vertrag wurde ohne Ausschreibungsverfahren erteilt, und zwar von der BWI GmbH, die eine 100-prozentige Bundesgesellschaft ist und dem Verteidigungsministerium Rede und Antwort stehen müsste.

Als Ursula von der Leyen dann EU-Kommissionspräsidentin wurde, war sie sich ihrer festgefügten Rolle innerhalb der Elite und somit ihrer noch größeren Unantastbarkeit vermutlich bewusst und leitete den Deal mit Pfizer/BioNTech selbst ein.

Angesichts der Unmengen an bestellten Impfungen wurden den Pharmafirmen inzwischen insgesamt immense Summen an öffentlichen Geldern zugesagt, denn:

> »(b)islang hat die EU-Kommission bis zu 4,2 Milliarden Dosen Corona-Impfstoff gesichert. Verhandlungen über zusätzliche Dosen sind derzeit im Gange.«[571]

So wie diese Ankündigung auf der Internetseite der EU-Kommission formuliert ist (man beachte das Wort »gesichert«), sollte man wohl große Dankbarkeit empfinden. Aber Moment: Wozu braucht man angesichts der derzeitigen Lage überhaupt 4,2 Milliarden Impfdosen – und nun offenbar noch weitere? Die Anzahl der EU-Bürger (samt Neugeborenen) beträgt knapp 450 Millionen. Wie oben bereits erwähnt, wären das zehn Impfdosen pro Person. Dabei ist doch eigentlich das Ende der Covid-Pandemie in Sicht, wie selbst die WHO im September 2022 signalisiert hat,[572] das heißt vier oder höchstens fünf Impfdosen pro Kopf könnte man noch nachvollziehen – aber zehn?

Mit unseren Steuergeldern haben sich einige Pharmafirmen ganz einfach eine goldene Nase verdient, insbesondere Pfizer/BioNTech, AstraZeneca und Moderna (die beiden Ersteren gehören zu den **strategischen** Partnern des WEF, während Letztere als **normaler** Partner gelistet ist).[573]

Die Mechanismen hinter diesen Verträgen müssten eigentlich jeden empören, da sich die Pharma-Elite damit auf unsere Kosten noch weiter bereichern kann. Einen Teil der 71 Milliarden Euro für die Bereitstellung von Impfstoffen hätte man doch wirklich besser investieren können, beispielsweise um endlich die Gesundheitssysteme auf Vordermann zu bringen – etwa dadurch, dass man insgesamt mehr Betten verfügbar macht, mehr Pflegepersonal einstellt, diese Menschen besser bezahlt, die Wartezeiten in den Krankenhäusern reduziert und die Ärzte nicht mehr an Bürokratie ersticken lässt.

Leider sind das nur utopische Vorstellungen, denn die Realität ist eine andere. Die EU ist nämlich eine supranationale Organisation, die sich weigert, Kaufverträge über solche Impfstoffe offenzulegen, die europaweit die Übertragung durch Geimpfte nicht unterbinden konnten und bei einer nicht mehr zu vernachlässigenden Zahl von Menschen zu gravierenden Nebenwirkungen und Langzeitschäden geführt haben – und bei einigen jungen Menschen sogar zum Tod.[574] Die Grundsätze des verantwortungsvollen medizinischen Handelns wurden in der Covid-Zeit also massiv gebrochen, wie in der Heidelberger Ärzteerklärung zu lesen ist.[575]

Die absolutistische Art, mit der die EU-Kommission sich weigert, die Vorgänge um die Verträge mit Pfizer/BioNTech ungeschwärzt offenzulegen (Stand Oktober 2022), erinnert schon recht stark an diktatorische Regierungsformen. Bedarf es noch weiterer Beweise, um zu verstehen, dass wir bereits in einer Plutokratie leben, in der de facto die Reichen regieren, ohne uns Rechenschaft schuldig zu sein? Auf einer Pressekonferenz sagte der oben schon erwähnte rumänische EU-Abgeordnete Cristian Terheş:

> »Der Unterschied zwischen Tyrannei und Demokratie ist sehr einfach. Wenn die Regierung alles über Sie weiß, ist das Tyrannei. Ich weiß, wie es ist, in einer Tyrannei zu leben. Demokratie ist, wenn Sie alles über Ihre Regierung wissen.«[576]

... und wie viel wissen wir von unserer Regierung – geschweige denn von der EU?

KAPITEL 9

»DIE ANGST DER MACHTELITEN VOR DEM VOLK«[577]

»Eine Regierung ist nicht der Ausdruck des Volkswillens, sondern der Ausdruck dessen, was ein Volk erträgt.«[578]
Kurt Tucholsky

Technologische Innovationen sind für Klaus Schwab der einzige Treiber für einen Staat, um wirtschaftlich erfolgreich zu sein und sich somit seine Vorherrschaft zu sichern, wie im Falle der USA.[579] Der Haken ist nur, dass Roboter und KI dort (und auch anderswo in der Welt) zu massiver Arbeitslosigkeit führen werden. In den USA haben Wissenschaftler bereits 2013 prognostiziert, dass um 2030 herum etwa 47 Prozent der Bevölkerung ihres Landes arbeitslos sein werden.[580] Weniger dramatisch sind die Ergebnisse einer 2018 von der OECD erstellten Analyse, wonach in den 32 Ländern dieser Organisation in den nächsten Jahren insgesamt immerhin 14 Prozent der Arbeitsplätze verloren gehen werden.[581] Dass auch in der Mittelklasse durch Innovationen immer mehr Arbeitsplätze vernichtet werden, gab in einem Interview (2021) selbst der Technologiefan Klaus Schwab zu.[582]

Diese Entwicklung wird aber mit größter Sicherheit zu Protesten führen, wie die Allianz voraussieht.[583] Und genau dieser Aspekt wird von Klaus Schwab nachdrücklich betont – in seinen Büchern warnt er vor möglichen Unruhen und wiederholt ständig, dass sich die Regierenden darauf vorbereiten müssen. Und wie kann man sich am besten auf diese Unruhen vorbereiten? Indem man die Bürger immer mehr einer flächendeckenden Kontrolle unterwirft. In einem *Spiegel*-Artikel hatte schon 2013 Sascha Lobo just darauf verwiesen:

> »Die digitale Totalüberwachung verfolgt ein Ziel:
> den Kontrollstaat, in dem nicht Bürger den Staat kontrollieren, sondern umgekehrt.«[584]

Staatlich befördeter Überwachungskapitalismus wäre wohl eher der richtige Begriff für ein Konzept, dessen Umsetzung bereits unaufhaltsam in Gang ist und sich gewiss weiter konsolidieren wird. Ein Konzept, das das unausgesprochene Ziel der Kapitalelite – eine technokratische Plutokratie – treffend beschreibt.

In seinem Buch *Die Vierte Industrielle Revolution* plädiert Klaus Schwab für die Notwendigkeit einer stärkeren Kontrolle über die Bürger und begründet dies damit, **dass die neuen Technologien kleineren Gruppierungen und selbst Einzelnen zu viel Macht geben** (siehe unten). Damit sagt er genau das Gegenteil dessen, wie es sich tatsächlich verhält – denn wer die Macht hat, ist bekanntlich die Kapitalelite. Vielleicht ist dies eine Strategie, um gewisse Vorhaben besser zu erreichen (u. a. durch die globale Umsetzung einer weit ausgedehnten Kontrolle, etwa auf dem Weg über Smart Cities etc.). So lässt Schwab seine elitären Freunde wissen:

> »Zweifellos ist das Regieren heute schwieriger als früher. […]
> **›Mikromächte‹ können heute Handlungsspielräume von ›Makromächten‹ wie Nationalstaaten einschränken.**
> Viele der Schranken, die die Machtposition der öffentlichen Gewalt schützten, sind im digitalen Zeitalter gefallen, wodurch die Effizienz und Effektivität des Handelns staatlicher Institutionen vermindert wird. **Die Regierten beziehungs-**

weise die Öffentlichkeit sind immer besser informiert und werden immer anspruchsvoller. Die WikiLeaks-Saga – eine kleine nicht-staatliche Organisation bietet einer Supermacht die Stirn – verdeutlicht die Asymmetrie des neuen Machtparadigmas und den Vertrauensverlust, der damit einhergeht.«[585] (H.d.A.)

Schon die Wortwahl ist hier entlarvend. Die von Julian Assange (ein echter Journalist und kein Vasall)[586] veröffentlichten Enthüllungen der Machenschaften der politischen Elite werden von Klaus Schwab als eine Saga (»endlose Geschichte«) abgestempelt, also zu einer Art Erzählung degradiert, die das Vertrauen in die Regierenden untergräbt. Und das ist der springende Punkt: Die Bürger sollen den Regierenden vertrauen (was Schwab nicht müde wird zu betonen), denn nur dann können sie von Letzteren gewissermaßen hypnotisch dahingehend manipuliert werden, bestimmte Narrative zu verinnerlichen (siehe dazu die Publikation *Die hypnotisierte Gesellschaft*). Besonders gut funktioniert das, wenn man den kapitalistischen Überwachungsstaat grün anstreicht.[587]

Haben die Eliten und ihre Sprachrohre also eigentlich Angst vor uns, den Bürgern, wie Professor Rainer Mausfeld bereits vor vielen Jahren detailliert darlegte?[588] Oder haben Klaus Schwabs Warnungen vor möglichen Unruhen den Zweck, eine totalitäre technokratische Kontrolle der Bürger schnellstmöglich global durchzusetzen?

In *Covid-19 – der Große Umbruch* (2020) schreibt er:

»In dem Buch *Chronik eines angekündigten Todes* von Gabriel Garcia Marquez sieht ein ganzes Dorf eine drohende Katastrophe voraus, und doch scheint keiner der Dorfbewohner in der Lage oder willens zu sein, sie zu verhindern, bis es zu spät ist. **Wir** [das heißt die Elite] wollen nicht dieses Dorf sein. Um ein

> solches Schicksal zu vermeiden, müssen wir unverzüglich den Großen Umbruch in Gang setzen. **Dies ist kein ›netter Versuch‹, sondern eine absolute Notwendigkeit.** Wenn es uns nicht gelingt, die tief verwurzelten Missstände in unseren Gesellschaften und Wirtschaftssystemen anzugehen und zu beheben, könnte das Risiko zunehmen, dass wie so häufig in der Geschichte **letztlich ein Umbruch durch** gewaltsame Erschütterungen wie Kriege oder gar **Revolutionen erzwungen wird.**«[589] (H.d.A.)

Wie sehr sich die Elite vor möglichen Bürgerprotesten fürchtet, zeigt auch die Tatsache, dass der Internationale Währungsfonds (IWF) im Jahr 2021 erstmals einen »Index der gemeldeten sozialen Unruhen« erstellt hat, der 2022 weitergeführt wurde. Auf der Blogseite des IWF ist in einem Artikel vom Mai 2022 zu lesen:

> »Nachdem die Proteste der Bevölkerung im ersten Jahr der Pandemie eine Pause eingelegt hatten, gehen die Menschen wieder auf die Straße. **In diesem Jahr kam es in einigen fortgeschrittenen Volkswirtschaften, in denen relativ selten Unruhen auftreten, zu großen und lang anhaltenden Demonstrationen gegen die Regierung, etwa in Kanada und Neuseeland.** Und in mehreren Schwellen- und Entwicklungsländern haben Staatsstreiche und Verfassungskrisen breite Proteste ausgelöst. Ein neuerer Analysebericht des IWF zielt darauf ab, die wirtschaftlichen Ursachen und Kosten solcher Unruhen zu verstehen. [...]
> **In den kommenden Monaten könnten zwei wichtige Faktoren zu einem erhöhten Risiko künftiger Unruhen führen**. Erstens könnten die pandemiebedingten Hemmnisse für Proteste abnehmen, wenn die Regierungen die Beschränkungen lockern und die öffentliche Besorgnis schwindet,

> sich in Menschenmengen mit COVID anzustecken. Und **zweitens könnte die Frustration der Öffentlichkeit über steigende Lebensmittel- und Kraftstoffpreise zunehmen. Obwohl die wirtschaftlichen Ursachen für zivile Unruhen komplex sind und Aufstände außerordentlich schwer vorherzusagen sind, wurden in der Vergangenheit starke Preissteigerungen bei Lebensmitteln und Treibstoffen mit häufigeren Protesten in Verbindung gebracht**.«[590] (H.d.A.)

Diese Proteste, so kann man dort weiterlesen, können die globale Wirtschaft schwächen. Die Lage ist ernst; genau aus diesem Grund ist die Elite eben sehr daran interessiert, die technokratische Kontrolle durch Hightech-Innovationen (wie Smart-ID, digitale Währungen u. a.) möglichst rasch voranzubringen.

So will die Polizei in Kalifornien zum Beispiel Robotern die Lizenz zum Töten geben:

> »Das San Francisco Police Department (SFPD) hat neue Vorschriften ausgearbeitet, die es ihm ermöglichen, militarisierte Roboter einzusetzen, um bei Bedarf tödliche Gewalt gegen kriminelle Verdächtige anzuwenden.«[591]

Einige der Partner des WEF wie z. B. Paypal beginnen, die sich eröffnenden diktatorischen Möglichkeiten bereits auszukosten (und versuchen sich anschließend mit banalen Argumenten aus der Affäre zu ziehen):

> »Das Online-Zahlungsnetzwerk PayPal hat im Hinblick auf eine umstrittene Richtlinie zurückgerudert. Diese sah vor, dass gegen Nutzer wegen der Verbreitung von ›Falschinformationen‹ eine Geldstrafe in Höhe von 2500 US-Dollar verhängt werden kann. Die Zahlungsplattform behauptet, diese Aktua-

> lisierung der Richtlinie sei ›irrtümlich‹ veröffentlicht worden. Die nun zurückgezogene Klausel in Bezug auf Falschinformationen sollte am 3. November in Kraft treten und hätte ›das Senden, Posten oder Veröffentlichen von Nachrichten, Inhalten oder Materialien‹ verboten, die ›Falschinformationen fördern‹.
> […] David Marcus, CEO von Lightspark und ehemaliger Präsident von PayPal, bezeichnete es als ›Irrsinn‹, dass ›**ein privates Unternehmen jetzt entscheiden kann, Ihr Geld zu nehmen, wenn Sie etwas sagen, mit dem es nicht einverstanden ist**‹.
> Tesla-CEO und ehemaliger PayPal-Mitbegründer Elon Musk antwortete auf Marcus' Tweet mit ›Da stimme ich zu.‹«[592]

Weitere Kommentare zu diesem Fall wurden auf Twitter gepostet, u. a. von Sid Powell, dem Mitbegründer von Maple Finance, der die uns bevorstehenden Gefahren klar aufzeigt:

> »PayPal ist ein gutes Beispiel dafür, warum Sie Ihr eigenes Geld in Verwahrung nehmen müssen. **Früher waren Ihre Finanzen von der freien Meinungsäußerung entkoppelt**. Jetzt ist die Verwahrung Ihrer eigenen Mittel die einzige Möglichkeit, sich dieses Recht zu sichern.«[593]

Aber genau das wird vermutlich dann schwierig werden, sobald der Staat die digitale und programmierbare Währung herausbringt. Dies ist ein lang gehegtes Projekt der WEF-Elite,[594] das nun fast gleichzeitig auch von der EU[595] und den USA[596] implementiert wird und dem Staat die »totale Kontrolle« ermöglichen kann. Dies behauptet keineswegs ein Verschwörungstheoretiker, sondern Agustín Carstens, General Manager der Bank für Internationalen Zahlungsausgleich (BIZ), über digitales Zentralbankgeld.[597]

Laut dem *MDR* wäre der digitale Euro unter vielen Gesichtspunkten etwas Besonderes:

> »Nicht der Besitzer, also ich, sondern der Eigentümer, also die EZB, würde das Recht haben, die zum gesetzlichen Zahlungsmittel erklärten digitalen Euros in einer digitalen Geldbörse nach eigenem Ermessen bereitzustellen, mit Strafzinsen zu belegen oder einzuziehen und zu vernichten.«[598]

Zur diktatorischen Maßnahme wird die Einführung des digitalen Euro insbesondere dann, wenn die EU und/oder andere Staaten sich überlegen sollten, das Bargeld abzuschaffen und das bereits jetzt existierende digitale Kryptogeld zu verbieten.

KAPITEL 10

VON DER DEMOKRATIE ZUM TECHNOFEUDALISMUS

»Der immanente Irrsinn der Globalisierung bringt Wahnsinnige hervor, so wie eine unausgeglichene Gesellschaft Delinquenten und Psychopathen erzeugt.«[599]
Jean Baudrillard

Nach den zahlreichen Informationen und Fakten, die in diesem Buch aufgeführt wurden, scheint es angebracht, die Gefahren, die wie eine Lawine insbesondere auf die jüngeren Generationen zurollen, noch einmal zusammenfassend darzulegen: KI, Roboter und Biotechnologie – also einige der technologischen Innovationen, die den Great Reset und die vierte industrielle Revolution ausmachen – werden die Spezies Mensch vermutlich zu transhumanistischen bzw. »überflüssigen« Subjekten machen.

Diese Aussage mag erscheinen, als stamme sie aus einem abgedroschenen Science-Fiction-Roman, aber dem ist partout nicht so. Sie könnte leider zu einer äußerst wahrscheinlichen Realität werden, die die zukünftigen Generationen einholen wird – und zwar schneller als vermutet, wie der angesehene israelische Historiker Professor Yuval Noah Harari uns mitzuteilen seit Jahren nicht müde wird (hierzu sei auf seine Vorträge und Interviews verwiesen, die fast alle auf *YouTube* zu finden sind).

Auch Klaus Schwab hat mehrmals betont, dass wir uns bereits inmitten der vierten industriellen Revolution befinden und dass diese unser Leben in jedem Aspekt umwälzen wird. Der Große

Umbruch, längst operativ, wird uns viele unserer seit Jahrhunderten erkämpften Grundrechte wegnehmen, insbesondere unsere Freiheit. Wir werden zwar die Freiheit haben zu gendern, aber nicht mehr die Freiheit, ohne Angst unsere Meinung zu äußern, denn wie der eine oder andere schon erfahren hat, ist es bereits heute schwierig, eine andere als die Mainstream-Meinung zu vertreten.

> »Eine aktuelle Allensbach-Umfrage [2021] kommt zu dem Ergebnis, dass die Mehrheit der Deutschen die Meinungsfreiheit in Gefahr sieht. Nur 45 Prozent der Befragten haben demzufolge das Gefühl, die politische Meinung könne frei geäußert werden. Das ist der niedrigste Wert in einer solchen Allensbach-Umfrage seit 1953.«[600]

Der finale Angriff auf die Demokratie

Die Mehrzahl von uns ist fest davon überzeugt, in einer Demokratie zu leben. Wir können uns absolut nicht vorstellen, dass unsere Gesellschaft längst von einer Oligarchie[601] bzw. einer technokratischen Plutokratie[602] beherrscht wird, und dies trotz der Tatsache, dass deren autoritäre Züge immer evidenter werden. Dass wir bereits heute nicht mehr in einer Demokratie leben, behaupten nicht etwa irgendwelche Systemnörgler oder Politiker-Basher, sondern dies bestätigen auch fundierte wissenschaftliche Studien.

Um eine zusammenfassende Darstellung der disruptiven Folgen der vierten industriellen Revolution und des Great Reset zu machen, muss man sich im Geiste zuerst von der einlullenden und leitmedienmäßigen Rhetorik befreien, mit der unsere so gepriesene Demokratie gemeinhin beschrieben wird. Erst dann lässt sich eine nach wissenschaftlichen Methoden durchgeführte Realitäts-Analyse vornehmen.

Bereits vor Jahrzehnten hätte uns klar sein müssen, dass weder das vom Volk gewählte Parlament noch die Regierung die Zügel in der Hand halten, denn bei dem jährlichen Treffen des Weltwirtschaftsforums in Davos sagte schon 1996 Hans Tietmeyer, der damalige Präsident der Deutschen Bundesbank, vor versammelter Elite folgende Worte:

> **»Ich habe bisweilen den Eindruck, dass sich die meisten Politiker immer noch nicht darüber im Klaren sind, wie sehr sie bereits heute unter der Kontrolle der Finanzmärkte stehen und sogar von diesen beherrscht werden.«**[603] (H.d.A.)

Wenn einer der elitenahen Finanzexperten bereits 1996 ebenso wahrheitsgemäß wie unverblümt erklärte, dass die Finanzmärkte die Länder regieren und die Entscheidungen der Politiker somit nichts anderem als dem Willen der Kapitalelite entsprechen – warum wachen wir um Himmels willen nicht auf? Warum lässt es die Gesellschaft zu, dass eine Handvoll Mächtiger über das Schicksal der Bürger bestimmt? Kritische Stellungnahmen seitens der Globalisierungskritiker hat es schon immer gegeben. Zu dieser Minderheit gehört auch der Schweizer Jean Ziegler, der damals fassungslos meinte:

> »Die Staatschefs, Ministerpräsidenten und Minister, unter ihnen viele Sozialisten, akzeptierten wie selbstverständlich die Fremdbestimmung der Volkssouveränität durch die spekulative Warenrationalität des globalisierten Finanzkapitals.«[604]

Fremdbestimmung der Volkssouveränität ... Diese Art weicher Coup d'Etat war also bereits Mitte der 1990er-Jahre durchschaut worden – und eigentlich sogar schon viel früher, denn der US-amerikanische Präsident Woodrow Wilson war bereits im zweiten

Jahrzehnt des letzten Jahrhunderts, also genau vor 100 Jahren, zu diesem Schluss gekommen:

> **»Die Regierung, die für das Volk gedacht war, ist in die Hände der Bosse und ihrer Arbeitgeber, der Sonderinteressen, geraten. Ein unsichtbares Imperium wurde über die Formen der Demokratie errichtet.«**[605] (H.d.A.)

Und was tun wir, der sogenannte Souverän? Eben das, was die meisten Menschen immer tun: kurz die Entrüstungsflamme aufflackern lassen, um sich dann sofort wieder schweigend in die einschläfernde Wohlfühlblase zurückzuziehen.

Wir sind nun mal Lämmer, so zumindest nach Rainer Mausfeld (emeritierter Professor der Psychologie an der Universität Kiel). Es hilft auch nicht viel, dass ein vom Volk gewählter Politiker mal wieder Tacheles redet, wie es ganz beiläufig der ehemalige Bayerische Ministerpräsident Horst Seehofer am 20. Mai 2010 in einer ZDF-Sendung tat:

> **»Diejenigen, die entscheiden [...] sind nicht gewählt, und die, die gewählt werden, haben nichts zu entscheiden.«**[606] (H.d.A.)

Deutlicher kann man die Lage in unseren Demokratien wohl nicht beschreiben. Hier sei nochmals betont, dass es sich bei all diesen hochrangigen Menschen nicht um Verschwörungstheoretiker handelt, sondern um Personen, die der elitären Macht sehr nahestanden und deren direkten Einfluss hautnah erfahren haben.

Die Elite (also eben auch jene, die sich Jahr für Jahr in Davos versammelt) »regiert« mittels ihrer Helfershelfer – und teilt uns das sogar ziemlich unverhüllt mit. So wie zum Beispiel Klaus Schwab in seinem Buch *Das große Narrativ*, in dem es angesichts der uns erwartenden Probleme darum geht, drastische Entscheidungen zu treffen:

> »All diese neuen Maßnahmen werden sich an bisher ungekannte Beschränkungen anpassen müssen, insbesondere in weniger wohlhabenden Ländern. Chandran Nair hat diesen Punkt sehr deutlich gemacht und auf die zunehmende Rolle des Staates hingewiesen, die weiter unten angesprochen wird: ›Ich denke, die Vorstellung, dass bis 2050 sechs Milliarden Asiaten danach streben können oder sollten, wie Europäer und Amerikaner in einem konsum- und ressourcenintensiven Modell zu leben, ist im Grunde eine große Lüge, **und deshalb müssen wir neu definieren, wie diese Menschen in einer Welt mit Klima- oder Kohlenstoffeinschränkungen Zugang zu Grundrechten haben**. […] **Wir** können dem nicht mit frommen Erklärungen und Marktinstrumenten begegnen, sondern **müssen drakonische Regeln anwenden.** Und diese Regeln werden nicht von den Märkten, sondern nur von gesellschaftlichen Institutionen, sprich vom Staat, aufgestellt.‹«[607] (H.d.A.)

Somit ist bereits heute klar, was die WEF-nahe Elite vorhat: Regierungen dazu zu bringen, drakonische Regeln zu verabschieden, die unsere Grundrechte weiter einschränken – denn wie Horst Seehofer ja bereits vor zehn Jahren sagte: »Diejenigen, die entscheiden […] sind nicht gewählt, und die, die gewählt werden, haben nichts zu entscheiden.« Die hier erneut zitierte entlarvende Bemerkung war ihm seinerzeit wohl nur so herausgerutscht; in der Zwischenzeit hat sich die Schieflage der kapitalistischen Demokratie weiter akut verschärft, und somit ist diese Regierungsform in vielen westlichen Staaten zu einem hauptsächlich **monopolbildenden und der Elite dienenden System** verkommen (von den sieben »Big-Oil«-Konzernen sind jetzt nur noch sechs übrig, vier Konzerne teilen sich seit einigen Jahren den weltweiten Saatgutmarkt und die mittleren Tech-Firmen wurden inzwischen fast alle von der Handvoll Tech-Giganten aufgefressen).

Die zunehmend verschärfte Monopolisierung wird offenbar gar nicht bemerkt, da wir von der angebotenen Vielfalt geblendet werden (von Lippenstiften über Duschgels bis zu Autos) und somit an eine demokratische, polypolistische Marktstruktur glauben.

Demokratien sind also zu Systemen verkommen, die hauptsächlich der Elite zuarbeiten und somit deren Machtkonzentration vergrößern. Das Unerhörte daran ist, dass wir im Namen dieser Demokratie-Farce alles akzeptieren, was uns die Regierenden, also die ausführenden Organe der Elite, aufoktroyieren. So entwickeln sich aus den Restgebilden der Demokratien Zug um Zug repressive Staatsformen, denn wie Professor Mausfeld bereits 2017 darlegte, befinden wir uns schon jetzt in einer postdemokratischen Elite-Herrschaft:

> »Die vorliegenden Analysen, wie sie insbesondere in dem Bereich der Macht-Struktur-Analyse durchgeführt wurden, zeigen, dass die tatsächlichen Zentren politischer Macht weit außerhalb jeder demokratischen Kontrolle liegen und zugleich praktisch alle grundlegenden politischen Entscheidungen bestimmen. Obwohl sie im Binnenverhältnis ganz unterschiedliche Interessen aufweisen können, die sich gelegentlich in – für die Öffentlichkeit nur sehr indirekt sichtbaren – Konflikten entladen, sind sie in den grundsätzlichen Zielen recht homogen und verfolgen eine gemeinsame Agenda. Sie stellen die wesentlichen Akteure der neoliberalen Revolution dar, **deren Ziel die Umverteilung von unten nach oben, vom Süden in den Norden und von der öffentlichen in die**

> **private Hand ist. Für diese Agenda sind sie auf die Etablierung autoritärer Strukturen angewiesen, durch die sie jede öffentliche Kontrolle und Rechenschaftspflicht verhindern können. Folglich sehen sie jede Form von Demokratie als ihren Hauptfeind an.**«[608] (H.d.A.)

All diese von Mausfeld dargelegten Ziele wurden in den vorangegangenen Kapiteln bereits beschrieben; ebenso die Tatsache, dass die Regierungsform Demokratie von der Elite bekämpft wird, da sie diese im Zuge einer schnellen Konsolidierung ihrer alles kontrollierenden Machtposition als eines der größten Hindernisse betrachtet.

Wie die WEF-nahe Elite ihre Macht ausweitet, wurde ebenfalls in den vorigen Kapiteln bereits teilweise erläutert.

Mit all diesen Themen haben sich zahlreiche Wissenschaftler befasst – so hatte beispielsweise die *Cambridge University Press* schon 2014 erkannt, dass die US-Regierung de facto eine Oligarchie ist.[609]

Warum dies so ist und auf welche Weise die Elite sich korrumpierend der Staaten bemächtigt, zeigt uns Mausfeld auf:

> »Ihre zentralen Knotenpunkte liegen, empirischen Studien zufolge, in der Finanzindustrie und in einer Reihe spezifischer wirtschaftlicher Komplexe, die auch Silicon Valley einschließen und überwiegend US-basiert sind. Sie sind eng verflochten mit Geheimdiensten, der Überwachungs- und Sicherheitsindustrie, dem militärischen Bereich, privaten Medien und Internetkonzernen sowie einem gigantischen Netzwerk aus Think Tanks und NGOs. Ihre Binnenstruktur ist hochgradig verteilt organisiert – vergleichbar mit der Architektur des Internet –, sodass sie in der jeweils geforderten politischen Machtausübung über ein hohes Maß an strategischer Flexi-

> bilität verfügen und politisch wenig störanfällig sind.
> Die daraus resultierende Machtstruktur ist, Mike Lofgren zufolge, ›so heavily entrenched, so well protected by surveillance, firepower, money and its ability to co-opt resistance that it is almost impervious to change‹. [dtsch.: Sie ist so stark verwurzelt, so gut geschützt durch Überwachung, Schlagkraft, Geld und ihre Fähigkeit, Widerstand für sich zu vereinnahmen, dass sie für Veränderungen nahezu immun ist.]
> **Durch Think Tanks, Medien und eine Reihe anderer Kanäle und Mechanismen haben sie sich mit einer Kultur der rechtlichen und gesellschaftlichen Verantwortungslosigkeit umgeben und diese abgesichert.** Zudem haben sie Mechanismen der Transformation ökonomischer in politische Macht etabliert **und durch ihren direkten Einfluss auf die Gesetzgebung ihren politischen Einfluss in einer historisch nie gekannten Weise vergrößert.** Hierzu gehört beispielsweise die Steuergesetzgebung, die internationale Gesetzgebung zum ›Freihandel‹, die Verrechtlichung institutionalisierter Formen der Korruption und die rechtliche Gleichstellung von Konzernen mit natürlichen Personen (›corporate personhood‹) [juristische Person].«[610] (H.d.A.)

Nun, nicht mehr alle Bürger sind der Auffassung, dass wir in einer Demokratie leben. Sehr viele Menschen verwenden inzwischen den Begriff des *Deep State (des Tiefen Staates oder Staat im Staate)*, eben weil sie die Mechanismen der Machterhaltung der Elite verstanden haben und die Unterwanderung der Demokratie auf diese Art mit einer einfachen Formel wiedergeben, wie Professor Mausfeld erklärt:

> »›Tiefer Staat‹ bezeichnet dann lediglich eine Erscheinungsweise politischer Macht: der Macht im autoritären und

> zunehmend totalitären Spätkapitalismus. **Diese bedient sich der Hülse der repräsentativen Demokratie nur noch, um die eigentlichen Zentren politischer Macht für die Öffentlichkeit unsichtbar zu machen.** Mehr noch: Die Öffentlichkeit soll möglichst nicht einmal wissen, dass diese überhaupt existieren – **ein Ziel, das mit bedingungsloser Unterstützung der Massenmedien in einem beunruhigenden Maße erreicht wurde.** Politische Veränderungsbedürfnisse der Bevölkerung können sich dadurch nicht mehr auf die Zentren der Macht richten, sondern nur noch auf Ablenkziele, womit sie politisch ins Leere laufen.«[611] (H.d.A.)

Und von diesen Ablenkzielen, die sich klugerweise durchaus bestehender Probleme annehmen, gibt es eine Menge (gendern, die Umwelt retten, vegan essen, impfen oder nicht impfen etc.). Gerade die unablässige Berieselung mit diesen berechtigten Zielen verschleiert uns die Sicht darauf, was sich im Hintergrund abspielt und welch totalitärer Tsunami auf uns zurollt. Anscheinend sind wir, die wählenden Bürger, inzwischen politisch so inkompetent geworden, dass wir nicht mehr die Fähigkeit besitzen, solche komplexen Mechanismen zu verstehen, wie Shawn Rosenberg von der *University of California* konstatiert:

> »Auf der Grundlage zahlreicher politikwissenschaftlicher und psychologischer Forschungsarbeiten vertrete ich die Auffassung, dass **die Bürger in der Regel nicht über die erforderlichen kognitiven oder emotionalen Fähigkeiten verfügen. Daher müssen sie sich in der Regel in einer politischen Realität zurechtfinden, die sie nicht verstehen und die ihnen Angst macht.**«[612] (H.d.A.)

Vielleicht ist das der Grund, warum viele von uns ihre mentale Wohlfühlzone nicht verlassen können und die immer enger geschnürte Zwangsjacke nicht einmal spüren oder schlicht nicht wahrhaben wollen. Man passt sich an, denn auch die »Resilienz«, vom WEF[613] und den Mainstream-Medien[614] seit einiger Zeit mantrahaft propagiert, ist in den Köpfen inzwischen fest verankert – also die Aufforderung, sich an Probleme anzupassen und letztlich alles hinzunehmen. So hat selbst *Die Zeit* konstatiert:

> »Resilienz ist das Modewort der Gegenwart. Doch **hinter dem gut gemeinten Begriff steckt nicht nur Realitätsverweigerung, sondern auch konfliktscheue Entpolitisierung**.«[615] (H.d.A.)

Wir schlendern also immer resignierter durchs Leben und lassen es zu, dass die Elite ihre Vorhaben – wie sie Klaus Schwab in seinen Büchern und Interviews darlegt – Zug um Zug durchsetzt.

Um die allumfassenden disruptiven Auswirkungen der vierten industriellen Revolution, des Great Reset und des Großen Narrativs auf unser Leben aufzuzeigen, gibt es niemand Besseren als den bereits erwähnten israelischen Historiker Professor Yuval Noah Harari. Er ist ein gern gesehener Gast beim WEF, wo er 2020 vor der dort versammelten Elite eine 20-minütige Rede hielt, die hier in (fast) kompletter Länge wiedergegeben wird – denn alles, was bislang in diesem Buch vorgetragen wurde, lässt sich anhand der Konzepte subsumieren, die Harari (aber auch weitere kluge Köpfe wie zum Beispiel Shoshana Zuboff) in ihren uns eigentlich warnenden Vorträgen darlegen:

> »Von all den verschiedenen Problemen, mit denen wir konfrontiert sind, stellen drei Probleme eine existenzielle Herausforderung für unsere Spezies dar. Diese drei existen-

ziellen Herausforderungen sind der Atomkrieg, der ökologische Kollaps und die technologische Disruption. Wir sollten uns auf diese konzentrieren. Der Atomkrieg und der ökologische Kollaps sind bereits bekannte Bedrohungen, daher möchte ich etwas Zeit darauf verwenden, die weniger bekannte Bedrohung durch die technologische Disruption zu erläutern.
In Davos hören wir so viel über die enormen Versprechungen der Technologie, und diese Versprechungen sind sicherlich real, aber die Technologie könnte die menschliche Gesellschaft und den eigentlichen Sinn des menschlichen Lebens auch auf vielfältige Weise zerstören, von der Schaffung einer globalen nutzlosen Klasse bis hin zum Aufkommen von Datenkolonialismus und digitalen Diktaturen.
Zunächst könnten wir mit Umbrüchen auf der sozialen und wirtschaftlichen Ebene konfrontiert werden.
Die Automatisierung wird bald Millionen von Arbeitsplätzen vernichten. [...] Während die Menschen in der Vergangenheit gegen die Ausbeutung kämpfen mussten, wird der wirklich große Kampf im 21. Jahrhundert der gegen die Bedeutungslosigkeit sein. Und es ist viel schlimmer, bedeutungslos zu sein, als ausgebeutet zu werden. **Diejenigen, die im Kampf gegen die Bedeutungslosigkeit scheitern, würden eine neue nutzlose Klasse bilden:** Menschen, die nutzlos sind – natürlich nicht aus der Sicht ihrer Freunde und ihrer Familie, aber nutzlos aus der Sicht des wirtschaftlichen und politischen Systems. **Und diese nutzlose Klasse wird durch eine immer größer werdende Kluft von der immer mächtiger werdenden Elite getrennt sein**. [...]
Wir sprechen hier von einer weitaus primitiveren KI, die dennoch ausreicht, um das globale Gleichgewicht zu erschüttern. Stellen Sie sich nur vor, was mit den sich entwickelnden

Volkswirtschaften geschehen wird, wenn es billiger ist, Textilien oder Autos in Kalifornien zu produzieren als in Mexiko. Und was wird in zwanzig Jahren mit der Politik in Ihrem Land geschehen, wenn jemand in San Francisco oder in Peking die gesamte medizinische und persönliche Geschichte jedes Politikers, jedes Richters und jedes Journalisten in Ihrem Land kennt, einschließlich all ihrer sexuellen Eskapaden, all ihrer psychischen Schwächen und all ihrer korrupten Machenschaften. Wird es noch ein unabhängiges Land sein, oder wird es zu einer Datenkolonie? **Wenn man genug Daten hat, braucht man keine Soldaten zu schicken, um ein Land zu kontrollieren.**

Neben der Ungleichheit ist die andere große Gefahr, die uns droht, das Aufkommen digitaler Diktaturen, die jeden ständig überwachen werden. Diese Gefahr lässt sich in Form einer einfachen Gleichung darstellen, die meiner Meinung nach die entscheidende Gleichung für das Leben im 21. Jahrhundert sein könnte. B mal C mal D ist gleich AHH. Das heißt, biologisches Wissen, multipliziert mit Computer-Rechenleistung, multipliziert mit Daten, ergibt die Fähigkeit, Menschen zu hacken – ›AHH‹. [engl. Akronym für »ability to hack humans« = die Fähigkeit, Menschen zu hacken]. Wenn Sie genug biologisches Wissen haben und über genügend Rechenleistung und Daten verfügen, können Sie meinen Körper, mein Gehirn und mein Leben hacken und mich besser verstehen, als ich mich selbst verstehe. Sie können meinen Persönlichkeitstyp, meine politischen Ansichten, meine sexuellen Vorlieben, meine mentalen Schwächen, meine tiefsten Ängste und Hoffnungen kennen. **Sie wissen mehr über mich, als ich selbst über mich weiß. Und das können Sie nicht nur bei mir, sondern bei allen Menschen tun. Ein System, das uns besser versteht, als wir uns selbst verstehen,**

kann unsere Gefühle und Entscheidungen vorhersagen, kann unsere Gefühle und Entscheidungen manipulieren und kann schließlich Entscheidungen für uns treffen. [...] **Und wenn wir die Entstehung solcher totalen Überwachungsregime zulassen, dann glauben Sie bloß nicht, dass die Reichen und Mächtigen an Orten wie Davos sicher sein werden. [...] Es liegt also im Interesse aller Menschen, auch der Eliten, den Aufstieg solcher digitalen Diktaturen zu verhindern.**«[616] (H.d.A.)

Hier gilt es, das Zitat kurz zu unterbrechen, denn in meinen Augen ist Professor Harari, der oft als die graue Eminenz hinter dem WEF und seinen Plänen bezeichnet wird, in erster Linie ein leidenschaftlicher Wissenschaftler, der die sich entwickelnde digitale Diktatur in ihrer Unausweichlichkeit klar und deutlich analysiert hat und uns, aber auch und insbesondere die WEF-Gäste (Politiker, Mainstream-Journalisten, Minister, Unternehmensvorsitzende etc.), davor warnt.

Jedenfalls sagt er offen heraus, dass die digitale Diktatur (nenne man sie Technofeudalismus oder technokratische Plutokratie) sogar einen großen Teil der Elite in ihren Fängen haben wird. Und so bat er ausgerechnet die in Davos Anwesenden, sich dafür einzusetzen, diese radikale und historisch einmalige technologische Revolution aufzuhalten – auch wenn dies, wie er 2020 weiter erläuterte, die Probleme der zukünftigen Generationen nur teilweise verringern würde:

»**Selbst wenn wir die Errichtung digitaler Diktaturen tatsächlich verhindern, könnte die Fähigkeit, Menschen zu hacken, den eigentlichen Sinn der menschlichen Freiheit untergraben**. Denn wenn sich die Menschen bei immer mehr Entscheidungen auf KI verlassen, wird sich die Autorität von

> Menschen auf Algorithmen verlagern. Und das geschieht bereits jetzt. Schon heute vertrauen Milliarden von Menschen darauf, dass der Facebook-Algorithmus uns sagt, was neu ist, dass der Google-Algorithmus uns sagt, was wahr ist, dass Netflix uns sagt, was wir sehen sollen und die Algorithmen von Amazon und Alibaba uns sagen, was wir kaufen sollen. In nicht allzu ferner Zukunft könnten uns ähnliche Algorithmen sagen, wo wir arbeiten und wen wir heiraten sollen und auch entscheiden, ob wir einen Job bekommen, ob wir einen Kredit bekommen und ob die Zentralbank den Zinssatz erhöhen soll. Und wenn Sie fragen, warum Ihnen kein Kredit gewährt wird oder warum die Bank den Zinssatz nicht angehoben hat – die Antwort wird immer die gleiche sein: weil der Computer nein sagt.
>
> Und da das begrenzte menschliche Gehirn nicht über genügend biologisches Wissen, Rechenleistung und Daten verfügt, werden die Menschen einfach nicht mehr in der Lage sein, die Entscheidungen des Computers zu verstehen. **Selbst in vermeintlich freien Ländern werden wir Menschen also wahrscheinlich die Kontrolle über unser eigenes Leben verlieren,** [...] Wir Menschen sind es [aber] gewohnt, das Leben als eine Bühne der Entscheidungsfindung zu betrachten. Was wird der Sinn des menschlichen Lebens sein, wenn die meisten Entscheidungen von Algorithmen getroffen werden? Wir haben nicht einmal philosophische Modelle, um eine solche Existenz zu verstehen.«[617] (H.d.A.)

Seine warnenden Worte, in ihrer Tragweite oft unterschätzt, hallen im digitalen Raum wider, wo sie oft fehlinterpretiert werden. Als anerkannter Historiker tut Harari eigentlich nichts anderes, als unsere der Geschwindigkeit huldigende Zeit zu analysieren und uns unverhohlen mitzuteilen, welche Schlüsse er als Wissenschaftler daraus zieht. (Ein wenig so wie im antiken Rom oder später im Mittelalter, als sich Fürsten und Könige einen Hofnarren hielten, der ihnen ungestraft die Wahrheit sagen durfte.) Und was schildert uns dieser Narr am Hofe von Davos weiter?

> »Wir stehen vor dem philosophischen Bankrott. Die Doppelrevolution von Info-Tech und Bio-Tech eröffnet Politikern und Geschäftsleuten jetzt die Möglichkeit, Himmel oder Hölle zu schaffen. Aber die Philosophen haben Schwierigkeiten, sich vorzustellen, wie der neue Himmel und die neue Hölle aussehen werden. Und das ist eine sehr gefährliche Situation. Wenn wir es nicht schnell genug schaffen, den neuen Himmel zu konzipieren, könnten wir leicht durch naive Utopien in die Irre geführt werden. **Und wenn wir uns die neue Hölle nicht schnell genug vorstellen können, könnten wir dort ausweglos gefangen sein.**
> Schließlich könnte die Technologie nicht nur unsere Wirtschaft, Politik und Philosophie, sondern auch unsere Biologie verändern. **In den kommenden Jahrzehnten werden uns KI und Biotechnologie gottähnliche Fähigkeiten verleihen, um das Leben umzugestalten und sogar völlig neue Lebensformen zu schaffen.** Nach vier Milliarden Jahren organischen Lebens, das durch natürliche Selektion geformt wurde, stehen wir vor einer neuen Ära anorganischen Lebens, das durch intelligentes Design geformt wurde. Unser intelligentes Design wird die neue treibende Kraft der Evolution des Lebens sein. **Und wenn wir unsere neuen göttlichen Schöpfungskräfte einsetzen, könnten wir Fehler kosmischen Ausmaßes begehen. Insbesondere Regierungen, Unternehmen und Armeen werden die Technologie wahrscheinlich nutzen, um menschliche Fähigkeiten wie Intelligenz und Disziplin zu verbessern, die sie brauchen, während sie andere**

menschliche Fähigkeiten wie Mitgefühl, künstlerische Sensibilität und Spiritualität vernachlässigen. Das Ergebnis könnte eine Menschenrasse sein, die sehr intelligent und sehr diszipliniert ist, der es aber an Mitgefühl, künstlerischer Sensibilität und spiritueller Tiefe fehlt.«[618] (H.d.A.)

Eine Vision, die viele von uns erschaudern lässt. Aber die Umwälzungen, die auf uns zukommen werden (die in diesem Buch nicht in ihren sämtlichen Facetten und Möglichkeiten erörtert werden können), sollten jedem vor Augen führen, was uns in nicht allzu ferner Zukunft erwartet. Hier nur eine kurze Auflistung: programmierbare digitale Identität; bargeldlose Gesellschaft; Verknüpfung der digitalen Währung mit Leistungen oder Forderungen; Kreditkarten, die gesperrt werden können, wenn der CO_2-Fußabdruck eine bestimmte Grenze überschreitet (gibt es schon heute!); Konten, die blockiert werden, wenn der Nutzer eine Meinung äußert, die nicht mit dem Mainstream konform geht; Veränderungen des Genoms zukünftiger Generationen, um den Menschen zu »optimieren« (damit er beispielsweise durch Einpflanzung von Reptilien-Genen im Krieg im Infrarotbereich sehen kann oder mittels hautimplantierter Smartphones oder im Gehirn eingesetzter Chips seine Leistungen extrem zu steigern vermag).

Der von Klaus Schwab und der Elite schon lang gehegte Plan eines Great Reset ist jedenfalls seit Jahren auf dem Weg, und seine Folgen können zahlreiche von uns bereits sehen und am eigenen Leibe spüren.

So ist der Ukraine-Krieg nur einer der sichtbaren Kriege auf dieser Welt. Es gibt aber auch weniger sichtbare Kriege – etwa den Währungskrieg um die Vormachtstellung des Dollars als »Massenvernichtungswaffe«, die Propagandakriege zur Überzeugung ganzer Gesellschaften von der Gültigkeit eines oder mehrerer Narrative oder die Kriege, die gefochten werden, um sich mittels Zensur die Informationshoheit zu sichern. Wenig thematisiert und daher kaum bekannt sind auch die echten Motive für Konflikte und Kriege (90 Prozent der modernsten Halbleiter stammen z. B. aus Taiwan, und sein Anteil an der weltweiten Chipproduktion beträgt 50 Prozent[619]).

Auch haben wir es seit Längerem mit neuen Glaubenskriegen zu tun, wobei es dabei nicht um Religionen geht, sondern um den Konflikt zwischen dem, was man früher unter Mehrheitsmeinung und Mindermeinung verstand – Begriffe aus einer Zeit, als man tendenziell noch bereit war, Mindermeinungen zu respektieren und sich mit ihnen auseinanderzusetzen, wie es einer Demokratie ansteht. Heute werden Mindermeinungen kaum mehr zugelassen, denn wer sich traut, eine solche öffentlich zu verkünden (und früher als Systemkritiker oder Oppositioneller galt), wird seit einigen Jahren umgehend diffamiert (übrigens eine typische Strategie autoritärer Regime)[620] und mittels Etiketten wie »Verschwörungstheoretiker« oder »Querdenker« aus dem »gesellschaftlichen Konsens« herauskatapultiert. Für Professor Rainer Mausfeld stellt die Verwendung solcher Denunziationsbegriffe eine »Mentalvergiftung« dar:

> »Unter solchen Begriffen erfreuen sich gegenwärtig Begriffe wie ›Querfront‹, ›Verschwörungstheorie‹, ›Antiamerikanismus‹, oder ›Populismus‹ besonderer Beliebtheit bei den Macht- und Funktionseliten. Diese Begriffe haben eine perfide Logik: Sie beruhen auf einer bestimmten Form einer gedanklichen Verklammerung unterschiedlicher Themenbereiche; dadurch wird suggeriert, zwei gänzlich unabhängige Themenbereiche seien gleichsam ihrem Wesen nach miteinander verwoben. Auf diese Weise sollen speziell Themen, deren öffentliche Diskussion die Machteliten und die sie stützenden Elitengruppen als unerwünscht und abträglich für ihren

Status ansehen, dadurch in Diskredit gebracht werden, dass sie mit Themen verklammert werden, die geächtet sind oder als anrüchig gelten – wie etwa rechtsextreme oder rassistische Auffassungen.
Durch eine solche **Verklammerung** können sich die Machteliten und Funktionseliten vor Kritik immunisieren, indem sie bestimmte Themenbereiche aus dem öffentlichen Diskussionsraum verbannen.«[621] (H.d.A.)

Sprachlich manipuliert, diskriminieren wir somit Menschen nicht mehr nach ihrer Hautfarbe, sondern wegen ihrer Gedanken. Auf diese Weise wurde, wie Ulrike Guérot präzisiert, die Mindermeinung abgeschafft:

»Dabei gibt es meistens eine Wahrheit, aber mehrere Perspektiven auf diese Wahrheit. Über die verschiedenen Perspektiven auf diese Wahrheit muss man streiten können, genau das ist die demokratische Aushandlung.«[622]

KAPITEL 11

AUS- UND LICHTBLICKE

»Alle Diktaturen nähren sich aus der Angst der Untertanen.«[623]
Richard von Weizsäcker

Viele von uns werfen einen besorgten Blick auf die letzten Überbleibsel kapitalistischer Demokratien, so z. B. der Wirtschaftswissenschaftler Yannis Varoufakis, der in seinem Aufsatz *Der Techno-Feudalismus übernimmt die Macht* (2021) erklärt:

> »Was wir erleben, ist nicht nur eine weitere Metamorphose des Kapitalismus. Es ist etwas viel Tiefgreifenderes und Besorgniserregenderes.«[624]

Und er ist nicht der Einzige, der den Zustand unserer so gepriesenen Regierungsform mit trauriger Wut beobachtet. Während einer Pressekonferenz in Brüssel zeigte sich beispielsweise auch der EU-Abgeordnete Cristian Terheş entrüstet über die aus seiner Sicht undemokratische EU und betonte:

> »Freiheit und Selbstbestimmung sind eine Generation vom Aussterben entfernt.«[625]

Professor Shoshana Zuboff, ebenfalls zutiefst besorgt über die schwindende Demokratie, hat die dadurch entstandenen gesellschaftlichen Veränderungen während eines Vortrages in den USA bereits 2019 deutlich aufgezeigt.[626] Die Autorin von *Das Zeitalter des Überwachungskapitalismus* ist mit Sicherheit keine Verschwörungstheoretikerin, sondern eine den Fakten verpflichtete Wissenschaftlerin, die ihre Forschungsarbeit so gut macht, dass sie als eine der ersten Frauen eine Festanstellung als Professorin an der berühmten Harvard Business School erhielt.[627] In ihrem Vortrag fragte sie die Anwesenden, wie sie in einem einzigen Wort beschreiben würden, warum sie – anstelle sich einen schönen Samstagabend zu machen – sich entschlossen hätten, ihr zuzuhören.

Die Antworten der Zuhörer im Saal lieferten ein klares Bild: Angst, Dystopie, Rechenschaftspflicht, Privatsphäre, Kontrolle, Manipulation, Einmischung, Ausbeutung, Demokratie, Fehlinformation, Data Mining, Misstrauen etc. Dies gibt einige der Gefühle und Auffassungen wieder, die viele von uns empfinden und bewegen, denn wir merken, dass die Demokratie Gefahr läuft, ihre eigenen Wertkriterien nicht mehr zu erfüllen. Auch spüren die Menschen zunehmend, dass sie zu einem neuen, auszubeutenden Rohstoff mutiert sind, da die ungeheure Macht der Algorithmen es einer Plattform wie Meta ermöglicht, jede Sekunde 6 Millionen Verhaltensprognosen zu erstellen (Daten aus einem 2018 geleakten Dokument, das Zuboff in ihrem Vortrag zitierte).[628] Vielen kommt es so vor, als gäbe es kein Entrinnen mehr – insbesondere, wenn man an die disruptiven Folgen von KI, Roboter und Algorithmen und die bevorstehende Massenarbeitslosigkeit denkt, wie in den letzten Kapiteln dargelegt. Angesichts des nicht aufzuhaltenden Siegeszuges der globalen Digitalisierung spricht Professor Yuval Noah Harari, wie oben erwähnt, von »useless people«, also von »nutzlosen Menschen«, was insbesondere den afrikanischen Kontinent betreffen wird.[629] Und was geschieht mit diesen überflüssigen Menschen? Dazu Professor Harari in einem Vortrag wörtlich:

> »**Sobald man weiß, wie man Körper, Gehirne und Minds** [Verstand, Geist, Seele] **produziert, dann zählen billige Arbeitskräfte einfach nichts mehr, ob in Afrika oder in**

Südasien oder wo auch immer. [...] Und ich denke, dass die größte Frage in Wirtschaft und Politik in den kommenden Jahrzehnten sein wird, was man mit all diesen nutzlosen Menschen macht. [...] **... wie sollen sie einen Sinn im Leben finden, wenn sie im Grunde bedeutungslos, wertlos sind? Meine beste Vermutung ist derzeit eine Kombination aus Drogen und Computerspielen.**«[630] (H.d.A.)

Steht uns und unseren Kindern künftig eine Art »panem et circenses« bevor – nur diesmal auf dauerhafter globaler und massenhafter Ebene? Eine Zukunft aus Insekten (zum Essen) und Metaverse (zum Zeittotschlagen)? Eine Zukunft, in der wir daran gehindert werden, zu reisen, wohin wir möchten, weil unser CO_2-Fußabdruck laut Algorithmus zu groß wäre und jeder Schritt und jede Meinungsäußerung von uns überwacht sein wird?

Wie sehr es der Elite um die Kontrolle der Bürger geht, lässt sich daran erkennen, dass in Deutschland, einen Monat nachdem Ursula von der Leyen die Notwendigkeit einer europäischen digitalen Identität bekannt gegeben hatte, das »Gesetz zur Anpassung des Verfassungsschutzrechts« verabschiedet wurde. Dieses Gesetz erlaubt es dem Verfassungsschutz, einen Staatstrojaner auf Smartphones und anderen Geräten zu installieren, um unsere Chats auf Messengerdiensten wie Telegram, Signal, WhatsApp etc. zu kontrollieren. Bevor dieses Gesetz im Juli 2021 verabschiedet wurde, schrieb *Die Zeit:*

> »Die ›Mitwirkungspflicht‹ für Unternehmen (s. o.) dürfte jetzt einen neuen Weg eröffnen, denn die Netzbetreiber und Provider sollen ›die Einbringung von technischen Mitteln‹ ermöglichen. So könnte der Trojaner in Zukunft zum Beispiel über eine Webseite auf das Gerät gespielt werden, indem die Zielperson vom Provider darauf geleitet wird.«[631]

Ahnungslos werden wir also vom Staat ausspioniert, der damit zum vermutlich unwissenden Handlanger der WEF-Ideologie wird! Wie sehr sich die Elite bereits jetzt vor uns (dem Volk) schützt, ist auch folgender Nachricht zu entnehmen.

> »Das Bundesamt für Verfassungsschutz (BfV) hat im Mai 2021 einen neuen Phänomenbereich ›Verfassungsschutzrelevante Delegitimierung des Staates‹ eingerichtet.«[632]

Praktisch heißt das, dass der Verfassungsschutz dann beispielsweise in Bayern die Bürger beobachten lassen kann …

> »wenn tatsächliche Anhaltspunkte dafür vorliegen, dass diese zu Aktionen gegen staatliche Einrichtungen, gegen die staatliche Infrastruktur oder gegen staatliche Repräsentanten und demokratisch gewählte Entscheidungsträger in ihrer Funktion als Amtsträger ernsthaft und nachdrücklich aufrufen oder sich an solchen Aktionen beteiligen«.[633]

Also im Grunde genommen »Staatsschutz statt Verfassungsschutz«[634], denn,

> »Phänomenologisch werden damit laut Bundesregierung solche Bestrebungen erfasst, die durch die systematische Verunglimpfung und Verächtlichmachung des auf der freiheitlichen demokratischen Grundordnung basierenden Staates und seiner Institutionen beziehungsweise Repräsentanten geeignet sind, **das Vertrauen der Bevölkerung in diese Grundordnung zu erschüttern**«.[635] (H.d.A.)

Klaus Schwab weist immer wieder nachdrücklich darauf hin, dass Maßnahmen getroffen werden müssen, um den Vertrauensverlust der Bürger in den Staat einzugrenzen[636] – und anscheinend wird dementsprechend gehandelt, und zwar indem man die Meinungsfreiheit faktisch weiter einschränkt.

Was tun?

Was kann die Gesellschaft gegen die sich ausbreitende WEF-Ideologie tun?

Da gibt es zum Glück einiges.

Zunächst müssen wir wieder lernen, kritisch zu denken, um aus dem von der Elite dominierten Informationsfluss die wahren Fakten und Intentionen herauszufiltern.

Wichtig wäre es auch, uns von den Leitmedien so weit wie möglich abzukoppeln (viele ihrer Journalisten arbeiten mit dem WEF zusammen, wie zum Beispiel *BBC*-Chef Tim Davie).

Ein weiterer Schritt in die richtige Richtung wäre es auch, andere Internet-Suchmaschinen zu verwenden, wie beispielsweise Bing (auch wenn diese von Microsoft betrieben wird). Man merkt den Unterschied, wenn man den Namen »Klaus Schwab« bei Google oder Bing eingibt: Bei Google erscheinen zuoberst, und zwar seitenlang, nur offizielle Informationen, also keinerlei kritische Seiten über Schwab oder das WEF, während bei Bing die kritischen Seiten in der Ergebnisliste ziemlich weit oben zu finden sind (Stand: Oktober 2022).

Es ist schwierig geworden, sich von dieser Welt ein wirklichkeitsgetreues Bild zu machen – einer Welt, in der wahre Fakten allzu oft als Fakes abgestempelt werden oder falsche und unwahre Behauptungen als Wahrheit gelten. Gerade darum müssen wir uns aber bemühen, wenn wir und unsere Kinder in dieser Welt überleben wollen und der Wert »Freiheit« noch ein Mindestmaß an Bedeutung haben soll. Klaus Schwab hat die tatsächlichen Ziele des Weltwirtschaftsforums in seinen Büchern recht offen dargelegt –

allerdings gilt es hier zwischen den Zeilen zu lesen, wenn man verstehen will, was er und seine Partner tatsächlich vorhaben. Um ihre Macht etwas einzugrenzen, könnte man z. B. die Produkte jener Firmen boykottieren, die sich mit dem WEF verpartnert haben.

Wachsamkeit gegenüber dem vom WEF global anvisierten Öko-Techno-Regime wird aber nicht ausreichen, und so werden viele von uns dem folgen, was in vielen Ländern bereits ansatzweise praktiziert wird: alternative Formen des Zusammenlebens (eigene Energiegewinnung, Homeschooling, Ökodörfer wie in Deutschland[637] oder Spanien etc.) – obwohl es sicherlich immer schwieriger werden wird, aus diesem WEF-dominierten System auszusteigen.

Lichtblicke

Bleibt uns wirklich nur noch eine Generation, um den technokratischen Tsunami zu stoppen, der danach trachtet, Europa mit einem totalitären System zu überziehen? Vermutlich schon. Einige couragierte Personen, die sich bereits dagegen wehren, sitzen sogar im Europäischen Parlament, andere in den Volksvertretungen verschiedener Länder.

Der Widerstand gegen die Elite, die sich der Weltressourcen bemächtigen will, mit ihren Leuten in die Regierungskabinette eindringt und ihre Macht durch eine nie da gewesene Monopolisierung ausdehnen will, fängt langsam an, Früchte zu tragen.

So ist es ermutigend zu sehen, dass Danielle Smith, die neu gewählte Ministerpräsidentin der kanadischen Provinz Alberta, einen Vertrag mit dem WEF rückgängig machen will, den die Gesundheitsbehörde unterzeichnet hatte. Dabei geht es um die Rolle des WEF als Berater in kanadischen Gesundheitsfragen – aber die neue Premierministerin ist der Auffassung, dass dies eine landesinterne Angelegenheit sei.[638]

Elon Musk hat Twitter gekauft; ob er dieser Plattform dazu verhelfen wird, wieder demokratischer zu werden, wird die Zukunft zeigen. Und es macht Mut zu sehen, dass Chris Licht, der neue Chef des bekannten US-Fernsehsenders *CNN*, der Meinung ist, dass auch dieses Medium mehr korrekte Faktenvermittlung und weniger Meinungen ausstrahlen sollte.[639]

Mit Freude, wenn auch noch etwas skeptisch beobachtet man, dass bei einigen Leitmedien wieder journalistische Recherche stattfindet, die ihren Namen verdient (wie zum Beispiel *Die Welt* in ihrem Artikel zur Macht von Bill Gates über die WHO).

Und es gibt einen weiteren Hoffnungsschimmer: Immer mehr Menschen ist bewusst, dass sie in einer Gesellschaft leben, die nicht mehr den Werten einer Demokratie entspricht. Bereits 2015, so eine Gallup-Umfrage, war die Mehrheit der Bürger in Westeuropa jedenfalls nicht mehr der Auffassung, dass der Grundgedanke der Demokratie verwirklicht ist:

> »Auf die Frage ›Would you say that your country is governed by the will of the people?‹ [dtsch: Würden Sie sagen, dass Ihr Land vom Willen des Volkes regiert wird?] antworteten 56 % der Bürger Westeuropas mit ›Nein‹ oder ›Eher nicht‹.«[640]

Eine Studie der Friedrich-Ebert-Stiftung von 2019 bestätigt diesen Vertrauensverlust und zeigt auf, dass beispielsweise in Deutschland die Mehrheit der Bürger wenig oder überhaupt nicht zufrieden mit der Demokratie ist.[641]

Wenn die Menschen also zunehmend spüren und erkennen, dass wir uns einer technokratischen Plutokratie nähern, besteht ja vielleicht die leise Hoffnung einer friedlichen Auflehnung gegen das unterjochende System, und zwar noch bevor uns die Elite voll und ganz unter ihrer Kontrolle hat. Etliche Herbst-Proteste in Europa im Jahr 2022 geben Anlass, hier wieder etwas Mut zu fassen.

Einige Bürger sind allerdings der Auffassung, dass der kommenden Feudaltechnokratie nur mit einem kompletten Ausstieg aus dem gesellschaftlichen System zu entkommen ist. So sind viele Italiener, die in ihrem Land besonders harte Lockdown-Maßnahmen zu spüren bekommen haben, heute schon dabei, sich kleine Parallel-Gesellschaften aufzubauen, in denen sich Menschen mit Fachwissen – Ärzte, Juristen, Informatiker, Landwirte, Architekten etc. – in kleinen abgeschirmten Communities zusammentun. Ähnliche Versuche gibt es bereits seit Jahren auch in Deutschland[642], Portugal, Spanien und anderen EU-Ländern.

Die wachsende Ungerechtigkeit und die entlarvenden Einblicke in die Mechanismen der Elite sowie die Gefährdung unserer Grundrechte empören also bereits zahlreiche Bürger – all diese unzufriedenen und besorgten Menschen könnten künftig, im Namen ihrer Kinder und Kindeskinder, neue Wege erkunden und es dadurch schaffen, wieder eine bürgernahe Demokratie aufleben zu lassen – denn wie US-Präsident Woodrow Wilson in seiner Rede vor dem New York Press Club 1912 deutlich machte:

> »Freiheit ist nie von der Regierung ausgegangen. Freiheit ist immer von den Untertanen der Regierung ausgegangen. Die Geschichte der Freiheit ist eine Geschichte des Widerstandes. Die Geschichte der Freiheit ist eine Geschichte der Beschränkung von Regierungsmacht, nicht ihrer Ausdehnung.«[643]

Ein Jahrhundert später geht es nun darum, die sich bereits weit ausgedehnte Elitemacht zu beschränken sowie die sich abzeichnende totalitäre technokratische Plutokratie aufzuhalten, wenn wir zukünftigen Generationen ein Leben in Freiheit sichern wollen.

ANMERKUNGEN

1 https://www.middleeastmonitor.com/20220527-davos-myth-unchanging-poverty-and-changing-climate/

2 https://www.opendemocracy.net/en/oureconomy/conspiracy-theories-aside-there-something-fishy-about-great-reset/
… the government voice would be one among many, without always being the final arbiter.

3 https://information.tv5monde.com/info/covid-19-qu-est-ce-que-la-grande-reinitialisation-promue-par-le-forum-de-davos-392369
Ce sont les mêmes décideurs de Davos qui proposent ce nouveau modèle plus juste et plus durable, qui, quand on leur parle de mettre une garantie de 5 ans sur les appareils, expliquent que c'est impossible, que ce serait la fin du monde.

4 https://www.youtube.com/watch?v=AmNlVHNOyuU

5 https://publicseminar.org/essays/could-a-form-of-liberal-fascism-help-solve-the-worlds-problems/
The liberal »Great Reset« is not secretly fascistic, it is openly conspiratorial.

6 https://onlinelibrary.wiley.com/doi/full/10.1111/ajes.12457
[… the basis for what is called the Great Reset,] a set of policies that will enable the state and select businesses and NGOs to monitor and track the population and eliminate dissent.

7 https://www.weforum.org/agenda/2014/01/pope-francis-message-davos-2014/

8 https://www.weforum.org/about/world-economic-forum
The World Economic Forum is the International Organization for Public-Private Cooperation.
The Forum engages the foremost political, business, cultural and other leaders of society to shape global, regional and industry agendas.
It was established in 1971 as a not-for-profit foundation and is headquartered in Geneva, Switzerland. It is independent, impartial and not tied to any special interests. The Forum strives in all its efforts to demonstrate entrepreneurship in the global public interest while upholding the highest standards of governance. Moral and intellectual integrity is at the heart of everything it does.
Our activities are shaped by a unique institutional culture founded on the stakeholder theory, which asserts that an organization is accountable to all parts of society. The institution carefully blends and balances the best of many kinds of organizations, from both the public and private sectors, international organizations and academic institutions.

We believe that progress happens by bringing together people from all walks of life who have the drive and the influence to make positive change.

9 https://www.weforum.org/partners/?DAG=3&_gl=1*8dhlg0*_up-*MQ..&gclid=EAIaIQobChMIwIah55Sw-gIVNI9oCR3DiA5IEAAYASA-AEgJbRPD_BwE#search

10 https://www.weforum.org/organizations/uber
https://www.theguardian.com/news/2022/jul/10/uber-files-leak-reveals-global-lobbying-campaign

11 https://www.cnet.com/tech/microsofts-bing-applied-chinas-political-censorship-to-some-us-searches-report-says/
https://theprint.in/world/microsofts-long-history-in-china-complicates-potential-tiktok-deal/474336/

12 https://corporatewatch.org/pfizer-six-scandals-to-remember/

13 https://www.sueddeutsche.de/wirtschaft/davos-das-weltwirtschaftsforum-ist-zu-einer-geldmaschine-geworden-1.3334817

14 https://www3.weforum.org/docs/Bilanz_WEF_2011.pdf

15 https://www.sueddeutsche.de/wirtschaft/davos-das-weltwirtschaftsforum-ist-zu-einer-geldmaschine-geworden-1.3334817

16 https://www.weforum.org/agenda/2017/01/who-pays-for-davos/

17 https://www.weforum.org/partners/?DAG=3&_gl=1*8dhlg0*_up-*MQ..&gclid=EAIaIQobChMIwIah55Sw-gIVNI9oCR3DiA5IEAAYASAAEgJbRPD_BwE#search

18 https://www.weforum.org/partners/?DAG=3&_gl=1*8dhlg0*_up-*MQ..&gclid=EAIaIQobChMIwIah55Sw-gIVNI9oCR3DiA5IEAAYASA-AEgJbRPD_BwE#search
World Economic Forum Partners are leading global companies developing solutions to the world's greatest challenges. They are the driving force behind the Forum's programmes.

19 https://www.ctvnews.ca/canada/truth-tracker-does-the-world-economic-forum-influence-governments-like-canada-s-1.5922314
»Work for Canada! If you want to go to Davos, to that conference, make it a one-way ticket. But you can't be part of our government and working for a policy agenda that is against the interests of our people.«

20 https://thehill.com/opinion/energy-environment/528482-john-kerry-reveals-bidens-devotion-to-radical-great-reset-movement/
When asked by panel host Borge Brende whether the World Economic Forum and other Great Reset supporters are »expecting too much too soon from the new president, or is he going to deliver first day on this [sic] topics?,« Kerry responded, »The answer to your question is, no, you're not expecting too much.«
»And yes, it [the Great Reset] will happen,« Kerry continued. »And I think it will happen with greater speed and with greater intensity than a lot of people might imagine.«

21 https://www.oxfam.org/en/research/inequality-kills (Download: »Inequality kills«)

22 https://tfiglobalnews.com/2022/07/18/klaus-schwab-the-real-prime-minister-of-canada/

23 https://www.younggloballeaders.org/community?utf8=%E2%9C%93&q=ardern&x=0&y=0&status=&class_year=§or=®ion=#results

24 https://www.younggloballeaders.org/community?utf8=%E2%9C%93&q=annalena+baerbock&x=11&y=11&status=&class_year=§or=®ion=#results

25 https://www.younggloballeaders.org/community?utf8=%E2%9C%93&q=Alexander+De+Croo&x=9&y=13&status=&class_year=§or=®ion=#results

26 https://www.youtube.com/watch?v=PbVD4tB4cVQ
https://www.younggloballeaders.org/community?utf8=%E2%9C%93&q=Sanna+Marin
https://www.younggloballeaders.org/community?utf8=&q=jens&x=0&y=0&stat

27 https://www.flickr.com/photos/worldeconomicforum/16154790960

28 https://www.younggloballeaders.org/

29 https://www.youtube.com/watch?v=PbVD4tB4cVQ
https://www.youtube.com/watch?v=tItp_2lGKqU
What we are very proud of now is the young generation like Primeminister Trudeau, the President of Bra … er, Argentina and so on. So we penetrate the cabinets.

30 https://norberthaering.de/macht-kontrolle/baerbock-weltwirtschaftsforums/

31 https://rwmalonemd.substack.com/p/wef-graduates-in-the-usa-elected
List of US Politicians (please update in the comments):
Huma Abedin, US Department of State, Deputy chief of staff and aide to Hillary Clinton (2009–2013) and vice chair of Hillary's presidential campaign
Penny Abeywardena, Mayors office City of New York
Robert E. Andrews, United States House of Representatives Congressman from New Jersey (D), 1st District
Ruben Barrales, Office of the President of the United States, Assistant to the President and Director of Intergovernmental Affairs
Evan Bayh, Senate of Indiana, USA Senator Indiana (1999–2011)
Karan K. Bhatia, Office of the US Trade Deputy Trade Representative
Matt Blunt, State of Missouri, Governor of Missouri
David A. Bray, Atlantic Council, GeoTech Center, Federal Communications Commission
Aja Brown, City of Compton, California, Mayor of Compton
Carol M. Browner, Office of the President of the United States, Assistant to

the President for Energy and Climate Change Policy (2009–2011)
George P. Bush, Texas General Land Office, Land Commissioner (2015–)
Pete Buttigieg, Government of the United States, Secretary of Transportation (2021–)
Julian Castro, Government of the US, US Secretary of Housing and Urban Development (2014–2017)
David Chiu, City of San Francisco, City Attorney of San Francisco
Jim Cooper, U.S. House of Representatives, Democrat, Congressman Tennessee 32 yrs
Tom Cotton, U.S. Senate Senator from Arkansas (R)
Daniel Crenshaw, United States Congress, Rep. from Texas, 2nd District (2019–)
Artur Davis, US Congress Congressman from Alabama, 7th District (D)
Brian Deese, National Economic Council, National Economic Council
Joshua DuBois, White House Office of Faith Based and Neighborhood Partnerships
Sophal Ear Crescenta, Valley Town Council, California Council Member
Mike Espy, Government of the US, Secretary of Agriculture (1993–1994)
Daniel C. Esty, State of Connecticut, USA Commissioner, Connecticut Department of Energy and Environmental Protection (2011–2014)
Jon Favreau, Office of the President of the United States
Steven Fulop, Jersey City, N.J. Mayor of Jersey City (2013–)
Tulsi Gabbard, United States House of Representatives, Congresswoman from Hawaii (D), 2nd District
Kate Gallego, City of Phoenix, Arizona Mayor of Phoenix
Pete Geren, Texas Cultural Trust, Former congressman Texas
Gabrielle Giffords, US Congressman (Dem) for Arizona (2007–2012)
Garlin II Gilchrist, State of Michigan, Lieutenant Governor
Cyrus Habib, Society of Jesus (Jesuits), Lieutenant Governor of Washington State (2017–2021)
Nikki Haley, US Government, US Ambassador to the UN
Rachel Haot (Sterne), City of New York, Executive Director of the Transit Innovation Partnership
Jaime Herrera Beutler, US House of Representatives, Congresswoman from Washington (R), 3rd District
Benjamin Jealous, NAACP
Bobby Jindal, State of Louisiana, Governor of Louisiana
Patrick J. Kennedy II, US House of Representatives, Representative for Rhode Island (1995–2011)
Joseph P. Kennedy III, US House of Representatives, Representative for the suburbs of Boston, Massachusetts
Kwame Kilpatrick, City of Detroit, Mayor of Dieroit (2002–2008)
Adam Kinzinger, Illinois American Politician

Mark Lippert, Boeing US Ambassador to South Korea 2014–2017
Kathleen McGinty, Office of the Governor of Pennsylvania, Chief of Staff (2015); Environmental advisor to VP Al Gore and President Clinton
Kimberly A. Moore, US Court of Appeals for the Federal Circuit (2021–), Chief judge
Seth Moulton, U.S. House of Representatives, Democrat Rep. from Massachusetts's 6th district (2015–)
Vivek Murthy, United States Public Health Service, Commissioned Corps
Nicole Nason, National Highway Traffic Safety Administration Administrator
Michael R. Nelson, City of Carrobro, North Carolina, Mayor of Carrboro, NC
Gavin Newsom, State of California, Governor of California (2019–)
Jared Polis, State of Colorado, Governor of Colorado (2019–)
Samantha Power, National Security Council (NSC), Past US Ambassador to UN
Adam Putnam, Florida Department of Agriculture and Consumer Services, Commissioner of Agriculture and Consumer Services
Luke Ravenstahl, City of Pittsburgh, Mayor of Pittsburgh 2006–2014
Julissa Reynoso, US Embassy, US Ambassador to Spain and Andorra (2022–)
Nilmini Rubin, Meta US Senate Foreign Relations Committee
Richard L. Scott, Columbia/HCA, US Governor/Senator – Florida
Kunihiko Shimada, KS International Strategies, Inc. Former UN mediator on peace and security issues
Kristen Silverberg, US Government, US Ambassador to the EU (2008–2009)
Edward Smith, DLA Piper LLP Department of Commerce under Obama
Elise Stefanik, US House of Representatives, Congresswoman from New York, 21st District (R)
William Steiger, USAID Director of the Office of Global Health Affairs at the U.S. Department of Health and Human Services
Lawrence H. Summers, Harvard University, Under-Secretary of the Treasury for International Affairs
John E. Sununu, United States Institute of Peace (USIP), Congressman and Senator Lauren Underwood Representative for Illinois
Heather Zichal, The White House, Deputy assistant to President Barack Obama for Energy and Climate Change
Jeffrey Zients, Advisory Board Company, White House, Coronavirus Response Coordinator since 2021

32 https://www.bing.com/videos/search?q=klaus+schwab+kennedy+2017+young+global+leaders&view=detail&mid=C4A4F3FED9ED3A8C18D0C4A4F3FED9ED3A8C18D0&FORM=VIRE

33 https://norberthaering.de/macht-kontrolle/baerbock-weltwirtschaftsfo-rums/

34 https://www.dw.com/de/global-shapers-in-davos-wollen-die-welt-ver%C3%A4ndern/a-47168096 https://www.globalshapers.org/

35 https://www.weforum.org/agenda/united-states/

36 https://www.weforum.org/platforms/?_gl=1*1coj7m3*_up*MQ..&gclid=EAIaIQobChMIxL3Pr9HI-gIVNY9oCR2MNQD8EAAYASAAEgLso_D_BwE

37 https://www.weforum.org/platforms/shaping-the-future-of-trade-and-global-economic-interdependence?_gl=1*iggrmu*_up*MQ..&gclid=EAIaIQobChMIxL3Pr9HI-gIVNY9oCR2MNQD8EAAYASAAEgLso_D_BwE

38 https://www.google.de/search?q=de+groote+klaus+schwab+%22single+world+government%22&ei=_1g9Y_ieDuONxc8Pg7WbqAM&ved=0ahUKEwi4mvK57cj6AhXjRvEDHYPaBjUQ4dUDCA4&uact=5&oq=de+groote+klaus+schwab+%22single+world+government%22&gs_lp=Egdnd3Mtd2l6uAED-AEBMgUQIRigATIFECEYoAEyBRAhGKABwgIKEAAYRxjWBBiwA8ICBxAAGB4YogSQBgZI4XJQygVYtmxwDngByAEAkAEAmAF4oAHuDKoBBDE4LjHiAwQgQRgA4gMEIEYYAIgGAQ&sclient=gws-wiz

39 https://moderndiplomacy.eu/2017/10/25/new-wef-platform-brings-together-top-global-think-tanks-to-address-geostrategic-challenges/

40 https://lobbypedia.de/wiki/Atlantic_Council

41 https://www.rand.org/content/dam/rand/pubs/research_briefs/RB10000/RB10014/RAND_RB10014.pdf
This brief summarizes a report that comprehensively examines nonviolent, cost-imposing options that the United States and its allies could pursue across economic, political, and military areas to stress – overextend and unbalance –Russia's economy and armed forces and the regime's political standing at home and abroad.

42 https://www.weforum.org/communities/global-university-leaders-forum
The Global University Leaders Forum (GULF) community consists of the presidents of the world's leading universities who are committed to supporting the Forum's mission of improving the state of the world. Together GULF presidents identify and address matters of common interest, including trends, challenges and best practices in higher education, research and societal impact. The community is comprised of 29 members and is chaired by Suzanne Fortier, Principal and Vice-Chancellor, McGill University.

43 https://www3.weforum.org/docs/WEF_GULF_Members_18.pdf
Bocconi University, Italy – Mario Monti, President
California Institute of Technology, USA –Thomas F. Rosenbaum, President
Carnegie Mellon University, USA – Farnam Jahanian**, President
Columbia University, USA – Lee C. Bollinger, President

Ecole Polytechnique Fédérale de Lausanne, Switzerland – Martin Vetterli, President
ETH Zurich, Switzerland – Joël Mesot, President
Georgetown University, USA – John J. DeGioia, President
Harvard University, USA – Lawrence S. Bacow, President
Hong Kong University of Science and Technology, Hong Kong SAR – Wei Shyy, President
Imperial College London, United Kingdom – Alice Gast, President
Keio University, Japan – Akira Haseyama, President
Korea Advanced Institute of Science and Technology, Republic of Korea – Sung-Chul Shin, President
Massachusetts Institute of Technology, USA – L. Rafael Reif, President
McGill University, Canada – Suzanne Fortier*, Principal and Vice-Chancellor
Nanyang Technological University, Singapore – Subra Suresh, President
National University of Singapore, Singapore – Tan Eng Chye, President
Peking University, People's Republic of China – Hao Ping, President
Princeton University, USA –Christopher L. Eisgruber, President
Stanford University, USA – Marc Tessier-Lavigne, President
The University of Tokyo, Japan –Makoto Gonokami, President
Tsinghua University, People's Republic of China –Qiu Yong, President
University of California, Berkeley, USA –Carol T. Christ, Chancellor
University of Cambridge, United Kingdom – Stephen Toope, Vice-Chancellor
University of Cape Town, South Africa –Mamokgethi Phakeng, Vice-Chancellor
University of Chicago, USA – Robert Zimmer, President
University of Oxford, United Kingdom –Louise Richardson, Vice-Chancell
University of Pennsylvania, USA – Amy Gutmann, President
Yale University, USA – Peter Salovey, President
Zhejiang University, People's Republic of China – Wu Zhaohui, President

44 https://universitas21.com/get-involved/u21-awards/gilbert-medal-award/professor-dzulkifli-abdul-razak-winner-2017-gilbert

45 https://www.youtube.com/watch?v=AmNlVHNOyuU (ab ca. 00:16:30) Therefore when we look at the World Economic Forum […] when this group of people are painting a sort of views for the future and we Muslims are supposed to redirect ourselves to the future that they said it would be – would it be our future or their future? In fact, when people ask me are you a world-class university I always answer him whose world are you talking about, my world or your world … it may not be the same and why do I need to subject myself to your definition of what the world class is?

46 https://www.weforum.org/platforms/shaping-the-future-of-media-entertainment-and-sport

Identifying new business models for content and distribution, transforming the way consumers are informed and entertained around the world.[...] Together with our Members and Partners, we are creating a new media system between content creators, distributors and consumers.

47 https://www.nzz.ch/technologie/ich-hatte-das-gefuehl-dass-wir-zensiert-wurden-der-abgang-einer-ki-forscherin-bei-google-wirft-fragen-auf-ld.1591681
https://www.wsws.org/de/articles/2017/09/20/goog-s20.html
https://norberthaering.de/propaganda-zensur/eu-zensurregime/

48 https://www.giga.de/news/zensur-bei-windows-microsoft-gesteht-fehler-ein/

49 https://www.sueddeutsche.de/wirtschaft/ukraine-russland-eu-zensur-google-facebook-meta-1.5539790

50 https://www.swr.de/swr2/wissen/broadcastcontrib-swr-11828.html

51 https://reclaimthenet.org/documents-show-collusion-between-cdc-and-big-tech/
https://uncutnews.ch/es-ist-nun-amtlich-us-regierung-hat-mit-google-twitter-und-facebook-konspiriert-um-wichtige-informationen-ueber-experimentelle-copd-impfstoffe-weltweit-zu-zensieren/

52 https://www.economist.com/leaders/2021/01/16/big-tech-and-censorship

53 https://www.reuters.com/article/rpb-wef-davos-agenda-connect-idUSKBN29U0Y3

54 https://www.weforum.org/reports/davos-agenda-2021/in-full/global-media-coverage-0ad76c5c86/
The Davos Agenda was the most impactful event in media since the pandemic began […]. It generated more than 40,000 global media mentions. More than 1,200 journalists from influential media outlets in all G20 countries covered the meeting. We saw daily coverage in the Financial Times, New York Times, Washington Post, Wall Street Journal, CNBC, CCTV, Nikkei, Al Arabiya and O Globo, among many more, resulting in 43,500 articles in total.
News organizations in 138 economies covered the Forum [...]
The sentiment of the coverage was mostly neutral or positive (87%) and focused on the key initiatives and themes of the meeting.

55 https://www.weforum.org/agenda/2022/02/the-davos-agenda-2022-global-media-engagement/

56 https://twitter.com/ellymelly/status/1548256663920312320

57 https://www.cbc.ca/news/politics/adrian-monck-world-economic-forum-house-interview-1.6571569

58 https://newspunch.com/the-great-reset-canadian-mp-censored-for-exposing-wefs-influence-over-justin-trudeaus-government/

59 https://www.cbc.ca/news/politics/adrian-monck-world-economic-forum-house-interview-1.6571569

»Canada should be talking about a lot of things right now. It shouldn't really be talking about the World Economic Forum based here in Geneva,« Monck told CBC Radio's The House in an interview airing Saturday. »You know, there are bigger issues, really, for it to be thinking about.«

60 https://www.cbc.ca/news/politics/adrian-monck-world-economic-forum-house-interview-1.6571569

61 https://europeanconservative.com/articles/news/great-reset-architect-klaus-schwab-at-davos-the-future-is-built-by-us/
https://www.youtube.com/watch?v=jTfW-cchpYA (ca. 5:38)
The future is not something that just happens. The future is built by us, by a powerful community like you in this room. We have the means to improve the state of the world [...]. This is the reason why you will find many opportunities here during the meeting to engage in very action-oriented and powerful initiatives, to make progress on issues related to the global agenda.

62 https://www.wiwo.de/zukunftsforscher-yuval-noah-harari-die-meisten-menschen-sind-fuer-die-wirtschaft-ueberfluessig/19554090.html

63 https://www.washingtonpost.com/archive/opinions/1991/09/22/innocence-abroad-the-new-world-of-spyless-coups/92bb989a-de6e-4bb8-99b9-462c76b59a16/

64 https://www3.weforum.org/docs/WEF_ProfessorKlausSchwab_Factsheet.pdf

65 https://www.newsweek.com/fact-check-was-davos-founder-klaus-schwabs-father-hitlers-confidant-1710381

66 https://books.google.it/books?id=fk3m_0Ka4tEC&pg=PA43&lpg=PA43&dq=cfia+financed+by+cia+h+kissinger&source=bl&ots=RF-_7jHym-Q&sig=ACfU3U0V4CttNZVVgyOi7xthF-1F6RcSPw&hl=it&sa=X&ved=2ahUKEwj86K7x_6X4AhWdSPEDHZPCA08Q6AF6BAgeEAM#v=onepage&q=cfia%20financed%20by%20cia%20h%20kissinger&f=false

67 https://unlimitedhangout.com/2022/03/investigative-reports/dr-klaus-schwab-or-how-the-cfr-taught-me-to-stop-worrying-and-love-the-bomb/

68 https://web.archive.org/web/20140202095633/http:/www.bilderbergmeetings.org/former-steering-committee-members.html

69 https://www.buecher.de/shop/geschichte--politik/world-order/kissinger-henry/products_products/detail/prod_id/42194325/

70 https://www.henryakissinger.com/articles/the-chance-for-a-new-world-order/

71 https://www.gardenstatefamilies.org/post/worldview-klaus-schwab-the-most-dangerous-man-in-the-world

72 https://www.bloomberg.com/news/articles/2021-03-19/bill-gates-says-some- tax-proposals-go-too-far
https://www.bbc.com/news/world-us-canada-50333597

73 https://information.tv5monde.com/info/covid-19-qu-est-ce-que-la-gran-

de-reinitialisation-promue-par-le-forum-de-davos-392369
Il faut se rappeler quand même que les mêmes décideurs de Davos se sont toujours opposés à toute régulation, même très modeste telle que la taxe Tobin (taxe de 0,1% sur les transactions financières).«

74 https://twitter.com/HumanaEmpatia/status/1571639966437974016
https://www.armstrongeconomics.com/world-news/climate/can-schwab-of-world-economic-forum-ever-be-trusted/

75 http://www.quotecounterquote.com/2009/11/rich-are-different-famous-quote.html
Let me tell you about the very rich. They are different from you and me. They possess and enjoy early, and it does something to them, makes them soft where we are hard, and cynical where we are trustful, in a way that, unless you were born rich, it is very difficult to understand. They think, deep in their hearts, that they are better than we are because we had to discover the compensations and refuges of life for ourselves. Even when they enter deep into our world or sink below us, they still think that they are better than we are. They are different.«

76 https://www.focus.de/finanzen/experten/gastbeitrag-von-rainer-zitelmann-neue-studien-zeigen-wie-sich-reiche-von-anderen-menschen-unterscheiden_id_10753722.html

77 https://www.gesundheitsstadt-berlin.de/warum-narzissten-die-empathie-fehlt-1737/

78 https://usrtk.org/bill-gates/critiques-of-gates-foundation/
https://www.climatechangenews.com/2022/09/08/africa-food-crisis-bill-gates-and-smallholders-see-different-solutions/

79 https://kar.kent.ac.uk/69849/1/Marchlewska%20et%20al.%20%28in%20press%29%20BJSP.pdf
Those high in narcissism, in contrast, were less likely to support democracy.

80 https://hmsc.harvard.edu/narcissism-freud-future-psychotherapy

81 https://www.nytimes.com/2006/11/26/business/yourmoney/26every.html
»There's class warfare, all right,« Mr. Buffett said, »but it's my class, the rich class, that's making war, and we're winning.«

82 https://www.nytimes.com/2020/05/02/technology/eric-schmidt-pentagon-google.html

83 https://www.rbf.org/about/our-history/timeline/special-studies-project

84 https://www.nytimes.com/1973/10/24/archives/tho-rejects-nobel-prize-citing-vietnam-situation-careful-decision.html

85 https://www.nytimes.com/roomfordebate/2016/02/13/henry-kissinger-sage-or-pariah/kissinger-was-a-courtier-to-atrocity

86 https://www.history.com/this-day-in-history/u-s-bombs-cambodia-for-the-first-time

87 https://www.history.com/this-day-in-history/u-s-bombs-cambodia-for-the-first-time

88 https://archive.org/details/howpolpotcametop00kier_0

89 https://www.politico.com/magazine/story/2015/10/henry-kissinger-history-legacy-213237/
He manipulated colleagues and nations. He faked the beginning of a nuclear war in order to advance some perverse personal game theory. He callously perpetrated international crimes

90 https://www.zitate.eu/autor/johann-wolfgang-von-goethe-zitate/132275

91 https://www.henryakissinger.com/articles/the-coronavirus-pandemic-will-forever-alter-the-world-order/
The crisis effort, however vast and necessary, must not crowd out the urgent task of launching a parallel enterprise for the transition to the post-coronavirus order.

92 https://www.weforum.org/agenda/2020/06/now-is-the-time-for-a-great-reset/
https://www.weforum.org/focus/the-great-reset
The pandemic represents a rare but narrow window of opportunity to reflect, reimagine, and reset our world

93 Schwab, Klaus. Die Vierte Industrielle Revolution (German Edition) (S. 9, 11, 12). Pantheon Verlag. Edition Kindle.

94 Schwab, Klaus. Die Vierte Industrielle Revolution (German Edition) (S. 11). Pantheon Verlag. Edition Kindle

95 Schwab, Klaus. Die Vierte Industrielle Revolution (German Edition) (S. 58). Pantheon Verlag. Edition Kindle.

96 https://www.oxfam.de/unsere-arbeit/themen/soziale-ungleichheit

97 https://www.routledge.com/The-Trilateral-Commission-and-Global-Governance-Informal-Elite-Diplomacy/Knudsen/p/book/9781138388574
In 1973, David Rockefeller and Zbigniew Brzezinski founded the Trilateral Commission. Involving highly influential people from business and politics in the US, Western Europe, and Japan, the Commission was soon preceived as constituting an embryonic or even shadow world government. As the first researcher to have accessed the Commission's archives, the author argues that this study demonstrates that global governance and international diplomacy should be considered a product of overlapping elite networks that merge informal and formal spheres across national borders.

98 https://www.youtube.com/watch?v=BO__c_oxS58

99 https://blog.campact.de/2015/01/gabriel-bezeichnet-deutsche-als-reich-und-hysterisch/

100 https://www.youtube.com/watch?v=jAm8cSBtA9o
No matter what my German voters think

101 https://www.forum2000.cz/en/partners

102 https://www.youtube.com/watch?v=tItp_2lGKqU (gleich zu Anfang)
What we are very proud of now is the young generation like primeminister Trudeau, the president of Bra .. er, Argentina and so on. So we penetrate the cabinets.

103 https://www.younggloballeaders.org/community?utf8=%E2%9C%93&q =baerbock
104 https://www.youtube.com/watch?v=tItp_2lGKqU
I know the half of this cabinet, or even more half of this cabinet are for our … er, are actually young global leaders of the world
105 https://www.britannica.com/topic/Trilateral-Commission
Members [of the Trilateral Commission] have held key positions in U.S. administrations and in the governments of other member countries. In the late 1970s, for example, many former Trilateral Commission members held senior positions in the cabinet of U.S. Pres. Jimmy Carter.
106 https://www.csmonitor.com/1980/0417/041760.html
107 https://www.hurstpublishers.com/book/a-new-spirit-of-capitalism/
A New Spirit of Capitalism – Toward More Sustainable and Inclusive Economies
The Trilateral Commission – Examines the future of the world economic order in the context of major global trends such as climate change, digitisation and rising inequalities.
108 https://www.hurstpublishers.com/book/a-new-spirit-of-capitalism/
Capitalism represents the greatest engine of material well-being that the world has ever seen. But scepticism about its viability has grown across the political spectrum, on the back of rising inequalities, climate change and digital disruptions. This book joins the debate about the crisis of capitalism – […] by advocating concrete proposals to put it on a more socially and environmentally sustainable path.
109 https://www.henryakissinger.com/articles/the-chance-for-a-new-world-order/
https://www.intereconomics.eu/contents/year/2022/number/3/article/who-will-shape-the-new-world-order.html
110 Der Spiegel, Die Brüssler Republik, 27.12.1999
111 https://scholarblogs.emory.edu/violenceinafrica/sample-page/the-philosophy-of-colonialism civilization-christianity-and-commerce/
112 htthttp://www.messaggi-online.it/tag/albert-camus/ps://twitter.com/XYZ0815art/status/1391717970901147648
https://www.trendsmap.com/twitter/tweet/1364089930792783875
Le bien être du peuple en particulier à toujours été l'alibi des tyrans, et il offre de plus l'avantage de donner bonne conscience aux domestiques de la tyrannie. (...) ceux mêmes qui se servent de semblables alibis, savent qu'il s'agit de mensonges.
113 Schwab, Klaus. Die Vierte Industrielle Revolution (German Edition) (S. 9, 10, 11). Pantheon Verlag. Edition Kindle.
114 https://pm.gc.ca/en/cabinet
115 https://www.younggloballeaders.org/community?utf8=%E2%9C%93&q=chrystia+freeland&x=6&y=8&status=&class_year=§or=®ion=#-results

116 https://www.younggloballeaders.org/community?utf8=%E2%9C%93&-
q=Fran%C3%A7ois-Philippe+Champagne&x=12&y=8&status=&class_
year=§or=®ion=#results

117 https://www.weforum.org/people/melanie-joly

118 https://www.younggloballeaders.org/community?utf8=%E2%9C%93&-
q=karina+gould&x=0&y=0&status=&class_year=§or=®ion=#re-
sults

119 https://financialpost.com/opinion/terence-corcoran-in-canada-follow-
the-money-the-ideas

Schwab and the WEF had help in setting up their Canadian infiltration mission, including from Trudeau's former chief of staff, Gerald Butts, a participant in the WEF's Davos conferences and a leading backroom organizer of the Trudeau government's ideological gambits. When it comes to subversive plans to overthrow the free-world economy, few are larger in scope than the WEF's global scheme to remake the world and install a new form of »capitalism« based on the recruitment of corporate leaders into the role of government.

The WEF infiltration of Ottawa has never been a secret, nor has Butts' involvement. But it is far from being common knowledge among voters that the ideological model behind the Liberal policy machine, the steering mechanism that guides decisions and policies, is subversive and authoritarian.

120 https://gbdeclaration.org/

121 https://sites.krieger.jhu.edu/iae/files/2022/01/A-Literature-Review-and-
Meta-Analysis-of-the-Effects-of-Lockdowns-on-COVID-19-Mortality.pdf
https://www.nber.org/system/files/working_papers/w29928/w29928.pdf
https://fee.org/articles/3-studies-that-show-lockdowns-are-ineffective-at-
slowing-covid-19/

122 https://www.ilsussidiario.net/news/ucraina-e-sanzioni-a-chi-toccchera-
fermare-il-suicidio-europeo/2396417/
https://exxpress.at/spatzenhirne-us-analyst-fassungslos-ueber-euro-
pas-wirtschaftlichen-selbstmord/

123 https://www.rnd.de/wirtschaft/nord-stream-so-schwer-koennten-die-kli-
maschaeden-durch-die-lecks-sein-YMGCUEBH5FDYPO7APJDCQ3D4
EI.html

124 https://www.zdf.de/nachrichten/wirtschaft/wirtschaft-2023-iwf-prog-
nose-inflation-100.html

125 https://www.finanznachrichten.de/nachrichten-2022-09/57170352-wie-
viel-krise-kann-die-dbk-deutsche-bank-aktie-auf-talfahrt-startet-jetzt-
die-crash-phase-049.htm

126 Euro Area Inflation Rate – October 2022 Data – 1991–2021 Historical

127 https://www.mdr.de/nachrichten/deutschland/gesellschaft/gas-preise-un-
ternehmen-arbeit-winter-100.html

128 https://www.ardmediathek.de/video/fakt/fakt/das-erste/Y3JpZDovL21kci

5kZS9iZWl0cmFnL2Ntcy9iNjc5ZjEzMS04ODBkLTQyYzUtODM1OS1hMmIwMTA1YzQ3YWI

129 https://finanzmarktwelt.de/belgischer-premier-eu-stillstand-deindustrialisierung-245275/

130 https://finanzmarktwelt.de/belgischer-premier-eu-stillstand-deindustrialisierung-245275/

131 https://www.ardmediathek.de/video/fakt/fakt/das-erste/Y3JpZDovL21kci5kZS9iZWl0cmFnL2Ntcy9iNjc5ZjEzMS04ODBkLTQyYzUtODM1OS1hMmIwMTA1YzQ3YWI

132 https://www.ardmediathek.de/video/fakt/fakt/das-erste/Y3JpZDovL21kci5kZS9iZWl0cmFnL2Ntcy9iNjc5ZjEzMS04ODBkLTQyYzUtODM1OS1hMmIwMTA1YzQ3YWI
https://www.tagesspiegel.de/wirtschaft/konzerne-in-der-energiepreisfalle-deutschland-droht-die-deindustrialisierung-8576479.html

133 https://www.science.org/content/article/europe-s-energy-crisis-hits-science

134 https://www.ft.com/content/016fe7bc-6d8b-4dda-8422-c67172f8cf8b
The US stands to be the biggest beneficiary as Europe faces the first of »many miserable winters«, according to Texas-based energy tycoon Charif Souki, who said the continent's energy crisis would allow American producers to export gas at a »significant premium«.

135 https://www.lexpress.fr/actualite/monde/amerique-nord/energie-alimentation-comment-les-etats-unis-tirent-profit-de-la-guerre-en-ukraine_2173489.html

136 https://www.noz.de/deutschland-welt/politik/artikel/robert-habeck-kritisierte-mondpreise-fuer-gas-aus-usa-43308901

137 https://www.ilfattoquotidiano.it/in-edicola/articoli/2022/10/12/parigi-accusa-gli-us-a-speculano-sul-gas/6835899/
Lunedì, durante il suo intervento all'Assemblée Nationale sulla legge di Bilancio, il ministro dell'Economia francese Bruno Le Maire ha di fatto accusato gli Stati Uniti di approfittare della guerra in Ucraina per prendere l'Europa per il collo in materia di energia

138 https://www.borsaitaliana.it/borsa/notizie/radiocor/economia/dettaglio/gas-le-maire-usa-ci-vendono-gnl-a-prezzo-quadruplo-inaccettabile-nRC_10102022_1808_514921002.html?lang=it
indebolimento della UE'

139 https://deutsche-wirtschafts-nachrichten.de/521235/USA-sind-groesster-Profiteur-der-europaeischen-Energiekrise

140 https://www.weforum.org/events/world-economic-forum-annual-meeting-2022/sessions/setting-the-agenda-for-the-energy-economy

141 https://www.opendemocracy.net/en/oureconomy/conspiracy-theories-aside-there-something-fishy-about-great-reset/
The magic words are »stakeholder capitalism«, a concept that WEF chairman Klaus Schwab has been hammering for decades and which occupies

pride of place in the WEF's Great Reset plan from June 2020. The idea is that global capitalism should be transformed so that corporations no longer focus solely on serving shareholders but become custodians of society by creating value for customers, suppliers, employees, communities and other »stakeholders«. The way the WEF sees stakeholder capitalism being carried out is through a range of ‹multi-stakeholder partnerships' bringing together the private sector, governments and civil society across all areas of global governance.

The idea of stakeholder capitalism and multi-stakeholder partnerships might sound warm and fuzzy, until we dig deeper and realise that this actually means giving corporations more power over society, and democratic institutions less.

[...] Instead of corporations serving many stakeholders, in the multi-stakeholder model of global governance, corporations are promoted to being official stakeholders in global decision-making, while governments are relegated to being one of many stakeholders. In practice, corporations become the main stakeholders, while governments take a backseat role, and civil society is mainly window dressing.

142 https://www.weforum.org/events/world-economic-forum-annual-meeting-2022/sessions/setting-the-agenda-for-the-energy-economy

143 https://www.sueddeutsche.de/politik/habeck-davos-weltwirtschaftsforum-1.5590240

144 https://www.weforum.org/agenda/2022/05/first-global-energy-crisis-how-to-fix-davos-2022/

Germany is one of the countries which had been badly hit by a dependence on Russian gas. Robert Habeck, Federal Minister for Economic Affairs and Climate Action, acknowledged that this had been a strategic error and told the panel that the country is ready to fight the energy crisis and is now looking to diversify its fossil fuel imports at incredible speed – with processes that once took decades now taking months.

145 https://www.weforum.org/events/world-economic-forum-annual-meeting-2022/sessions/setting-the-agenda-for-the-energy-economy

146 https://www.europarl.europa.eu/RegData/etudes/BRIE/2020/646172/EPRS_BRI(2020)646172_EN.pdf

147 https://www.fdp.de/pressemitteilung/lindner-rede-auf-dem-73-ord-bundesparteitag-der-freien-demokraten

148 Schwab, Klaus. Die Vierte Industrielle Revolution (German Edition) (S. 19–21). Pantheon Verlag. Edition Kindle.

149 Schwab, Klaus. Die Vierte Industrielle Revolution (German Edition) (S. 19–21). Pantheon Verlag. Edition Kindle.

150 https://www.theguardian.com/books/2017/jan/06/the-fourth-industrial-revolution-by-klaus-schwab-review

The idea that we all must adapt is seldom challenged, but it is really a veiled update of social Darwinism, according to which the people who survive the coming robot deluge will by definition have been the fittest all along. The call to adapt, indeed, implies that the changing circumstances Schwab foresees are something like inexorable forces of nature. But of course they aren't: they will be the results of decisions taken by legislators, regulators and others in power.

151 Schwab, Klaus; Malleret, Thierry, COVID-19: Der Grosse Umbruch (German Edition) (S. 139-140). Edition Kindle.

152 https://nachhaltig-entwickeln.dgvn.de/agenda-2030/ziele-fuer-nachhaltige-entwicklung/?pk_campaign=cpc&pk_kwd=agenda%202030

153 https://www.weforum.org/press/2019/06/world-economic-forum-and-un-sign-strategic-partnership-framework/

154 https://www.weforum.org/agenda/2019/01/these-are-the-global-priorities-and-risks-for-the-future-according-to-antonio-guterres/
There is no way governments or intergovernmental organisations alone can deal with climate change, can deal with the impact of the Fourth Industrial Revolution or can deal with migration. We need more and more a multilateralism that also is able to incorporate the contribution of all these other sectors, and I think the World Economic Forum has an absolutely vital role to play.

155 https://www.tni.org/en/profile/harris-gleckman

156 https://www.opendemocracy.net/en/oureconomy/un-being-turned-public-private-partnership-interview-harris-gleckman/

157 https://www.forum-csr.net/News/14207/Davos-%E2%80%9EPartnerschaft%E2%80%9C-von-UN-und-Weltwirtschaftsforum-beenden.html

158 https://www.fian.de/aktuelles/die-vereinten-nationen-und-das-world-economic-forum-eine-fatale-verbindung/

159 https://www.unesco.org/en/articles/director-general-meets-wef-chairman-davos

160 https://globaleducationcoalition.unesco.org/Members/Details/387

161 https://www.welt.de/wirtschaft/article208479891/Tichy-vs-Correctiv-Faktencheck-bei-Facebook-muss-geloescht-werden.html
https://www.nzz.ch/feuilleton/selbst-faktenpruefer-produzieren-fake-news-ld.1573295

162 https://cleverjourneys.com/2021/06/18/factcheck-org-funded-by-johnson-johnson-1-8-billion-lobby-group/
https://www.christianitydaily.com/articles/13550/20211009/facebook-independent-fact-checkers-funded-by-johnson-johnsons-stockholder-report.htm

163 https://newspunch.com/klaus-schwabs-wef-plans-to-censor-the-internet-using-ai/
https://www.weforum.org/agenda/2022/08/online-abuse-artificial-intelligence-human-input

164 https://thespinoff.co.nz/live-updates/27-07-2022/ardern-single-source-of-truth-comments-prompt-official-factcheck
We will continue to be your single source of truth […] Unless you hear it from us it is not the truth.
165 https://www.youtube.com/watch?v=A8EsoSdWqcU
166 https://sociable.co/government-and-policy/we-own-science-world-should-know-un-wef-disinformation/
We're becoming much more proactive. We own the science, and we think that the world should know it, and the platforms themselves also do«
167 https://www.weforum.org/agenda/2021/01/ursula-von-der-leyen-europe-an-commission-davos-agenda/
Thank you very much, dear Klaus.[…]
[…] we must [...] defend our institutions against the corrosive power of hate speech, of disinformation […]
New alliances for new solutions. This is what we will work for – and I know I can count on you and the World Economic Forum to help us build it. I hope to be able to continue this discussion with you soon! For example, Klaus, when we meet hopefully in person, at the special annual meeting in Singapore in May.
168 https://www.weforum.org/agenda/2022/10/how-to-address-disinformation/
169 https://ai.facebook.com/blog/using-ai-to-detect-covid-19-misinformation-and-exploitative-content/
170 https://www.facebook.com/CollectiveEvolutionPage/
https://www.europarl.europa.eu/RegData/etudes/STUD/2020/657101/IPOL_STU(2020)657101_EN.pdf
171 https://www.tagesspiegel.de/politik/warum-ich-die-eu-kommission-ablehnen-werde-4121698.html
https://www.tagesspiegel.de/politik/eu-im-kampf-gegen-fake-news-propaganda-und-gegen-propaganda-17850.html
172 https://deutsche-wirtschafts-nachrichten.de/507729/EU-Chefin-Ursula-von-der-Leyen-outet-sich-als-Unterstuetzerin-des-Great-Reset
173 https://edition.cnn.com/travel/article/italy-beach-concessions-law/index.html
174 https://www.youtube.com/watch?v=RKilCQjsb_8 (ca. 1:20)
https://www.handelsblatt.com/politik/international/wahlen-in-italien-eu-praesidentin-von-der-leyen-an-italiens-rechte-wir-haben-werkzeuge-/28701932.html
175 https://exxpress.at/wir-haben-instrumente-von-der-leyen-droht-italien-vor-meloni-wahl/
https://www.rnd.de/politik/wahl-in-italien-von-der-leyen-droht-rechten-parteien-mit-konsequenzen-sollten-eu-grundsaetze-NYZKHIHEHVIRVZENTH6VDDNOUM.html

https://www.t-online.de/finanzen/boerse/ticker/wahlen-in-italien-wir-haben-werkzeuge-droht-von-der-leyen/0DAA6E00FB40EAE5/
https://weltwoche.ch/daily/eu-chefin-von-der-leyen-droht-mit-konsequenzen-falls-italien-rechts-waehlt-mit-dieser-unfreiwilligen-wahlhilfe-ebnet-sie-den-weg-fuer-giorgia-meloni/

176 https://www.jstor.org/stable/10.2979/indjglolegstu.24.2.0399
Contemporary European public law is marked by the uneasy relationship between national constitutional democracies and the executive-based supranational governance of the European Union. […] This article claims that the supranational executive, owing to its predominance and ethos, corrodes and gradually displaces national constitutional democracies, bestowing and increasingly post-political character to European public law.

177 https://link.springer.com/article/10.1007/s11558-019-09355-z
To illustrate our argument, we choose to focus on the EU as a preeminent example of a regional experiment in supranational integration that has given rise to a thick web of policy rules and regulations effectively constraining policy-making at the national level (sovereignty costs).

178 https://apps.who.int/gb/ebwha/pdf_files/WHASSA2/SSA2_CONF1 Rev1-en.pdf

179 https://tkp.at/2022/04/21/der-pandemievertrag-macht-die-who-zur-welt regierung/

180 https://www.merkur.de/politik/merkel-warnt-vor-naechster-pandemie-zr-90658468.html

181 https://blogs.lse.ac.uk/covid19/2022/03/30/a-new-pandemic-treaty-what-the-world-health-organization-needs-to-do-next/
To get there, negotiators and all WHO member states need to be willing to compromise and to collectively chose a set of rules with which they are willing to comply in both health emergencies and ›peacetime‹.

182 https://www.consilium.europa.eu/de/policies/coronavirus/pandemic-treaty/

183 https://off-guardian.org/2022/04/19/pandemic-treaty-will-hand-who-keys-to-global-government/
In combination, these proposed rules would literally incentivize reporting possible »disease outbreaks«. Far from preventing »future pandemics«, they would actively encourage them.

184 https://off-guardian.org/2022/04/19/pandemic-treaty-will-hand-who-keys-to-global-government/
A »Pandemic Treaty« that overrides or overrules national or local governments would hand supranational powers to an unelected bureaucrat or »expert«, who could exercise them entirely at his own discretion and on completely subjective criteria. This is the very definition of technocratic globalism.

185 https://www.gisreportsonline.com/r/supranational-organizations/
https://link.springer.com/article/10.1057/s41267-022-00537-3

186 https://link.springer.com/article/10.1007/s11558-019-09355-z

187 https://www.france24.com/en/20200318-avoid-ibuprofen-for-coronavirus-symptoms-who-says

188 https://www.welt.de/wissenschaft/article206534469/CureVac-Ab-Herbst-koennten-Zehntausende-Corona-Impfstoff-erhalten.html?wtrid=socialmedia.socialflow....socialflow_twitter

189 https://stern-apotheke-dachau.de/medizin/schmerzmittel-richtig-einnehmen/

190 https://www.ncbi.nlm.nih.gov/pmc/articles/PMC8426871/

191 https://www.liberoquotidiano.it/news/personaggi/31808132/roberto-speranza-boia-nazi-assassino-insulti-paura-per-ministro.html

192 https://video.ilriformista.it/assassino-assassino-speranza-contestato-a-padova-i-no-green-pass-tirano-fuori-anche-bara-e-corona-di-fiori-22162/

193 https://www.youtube.com/watch?v=S8vrUQ1Ond4

194 https://www.thelancet.com/pdfs/journals/laninf/PIIS1473-3099(22)00433-9.pdf

195 https://link.springer.com/chapter/10.1007/978-3-319-68173-3_9

196 https://www.technocracy.news/?s=pandemic+treaty

197 https://www.bing.com/videos/search?q=Shabnam+Palesa+Mohamed&docid=608049880764798247&mid=4B102433578D26D9C00F4B102433578D26D9C00F&view=detail&FORM=VIRE
… an inordinate amount of power to make decisions in sovereign countries as to how people live and how they deal with pandemics, from lockdowns to mandates over treatment.

198 https://www.euractiv.de/section/europakompakt/news/eu-kommission-kann-sms-zwischen-von-der-leyen-und-pfizer-nicht-finden/

199 https://www.latimes.com/nation/la-na-gates16dec16-story.html

200 https://www.infosperber.ch/wirtschaft/konzerne/so-dominierte-die-bill-gates-machtmaschine-die-corona-politik/
https://www.politico.com/news/2022/09/14/global-covid-pandemic-response-bill-gates-partners-00053969

201 Schwab, Klaus. Die Vierte Industrielle Revolution (German Edition) (S. 19–21). Pantheon Verlag. Edition Kindle.

202 https://www.youtube.com/watch?v=7TdiND82vFg

203 https://www.uni-kiel.de/psychologie/mausfeld/ (PDF-Datei)
https://www.neuer-weg.com/node/5735

204 https://www.faz.net/aktuell/politik/ausland/proteste-in-frankreich-gegen-rentenreform-18351861.html

205 https://www.agcs.allianz.com/news-and-insights/expert-risk-articles/civil-unrest.html

206 https://nautil.us/the-power-of-narrative-15975/
Narratives provide the context in which the facts we observe can be interpreted, understood, and acted upon. In that sense, they equate to much more than the stories we tell, write, or illustrate figuratively; they end up

being the truths, or the ideas we accept as truths, that underpin the perceptions that shape our »realities« and in the process form our cultures and societies. [...] Narratives shape our perceptions, which in turn form our realities and end up influencing our choices and actions.

207 https://nautil.us/the-power-of-narrative-15975/
The human brain has always been highly tuned towards narratives, whether factual or not, to justify ongoing actions.

208 https://www.youtube.com/watch?v=zSeCNe-5qds
https://www.youtube.com/watch?v=cuNWRoHRzkU (Fängt bei 23.56 an)

209 https://www.weforum.org/agenda/2022/09/my-carbon-an-approach-for-inclusive-and-sustainable-cities/
COVID-19 was the test of social responsibility – A huge number of unimaginable restrictions for public health were adopted by billions of citizens across the world. There were numerous examples globally of maintaining social distancing, wearing masks, mass vaccinations and acceptance of contact-tracing applications for public health, which demonstrated the core of individual social responsibility.

210 https://www.weforum.org/agenda/2022/09/my-carbon-an-approach-for-inclusive-and-sustainable-cities/

211 https://digitaleneuordnung.de/blog/zitate-digitalisierung/

212 https://twitter.com/elonmusk/status/896166762361704450

213 Schwab, Klaus. Die Vierte Industrielle Revolution (German Edition) (S. 19–21). Pantheon Verlag, Edition Kindle.

214 Schwab, Klaus. Die Vierte Industrielle Revolution (German Edition) (S. 41). Pantheon Verlag, Edition Kindle.

215 https://law.unimelb.edu.au/__data/assets/pdf_file/0005/3385454/Schwab-The_Fourth_Industrial_Revolution_Klaus_S.pdf
It is in the biological domain where I see the greatest challenges for the development of both social norms and appropriate regulation. We are confronted with new questions around what it means to be human, what data and information about our bodies and health can or should be shared with others, and what rights and responsibilities we have when it comes to changing the very genetic code of future generations. (Seite 26)

216 https://www.academia.edu/44631196/La_cuarta_revoluci%C3%B3n_industrial

217 Schwab, Klaus. Die Vierte Industrielle Revolution (German Edition) (S. 41–42). Pantheon Verlag. Edition Kindle.

218 https://www.cambridge-news.co.uk/news/cambridge-news/cambridge-scientists-grow-synthetic-embryo-24832931

219 https://www.cell.com/cell-stem-cell/fulltext/S1934-5909(22)00377-0

220 https://www.israelnetz.com/israelis-zuechten-maus-embryo-aus-stammzellen/

221 https://www.nature.com/articles/d41586-022-02334-2

222 https://www.israelnetz.com/israelis-zuechten-maus-embryo-aus-stamm-zellen/
223 https://www.youtube.com/watch?v=a-vHK3kO3wI (ca. 1.20 Min)
224 https://www.israel21c.org/world-economic-forum-says-israel-is-2nd-best-on-innovation/
225 https://www.rand.org/pubs/research_reports/RRA1482-2.html (PDF downloaden)
Adding reptilian genes that provide the ability to see in infrared [...]
226 https://www.fda.gov/news-events/press-announcements/fda-approves-pill-sensor-digitally-tracks-if-patients-have-ingested-their-medication
https://www.korsch.com/de/technologieblog/detail/smart-tablets
227 https://www.rand.org/pubs/research_reports/RRA1482-2.html (PDF downloaden)
228 https://www.youtube.com/watch?v=CVIy3rjuKGY&t=965s (min. 15.45 ca)
What the Fourth Industrial Revolution will lead to is a fusion of our physical, our digital, and our biological identities« —
229 Schwab, Klaus. Die Vierte Industrielle Revolution (German Edition) (S. 172). Pantheon Verlag. Edition Kindle.
230 Schwab, Klaus. Die Vierte Industrielle Revolution (German Edition) (S. 172–173). Pantheon Verlag. Edizione del Kindle.
231 https://www.youtube.com/watch?v=eOsKFOrW5h8&t=193s (ca. min. 12).
We are no longer mysterious souls; we are now hackable animals
232 Schwab, Klaus. Die Vierte Industrielle Revolution (German Edition) (S. 173). Pantheon Verlag. Edizione del Kindle.
233 Die Vierte Industrielle Revolution (German Edition) (p.179). Pantheon Verlag. Edizione del Kindle.
234 Schwab, Klaus. Die Vierte Industrielle Revolution (German Edition) (S. 190). Pantheon Verlag. Edizione del Kindle.
235 Schwab, Klaus. Die Vierte Industrielle Revolution (German Edition) (S. 203). Pantheon Verlag. Edizione del Kindle.
236 https://www.tbsnews.net/tech/meet-worlds-first-humanoid-robot-ceo-ms-tang-yu-492174
237 Schwab, Klaus. Die Vierte Industrielle Revolution (German Edition) (S. 215). Pantheon Verlag. Edizione del Kindle.
238 https://www.sculpteo.com/de/3d-lernzentrum/3d-druck-anwendungen/automobil-und-3d-druck/
https://www.youtube.com/watch?v=EClI_sVh-Qs
239 Schwab, Klaus. Die Vierte Industrielle Revolution (German Edition) (S. 218). Pantheon Verlag. Edizione del Kindle.
240 https://www.trtworld.com/magazine/how-close-are-we-to-3d-printing-organs-for-human-transplants-58003
241 Schwab, Klaus. Die Vierte Industrielle Revolution (German Edition) (S. 223). Pantheon Verlag. Edizione del Kindle.

242 Schwab, Klaus. Die Vierte Industrielle Revolution (German Edition) (S. 225). Pantheon Verlag. Edizione del Kindle.

243 Schwab, Klaus. Die Vierte Industrielle Revolution (German Edition) (S. 207). Pantheon Verlag. Edizione del Kindle.

244 https://health.economictimes.indiatimes.com/news/health-it/uae-launches-its-first-robot-pharmacy/56559124?redirect=1

245 Schwab, Klaus. Die Vierte Industrielle Revolution (German Edition) (S. 207–208). Pantheon Verlag. Edizione del Kindle.

246 Schwab, Klaus. Die Vierte Industrielle Revolution (German Edition) (S. 205). Pantheon Verlag. Edizione del Kindle.

247 https://www3.weforum.org/docs/WEF_A_Blueprint_for_Digital_Identity. pdf

248 https://www3.weforum.org/docs/WEF_Digital_Identity_Strategic_Imperative.pdf

249 https://www.youtube.com/watch?v=EFIs-oL1c4g

250 https://www.kmu.gov.ua/en/news/sogodni-oficijnij-start-proektu-yepidtrimka-yak-podati-zayavku-na-otrimannya-1000-grn-u-zastosunku-diya

251 https://www.reuters.com/article/factcheck-ukraine-payment-idUSL2N2VH2WG

252 https://ua.interfax.com.ua/news/economic/749105.html
The prime minister said that Ukraine is integrating the System Value approach of the World Economic Forum (WEF) into economic planning

253 https://www.flickr.com/photos/worldeconomicforum/16154790960

254 https://www.bundesregierung.de/breg-de/suche/digitale-identitaet-1852094

255 https://identity-economy.de/bologna-fuehrt-im-herbst-sozialkreditsystem-ein

256 https://tkp.at/2022/04/19/in-italien-erstes-europaeisches-sozialkreditsystem-kommt/
https://www.contrepoints.org/2022/06/18/425496-le-credit-social-a-la-chinoise-sinvite-au-coeur-de-leurope

257 https://mobile.twitter.com/Davos/status/956553333770280967
Populism is the self-defence of people against all this technology, says Vittorio Colao.

258 https://www.biometricupdate.com/202111/world-foundational-digital-identity-systems-under-review-by-privacy-international […] and the potential for abuse of surveillance and tracking of individuals across all government agencies and private sector providers via a unique identifier.

259 https://www.tagesspiegel.de/politik/indien-hat-eine-milliarde-menschen-eingescannt-5514988.html

260 https://www.dw.com/en/the-link-between-indias-biometric-identity-scheme-and-starvation/a-57020334
The Indian government's biometric identity scheme has drawn criticism

for many reasons, but new reports suggest the plan is causing deaths by starvation and increased hunger across the country.

261 https://www.derstandard.de/story/2000134794414/e-id-scharfe-kritik-an-eu-plaenen-fuer-digitalen-ausweis

262 https://www.weforum.org/agenda/2020/01/benefits-cashless-society-mobile-payments/

263 http://www.pbc.gov.cn/en/3688110/3688172/4157443/4293696/2021071614584691871.pdf
E-CNY obtains programmability from deploying smart contracts that don't impair its monetary functions. Under the premise of security and compliance, this feature enables self-executing payments according to predefined conditions or terms agreed between two sides, so as to facilitate business model innovation.

264 https://dailysceptic.org/2022/09/21/paypal-demonetises-the-daily-sceptic/
PayPal's policy is not to allow our services to be used for activities that promote hate, violence or racial intolerance. We regularly assess activity against our long-standing Acceptable Use Policy and carefully review actions reported to us, and will discontinue our relationship with account holders who are found to violate our policies.

265 https://dailysceptic.org/2022/09/21/paypal-demonetises-the-daily-sceptic/
I suspect what's really going on is that someone at PayPal – possibly the entire C-suite – doesn't like what the Daily Sceptic or the Free Speech Union stands for. The company has form in this area. As Matt Taibbe wrote earlier back in May: In the last week or so, the online payment platform PayPal without explanation suspended the accounts of a series of individual journalists and media outlets, including the well-known alt sites Consortium News and MintPress.
Those sites – Consortium News and Mint Press – are both left wing and they're opposed to the war in Ukraine, which is presumably why PayPal cancelled them. Is the fact that the Daily Sceptic has published articles critical of the mainstream narrative about that war – including one in which we linked to Mint Press – the reason we've been cancelled? Seems a bit harsh, given that we've also published several articles defending Ukraine and its war effort and debunking some of the criticisms of the current Ukrainian regime.
A number of sites that have raised questions about the Covid vaccines have also been demonetised by PayPal in the past few months, including the U.K. Medical Freedom Alliance. Liz Evans, the head of the UKMFA, also had her personal PayPal account closed at the same time.

266 https://www.youtube.com/watch?v=a-vHK3kO3wI

267 https://de.wikibrief.org/wiki/Pippa_Malmgren

268 https://www.youtube.com/watch?v=srzOyytSbWQ
What underpins a world order is always the financial system [...] we are in

a brink of a dramatic change where we are about to and I will say this boldy, we are about to abandon the traditional system of money and accounting and introduce a new one. And the new one, the new accounting is what we call blockchain it means digital [...] it also raises huge dangerous in terms of the balance of power between states and citizens and in my opinion we are going to need a digital constitution of human rights if we are going to have digital money

269 https://www.weforum.org/agenda/2019/05/this-credit-card-has-a-carbon-emission-spending-limit/
[the] Swedish fintech company Doconomy has launched a new credit card that monitors the carbon footprint of its customers - and cuts off their spending when they hit their carbon max.

270 https://www.weforum.org/partners/?DAG=3&_gl=1*pktgsv*_up*MQ..&gclid=EAIaIQobChMI4YX0ponn-gIVi9rVCh2qpwCMEAAYASAAEgJnifD_BwE#M

271 https://www.mastercard.com/news/press/2021/april/mastercard-unveils-new-carbon-calculator-tool/

272 https://www.weforum.org/agenda/2019/05/this-credit-card-has-a-carbon-emission-spending-limit
The card itself is made from bio-sourced materials, and printed with air ink – ink manufactured from recycled carbon in air pollution.

273 https://www.climateimpact.com/news-insights/insights/infographic-carbon-footprint-internet/

274 https://www.ecb.europa.eu/paym/digital_euro/html/index.de.html

275 https://www.youtube.com/watch?v=rpNnTuK5JJU
In our analysis on CBDC, in particular for the general use, we intend to establish the equivalence with cash, and there is a huge difference there – for example, in cash we don't know who is using a one-hundred-dollar bill today, we don't know who is using a one-thousand-pesos bill today. A key difference in the CBDC is that Central Bank will have absolute control on the rules and regulations that will determine the use of that expression of central bank liability, and also we will have the technology to enforce that. Those two issues are extremely important and that makes a huge difference with respect to what cash is.

276 https://www.agendadigitale.eu/cittadinanza-digitale/pagamenti-digitali/idpay-cose-e-come-funziona-la-piattaforma-per-i-bonus-fiscali/
È importante andare verso il cashless, un mondo senza contanti [...] Perché quando si digitalizzano i pagamenti, inevitabilmente si digitalizzano anche i processi legati ai pagamenti, [...] è una battaglia per digitalizzare il Paese, aumentare la produttività e la competitività soprattutto delle piccole e piccolissime imprese.

277 https://www.sueddeutsche.de/wissen/verbesserte-menschen-die-vielleicht-gefaehrlichste-idee-der-welt-1.1691220

278 https://www.bing.com/videos/search?q=quello+che+dice+klaus+-schwab+youtube&&view=detail&mid=5E9114B525450E9777855E-9114B525450E977785&&FORM=VDRVRV

279 https://www.derstandard.de/story/2000134951562/warum-immer-mehr-menschen-kuenstliche-freunde-und-partner-haben

280 https://www.youtube.com/watch?v=Y1Pe7YkAtJk
https://en.wikipedia.org/wiki/Young_Global_Leaders

281 https://greenpass.news/come-si-esibisce-elon-musk-contro-klaus-schwab-e-il-wef/
https://www.derstandard.de/story/2000132719370/elon-musks-neuralink-gehirnimplantate-werden-an-menschen-getestet

282 https://www.derstandard.de/story/2000125698547/gehirn-computer-interface-elon-musk-zeigt-affen-der-pong-mit

283 https://synchron.com/
Synchron has developed an endovascular brain computer interface that can access every corner of the brain using its natural highways, the blood vessels. Our breakthrough platform launches a new frontier for the treatment of neurological diseases: Neurointerventional Electrophysiology (Neuro EP). Our technology will transform three medical verticals: Neuroprosthetics, Neuromodulation, and Neurodiagnostics

284 https://synchron.com/

285 https://www.weforum.org/agenda/2022/08/ethics-not-technological-limits-will-be-the-guiding-factor-for-an-augmented-age/

286 https://www.weforum.org/impact/smart-cities-governance-alliance/

287 https://www.radioled.eu/

288 https://uncutnews.ch/im-netz-des-wef-in-den-niederlanden-wird-im-geheimen-smart-city-in-betrieb-genommen/
https://petities.nl/petitions/stop-smart-city-apeldoorn-en-de-uitrol-van-de-kastjes-van-radioled?locale=en
Apeldoorn heeft de twijfelachtige eer gekregen om als één van 36 steden in de wereld bij wijze van proef een zogenaamde »Smart City« te worden. Hiertoe heeft zij onder andere het bedrijf RadioLED toestemming gegeven een infrastructuur op te zetten met multipoints: kleine datacenters aan lantaarnpalen.
Petition
We
bezorgde burgers van Apeldoorn,
observe
dat:
• de gemeente Apeldoorn al is begonnen met het uitrollen van de ‹Slimme Stad' zonder de burgers daarbij voldoende te hebben betrokken;
• er al multipoints/witte kastjes aan lantaarnpalen hangen waarover weinig bekend of zeker is;

• het onduidelijk is om hoeveel multipoints het gaat, op welke locaties en welke data er wordt verzameld;
• er onduidelijkheid is over de aansprakelijkheid voor schade op het vlak van privacy en/of gezondheid.
and request
het Apeldoornse bestuur onmiddellijk te stoppen met het (laten) ophangen van de kastjes en het uitrollen van ‹Smart City'-plannen totdat:
• burgers volledig zijn geïnformeerd, inzage en inspraak hebben gekregen in alle bestuurlijke en financiële stukken over Smart City;
• er onafhankelijk onderzoek is gedaan naar risico's en schadelijke effecten op het vlak van privacy en gezondheid;
• het duidelijk is wie aansprakelijk is voor mogelijke schade.

289 https://romandie-guide.ch/le-projet-intelligent-apeldoorn-rejette-les-critiques-le-reseau-degouts-est-une-opportunite-et-non-une-menace/

290 https://rairfoundation.com/globalist-surveillance-state-wef-begins-secret-smart-city-operations-in-the-netherlands/?utm_source=rss&utm_medium=rss&utm_campaign=globalist-surveillance-state-wef-begins-secret-smart-city-operations-in-the-netherlands

291 https://www.weforum.org/impact/smart-cities-governance-alliance/
The pioneer cities that have been adopting the roadmap and guiding its development towards smart city governance are: Apeldoorn, The Netherlands; Barcelona, Spain; Belfast, UK; Bengaluru, India; Bilbao; Spain; Buenos Aires, Argentina; Bogota, Colombia; Brasilia, Brazil; Chattanooga, USA; Cordoba, Argentina; Daegu, South Korea; Dallas, USA; Dubai, UAE; eThekwini, South Africa; Faridabad, India; Gaziantep, Türkiye; Hamamatsu, Japan; Hyderabad, India; Indore, India; Istanbul, Türkiye; Kampala, Uganda; Kaga, Japan; Kakogawa, Japan; Karlsruhe, Germany; Leeds, UK; Lisbon, Portugal; London, UK; Maebashi, Japan; Manila, Philippines; Medellin, Colombia; Melbourne, Australia; Mexico City, Mexico; Milan, Italy; Muscat, Oman; Newcastle, Australia; Pittsburgh, USA; San Jose, USA, Tampere, Finland and Toronto, Canada
Siehe auch: https://karlsruhe.digital/2020/11/karlsruhe-wird-pioneer-city-der-g20-global-smart-cities-alliance/

292 https://www.weforum.org/impact/smart-cities-governance-alliance/
In view of this success, the Alliance is planning to launch more networks in Asia, the Middle-East and Africa.

293 https://www.accessnow.org/smart-cities-projects/
https://www.rebelnews.com/smart_cities_a_digital_dictatorship

294 https://knowledge.wharton.upenn.edu/article/data-shared-sold-whats-done/
While many don't sell their data, they often do share access to it. For example, PayPal disclosed that it shares consumer data (such as name, address, phone number, date of birth, IP address, bank account information, recent purchases) with hundreds of entities around the world.

295 https://www.amazon.de/Das-Zeitalter-%C3%9Cberwachungskapitalismus-Shoshana-Zuboff-ebook/dp/B07CYNC88D

296 https://www.invisibly.com/learn-blog/companies-selling-your-personal-data

297 https://themarkup.org/the-breakdown/2021/09/02/what-does-it-actually-mean-when-a-company-says-we-do-not-sell-your-data

298 https://www.konsumentenschutz.ch/online-ratgeber/wie-verhindere-ich-fingerprinting-tracking/

299 https://www.konsumentenschutz.ch/online-ratgeber/wie-verhindere-ich-fingerprinting-tracking/

300 https://www.hec.edu/en/knowledge/instants/why-do-we-share-our-personal-data

301 https://www.weforum.org/agenda/2022/07/smart-cities-urban-areas-that-benefit-everyone/
Perhaps the greatest benefit to smart cities is the data it produces. [...]Additionally, it also opens up opportunities for added revenue.

302 https://beruhmte-zitate.de/zitate/976957-henry-kissinger-wer-das-ol-kontrolliert-ist-in-der-lage-ganze-na/

303 https://www.weforum.org/organizations/the-rockefeller-foundation
The Rockefeller Foundation advances the new frontiers of science, data, policy and innovation to solve global challenges related to health, food, power and economic mobility. As a science-driven philanthropy focused on building collaborative relationships with partners and grantees around the world, the Rockefeller Foundation seeks to inspire and foster large-scale human impact that promotes the well-being of humanity around the world by identifying and accelerating breakthrough solutions, ideas and conversations.

304 http://www.messaggi-online.it/tag/albert-camus/ps://twitter.com/XYZ0815art/status/1391717970901147648
https://www.trendsmap.com/twitter/tweet/1364089930792783875
Le bien être du peuple en particulier à toujours été l'alibi des tyrans,
et il offre de plus l'avantage de donner bonne conscience aux domestiques de la tyrannie.
(...) ceux mêmes qui se servent de semblables alibis, savent qu'il s'agit de mensonges.

305 https://www.weforum.org/agenda/2020/06/we-need-to-reimagine-our-food-systems-for-a-post-covid-world/

306 https://www.rockefellerfoundation.org/report/reset-the-table-meeting-the-moment-to transform-the-u-s-food-system/
https://www.csis.org/programs/global-food-security-program/projects/reset-table

307 https://www.nytimes.com/2016/08/08/us/politics/think-tanks-research-and-corporate-lobbying.html

308 https://www3.weforum.org/docs/WEF_Innovation_with_a_Purpose_VF-reduced.pdf

309 https://www.csis.org/programs/global-food-security-program/projects/reset-table
Now is the time to reassess. […] While our current challenges call for new approaches, the United States has retreated from its longtime role as a global leader in agriculture and food security.
CSIS is pleased to introduce Reset the Table, a project targeting today's challenges to global food security and calling for renewed U.S. leadership at the table.
310 https://beruhmte-zitate.de/zitate/976957-henry-kissinger-wer-das-ol-kontrolliert-ist-in-der-lage-ganze-na/
311 https://www.rockefellerfoundation.org/report/reset-the-table-messaging-guide/
312 https://www.tagesschau.de/wirtschaft/weltwirtschaft/argentinien-gen-weizen-101.html
313 https://www.dw.com/de/saatgut-monopol-saatgutgesetz-agrarkonzerne-ern%C3%A4hrungssicherheit-bayer-corteva-chemchina-limagrain/a-57110489
314 https://www.rosalux.de/news/id/45050
315 https://www.rosalux.de/fileadmin/images/EnglishWS/FoodSov/final_fss_en_for_web.pdf
316 https://www.frontiersin.org/articles/10.3389/fsufs.2021.661552/full
Although few people will dispute that global food systems need transformation, it has become clear that the Summit is instead an effort by a powerful alliance of multinational corporations, philanthropies, and export-oriented countries to subvert multilateral institutions of food governance and capture the global narrative of ‹food systems transformation […] to maintain colonial and corporate forms of control.
317 https://www.frontiersin.org/articles/10.3389/fsufs.2021.661552/full
In its efforts to promote the interests of the world's largest corporations, the WEF has pursued a »Great Reset« […] In the ensuing months […] the drivers behind the Summit became clear. As the world is increasingly cognizant of social and environmental problems caused by the industrial food system, the UNFSS has emerged as an elaborate process to undermine more democratic arenas of global food governance, while reinforcing corporate control over food systems.
318 https://www.rosalux.de/news/id/45050
https://www.rosalux.de/profil/es_detail/P1FHU6JQ7N/focus-on-the-global-south?cHash=1a79bd281a5e7503b393dca6066ea710
319 https://www.mdr.de/nachrichten/welt/wirtschaft/oxfam-superreiche-oekologische-vandalen-100.html
320 https://nypost.com/2022/10/21/mark-zuckerberg-uses-private-jet-frequently-despite-climate-activism/
321 https://www.weforum.org/podcasts/house-on-fire/episodes/have-we-reached-the-end-of-meat

Livestock production accounts for a staggering 15% of global emissions per year.

322 https://www.weforum.org/people/karien-gennip

323 https://www.berliner-zeitung.de/news/bauern-proteste-in-den-niederlanden-wo-kommt-die-wut-her-li.244537

324 https://www.bbc.com/news/world-europe-62335287

325 https://www.theguardian.com/world/2022/aug/29/irish-farmers-cull-cows-meet-climate-targets

326 https://www.younggloballeaders.org/community?utf8=%E2%9C%93&q=Leo&x=20&y=9&status=&class_year=§or=®ion=

327 https://www.derwesten.de/panorama/vermischtes/neuseeland-news-klimawandel-steuer-fuerze-kuehe-methan-treibhausgas-id235577627.html

328 https://spectator.com.au/2022/06/arderns-cow-tax-set-to-destroy-nz-farming/
[…] it is painfully clear that wherever New Zealand goes – Australia will obediently trail along after.
In this case, domestic agricultural industries are set to be sacrificed on the altar of ›Climate Change‹[…]. Fresh from asking hundreds of thousands of Americans to jet across the Pacific emitting who-knows how many CO_2 emissions to prop up the tourist industry, Ardern and her Climate Change Minister now insist that it is essential something be done about methane. Yes, getting rid of animals and plants is now part of the ›climate friendly‹ trend to – uh – make the Earth greener?

329 https://www.pdxmonthly.com/news-and-city-life/2022/06/carbon-neutral-milk-dairy-industry
https://www.theguardian.com/us-news/2022/sep/22/california-ranchers-water-rights-diversions-fish

330 https://css.umich.edu/sites/default/files/publication/CSS20-01.pdf

331

332 https://www.web-agri.fr/vaches-allaitantes-pmtva/article/208874/la-hausse-de-la-production-chinoise-est-loin-de-couvrir-ses-besoins-croissants-en-viande-bovine

333 https://www.rubikon.news/artikel/das-ende-der-bauern

334 https://www.facebook.com/worldeconomicforum/posts/the-target-is-to-be-100-carbon-neutral-by-2025/10155658395751479/

335 https://www.rubikon.news/artikel/das-ende-der-bauern
https://www.agrarheute.com/politik/bauernproteste-ganz-deutschland-597363

336 https://www.topagrar.com/management-und-politik/news/Ueberraschender-ruecktritt-niederlaendischer-agrarminister-geht-im-stickstoff-streit-13185322.html

337 https://www.topagrar.com/management-und-politik/news/Ueberraschender-ruecktritt-niederlaendischer-agrarminister-geht-im-stickstoff-streit-13185322.html

338 https://www1.cbn.com/cbnnews/world/2022/july/not-just-the-dutch-farmers-everywhere-fight-for-survival-against-the-climate-change-agenda-nbsp
Sri Lanka's ban of chemical fertilizers in farming caused the struggling nation's agricultural sector and economy to collapse. It ended with protestors frolicking in the presidential swimming pool [...]. Sri Lanka was supposed to be the poster child for modern organic farming. The World Economic Forum even proudly posted an article about Sri Lanka's expected success, written by the prime minister whose house was set on fire by protestors.
339 https://www.faz.net/aktuell/politik/ausland/sri-lanka-verfehlte-oeko-wende-verschaerft-die-krise-im-land-17970410.html
https://www.spiegel.de/ausland/steigende-getreidepreise-un-warnen-vor-hungerkatastrophe-auf-sri-lanka-a-a5daca96-a071-4e8f-827f-fba369c118f6
340 Schwab, Professor Dr.-Ing. Klaus; Malleret, Thierry. Das Grosse Narrativ: Für eine bessere Zukunft (Der Grosse Umbruch) (German Edition) (S. 129–130). Forum Publishing. Edition Kindle
341 https://www.theguardian.com/commentisfree/2021/apr/05/bill-gates-climate-crisis-farmland
342 https://www.infosperber.ch/umwelt/bill-gates-groesster-privater-ackerland-besitzer-der-usa/
343 https://www.oxfamamerica.org/explore/stories/these-10-companies-make-a-lot-of-the-food-we-buy-heres-how-we-made-them-better/
344 https://foodinstitute.com/focus/investment-in-lab-grown-meat-intensifying/
345 https://www.reuters.com/business/retail-consumer/kelloggs-faux-meat-spin-off-faces-tough-environment-2022-06-21/
346 https://vegfaqs.com/lab-grown-meat-companies/
347 https://labgrownmeat.com/top-10-stocks/
348 https://www.weforum.org/agenda/2020/12/singapore-lab-grown-meat-vegan-alternative-food-industry-usa-eat-just
349 https://www.facebook.com/worldeconomicforum/posts/moo-ve-over-dairy/10156125409991479/
350 https://pulse.seattlechildrens.org/researcher-links-childrens-soy-consumption-to-increased-kawasaki-disease-risk/
351 https://www.sciencedaily.com/releases/2018/03/180312150509.htm
Infants who consumed soy-based formula as newborns had differences in some reproductive-system cells and tissues, compared to those who used cow-milk formula or were breastfed,
352 https://www.newagebd.net/article/130562/the-wef-agenda-behind-modi-farm-reform
The recent radical farm laws from the government of Narenda Modi in India are part of the same global agenda, and it's all not good.
In Modi's India, farmers have been in massive protest since three new farm

laws were rushed through parliament last September. The Modi reforms were motivated by a well-organised effort of the World Economic Forum and its New Vision for Agriculture, part of Klaus Schwab's Great Reset, the corporate side of the UN Agenda 2030. [...]

For the WEF Great Reset, better known as the UN Agenda 2030 for ‹sustainable agriculture,' India's traditional farm and food system must be broken. Its smallholder family farmers must be forced to sell to large agribusiness conglomerates and regional or state-level protections for those farmers eliminated. It will be ‹sustainable,' not for the small farmers, but rather the giant agribusiness groups.

To advance that agenda the WEF created a powerful group of corporate and government interests called the NVA India Business Council.

The WEF's NVA India Business Council in 2017 included Bayer CropScience, one of the world's largest purveyors of agriculture pesticides and now, of Monsanto GMO seeds; Cargill India Pvt of the giant US grain company; Dow AgroSciences, GMO seed and pesticide producer; GMO and agrichemical firm DuPont; grain cartel giant Louis Dreyfus Company; Wal-Mart India; India Mahindra & Mahindra (world's largest tractor maker); Nestle India Ltd; PepsiCo India; Rabobank International; State Bank of India; Swiss Re Services, the world's largest re-insurer; India Private Limited, a chemicals maker; and the Adani Group of Gautam Adani, the second richest man in India and major financier of Modi's BJP party. Notice the absence of any Indian farmer organisations.

353 https://theintercept.com/2020/12/08/great-reset-conspiracy/
In short, the Great Reset encompasses some good stuff that won't happen and some bad stuff t that certainly will and, frankly, nothing out of the ordinary in our era of »green« billionaires readying rockets for Mars. Indeed, anyone with even a cursory knowledge of Davos speak, and the number of times it has attempted to rebrand capitalism as a slightly buggy poverty alleviation and ecological restoration program, will recognize the vintage champagne in this online carafe

354 https://theleaflet.in/farm-laws-atmanirbhar-bharat-and-the-great-india-reset/
[…] controlling as many elements of planetary life as they possibly can. From the digital data humans produce to each morsel of food we eat. The Great Reset is about maintaining and empowering a corporate extraction machine and the private ownership of life.«

355 https://fullfact.org/news/ukraine-land-sales-zelenskyy/
While foreign firms cannot buy Ukrainian agricultural land directly, we can't rule out the possibility that these companies have interests in Ukrainian agricultural land through subsidiaries, lease agreements, shares in landholders or other means.

356 https://www.oaklandinstitute.org/sites/oaklandinstitute.org/files/Brief_CorporateTakeoverofUkraine_0.pdf

In the midst of the crisis, the Oakland Institute produced a report detailing various lesser- known aspects of the dispute – for instance, aid packages and economic reforms that were to be imposed by the International Monetary Fund as a condition of the EU trade deal.2 Along with exposing the harsh austerity measures included in these deals, the Oakland Institute also found evidence of significant investment in Ukraine's agricultural system by transnational agri-businesses.

357 https://www.oaklandinstitute.org/sites/oaklandinstitute.org/files/Brief_CorporateTakeoverofUkraine_0.pdf
This fact sheet provides details on the transnational agribusinesses that are increasingly investing in Ukraine, including Monsanto, Cargill, and DuPont, and how corporations are taking over all aspects of Ukraine's agricultural system. This includes circumventing land moratoriums, investing in seed and input production facilities, and acquiring commodity production, processing, and transportation facilities.

358 https://www.schweizer-standpunkt.ch/news-detailansicht-de-international/der-lange-weg-in-den-ukraine-krieg.html

359 https://www.oaklandinstitute.org/blog/who-owns-agricultural-land-ukraine
[As documented by Judith Bouniol], the bankruptcy of national agribusinesses has provided a gateway for foreign control of Romania's farmland.

360 https://www.weltagrarbericht.de/themen-des-weltagrarberichts/landgrabbing.html

361 https://commonreader.wustl.edu/how-a-company-called-blackrock-shapes-your-news-your-life-our-future/

362 https://www.rassegneitalia.info/la-carne-sintetica-una-schifezza-il-ministro-lollobrigida-dichiara-guerra-alle-porcherie-imposte-dallue/

363 https://www.weforum.org/communities/shaping-the-future-of-food

364 Schwab, Professor Dr.-Ing. Klaus; Malleret, Thierry. Das Grosse Narrativ: Für eine bessere Zukunft (Der Grosse Umbruch) (German Edition) (S. 165). Forum Publishing. Edition Kindle.

365 https://www.weforum.org/agenda/2015/11/what-are-vertical-farms-and-can-they-really-feed-the-world/

366 https://www.weforum.org/agenda/2022/05/vertical-farming-future-of-agriculture/

367 https://www.weforum.org/agenda/2018/07/good-grub-why-we-might-be-eating-insects-soon/
https://www.weforum.org/agenda/2021/07/why-we-need-to-give-insects-the-role-they-deserve-in-our-food-systems/
https://www.weforum.org/agenda/2021/05/europe-insect-based-food-meat/

368 https://www.gatesfoundation.org/about/committed-grants/2012/05/opp1044748

369 https://www.rockefellerfoundation.org/grant/international-centre-of-insect-physiology-and-ecology-2021/

370 https://thetravelbugbite.com/2020/07/10/10-celebrities-that-eat-bugs/

371 https://www.bbc.com/news/uk-39039395

372 https://thetravelbugbite.com/2020/07/10/10-celebrities-that-eat-bugs/

373 https://www.gatesfoundation.org/about/committed-grants/2012/05/opp1044748

374 https://www.businessinsider.com/un-eating-insects-to-solve-world-hunger-2013-5

375 https://www.weforum.org/agenda/2018/07/good-grub-why-we-might-be-eating-insects-soon/

376 https://www.weforum.org/agenda/2018/07/good-grub-why-we-might-be-eating-insects-soon/
Finding a bug in your food can be a moment of horror that kills the mood and your appetite in one fell swoop. But that might be about to change, according to Meticulous Research, who've crunched the numbers on why we'll soon be voluntarily crunching insects.
The market research company predicts the global market for edible insects could grow to $1.18 billion by 2023. That's almost triple its current level.

377 https://survivingtomorrow.org/billionaire-elites-want-you-to-eat-bugs-and-you-will-f495d5e39ba6
https://www.johnlocke.org/elites-want-you-to-eat-bugs/

378 https://www.theguardian.com/food/2021/may/08/if-we-want-to-save-the-planet-the-future-of-food-is-insects

379 https://www.ncbi.nlm.nih.gov/pmc/articles/PMC6613697/
A parasitological evaluation of edible insects and their role in the transmission of parasitic diseases to humans and animals

380 https://www.ncbi.nlm.nih.gov/pmc/articles/PMC6613697/
During the research in individual farms, we observed unethical practices of individual breeders, such as feeding insects with animal feces from a pet shop, feeding insects with corpses of smaller animals, or feeding insects with moldy food and even raw meat. These practices significantly reduce the quality of the final product and undermine the microbiological / parasitological safety of such food. Currently, however, there are no regulations regarding zoohygienic conditions and the welfare of these animals as potential animals for food.

381 https://www.ncbi.nlm.nih.gov/pmc/articles/PMC6613697/
The results of our study indicate that edible insects play an important role in the transmission of tapeworms to […] humans.[...]
It has been proven that insects can be an important epidemiological factor in the transmission of bacterial diseases. One of the most important bacteria that are transmitted by insects include Campylobacter spp. and Salmonella spp.. Kobayashi et al. showed that insect may be also a vector of Escherichia coli 0157:H7.

382 https://pubmed.ncbi.nlm.nih.gov/28093332/

383 https://www.ernaehrungs-umschau.de/online-plus/17-04-2018-aller-
giepotenzial-von-essbaren-insekten-sollte-nicht-unterschaetzt-werden/

384 https://www.sciencedaily.com/releases/2021/01/210127171854.htm
https://pubmed.ncbi.nlm.nih.gov/28654197/

385 https://www.orizzontescuola.it/nel-regno-unito-insetti-alla-bolognese-
ai-bimbi-della-scuola-primaria-svolta-nella-mensa/
Niente cotolette, patatine fritte o crocchette. Per i bimbi di quattro scuole elementari del Galles arriva una novità: ecco gli insetti alla bolognese.
Il piatto rientra nel progetto »Novel food« con l'obiettivo di sostituire le vecchie abitudini con pietanze a base di insetti.
Il progetto, guidato da accademici dell'Università di Cardiff e dell'Università dell'Inghilterra occidentale (UWE Bristol), coinvolgerà anche i bambini delle scuole primarie per scoprire i loro atteggiamenti nei confronti delle questioni ambientali e come si traducono in opinioni sul cibo che mangiano.

386 https://www.tandfonline.com/doi/abs/10.1080/14733285.2020.1718608?
journalCode=cchg20

387 https://tkp.at/2022/09/12/insekten-in-schul-menues-in-australien-und-wales/
https://www.theepochtimes.com/1000-australian-schools-introduce-eco-
friendly-chips-made-from-edible-insects_4724434.html

388 https://www.repubblica.it/il-gusto/2022/06/07/news/beppe_grillo_dia-
mo_insetti_ai_bambini_delle_scuole_elementari-352872045/

389 https://ground.news/article/eat-the-bugs-netherlands-schools-offer-me-
alworms-and-insects-to-children-as-sustainable-meat-substitute

390 https://tkp.at/2022/09/12/insekten-in-schul-menues-in-australien-und-wales/

391 https://www.ble-medienservice.de/0197/insekten-essen-unterrichtsmo-
dul-fuer-die-klassen-9-10

392 https://www.spiegel.de/wissenschaft/mensch/uno-empfiehlt-mehr-in-
sekten-auf-den-teller-a-899496.html
https://www.spiegel.de/wissenschaft/mensch/nachhaltige-landwirtschaft-
warum-es-sich-doppelt-lohnen-kann-insekten-als-nahrungsmittel-zu-
zuechten-a-862e9c0d-1df6-488e-9184-26b9931e6f82
https://www.spiegel.de/panorama/insekten-essen-buffalowuermer-mit-
honigbanane-a-00000000-0003-0001-0000-000002373764

393 https://www.zeit.de/zett/2018-01/fuenf-gruende-warum-wir-insekten-
statt-gefluegel-und-rind-essen-sollten
https://www.zeit.de/wissen/2021-11/heuschrecke-lebensmittel-essbare-
insekten-eu-kommission

394 https://www.efsa.europa.eu/sites/default/files/event/2020/IPIFF%20pre-
sentation.pdf

395 https://www.catch-your-bug.com/collections/insektenchips (...herunterscrollen)

396 https://wuestengarnele.de/de_DE

397 https://www.amazon.de/essbare-Insekten/s?k=essbare+Insekten

398 https://www.amazon-watchblog.de/kritik/2750-umweltverschmutzung-seefracht-amazon-umweltsuendern.html

399 https://www.bloomberg.com/news/articles/2022-08-01/amazon-says-planet-warming-carbon-emissions-grew-18-in-2021?leadSource=uverify%20wall

400 https://www.mdr.de/nachrichten/welt/wirtschaft/oxfam-superreiche-oekologische-vandalen-100.html#Prozent

401 https://www.oxfam.org/en/press-releases/carbon-emissions-richest-1-set-be-30-times-15degc-limit-2030
Looking at total global emissions, instead of per capita emissions, the richest 1 percent – fewer people than the population of Germany – are expected to account for 16 percent of total global emissions by 2030, up from 13 percent in 1990 and 15 percent in 2015.

402 https://www.fao.org/news/story/it/item/197623/icode/

403 https://www.oxfam.org/en/press-releases/carbon-emissions-richest-1-set-be-30-times-15degc-limit-2030
It finds that by 2030: Someone in the richest 1 percent would need to reduce their emissions by around 97 percent compared with today to reach this level.

404 https://www.diepresse.com/6056092/fussabdruck-der-superreichen-30-mal-hoeher-als-vertraeglich

405 https://www.weforum.org/agenda/2020/09/suvs-planes-carbon-emissions-climate-change-emissions/
[…] that keeping global climate change under control will require [...] putting in place tough measures to curb over-consumption by the world's rich

406 https://www.aljazeera.com/opinions/2022/5/23/davos-is-dead
Just when you thought you would never see again the spectacle of private jets landing in the Swiss mountain town of Davos for the rich and powerful to unironically discuss »solutions« to climate change and inequality, the World Economic Forum is back. Did you miss it? No, me neither.

407 https://www.tagesspiegel.de/wissen/59-prozent-der-deutschen-wollen-keinesfalls-insekten-essen-2715625.html

408 https://de.statista.com/statistik/daten/studie/1060645/umfrage/umfrage-zum-essen-von-insekten/

409 https://www.coldiretti.it/economia/vino-serve-smascherare-linganno-dello-zucchero

410 https://www.ansa.it/canale_terraegusto/notizie/in_breve/2022/10/01/coldiretti-da-insetti-a-nutriscore-le-follie-a-tavola_395bde65-9aab-435a-917d-559a869a6b1e.html

411 https://www.rockefellerfoundation.org/report/reset-the-table-meeting-the-moment-to-transform-the-u-s-food-system/

412 https://www.mckinsey.com/industries/agriculture/our-insights/alternative-proteins-the-race-for-market-share-is-on

413 https://www.baywa.com/binaries/pdf/content/documents/baywacms/downloadcenter/broschueren/baywa-protein-zukunftsbericht-2022/baywa-

protein-zukunftsbericht-2022/baywacms%253Adownloadpdf/BayWa%2BProtein%2BZukunftsbericht%2B2022.pdf

414 https://www.nutrition-hub.de/post/70-akteure-pflanzenbasierte-alternative-proteine

415 https://www.foodingredientsfirst.com/news/good-meat-builds-worlds-largest-bioreactors-to-produce-cultivated-meat.html

416 https://www.youtube.com/watch?v=6gL0xQHI0wo

417 https://www.weforum.org/agenda/2022/05/science-behind-cultured-meat-production/
Cultured meat has all the same fat, muscles, and tendons as any animal… All this can be done with little or no greenhouse gas emissions, aside from the electricity you need to power the land where the process is done.

418 https://www.weforum.org/agenda/2022/05/science-behind-cultured-meat-production/
Cultured foods – also known as cell-based foods – are expected to turn our global food system as we know it on its head.
In fact, the cultured meat market is estimated to reach an eye-watering $25 billion by 2030 according to McKinsey, but only if it can overcome hurdles such as price parity and consumer acceptance.

419 https://www.sciencedirect.com/science/article/pii/S0142961222002903

420 https://www.weforum.org/agenda/2022/05/science-behind-cultured-meat-production/
The first step is taking tissue from the animal for the purpose of extracting stem cells and creating cell lines.
The extracted stem cell lines are then cultivated in a nutrient rich environment, mimicking in-animal tissue growth and producing muscle fibers inside a bioreactor. The muscle fibers are processed and mixed with additional fats and ingredients to assemble the finished meat product. [...]
Cells (or cell cultures) require very specific environmental conditions. Cell culture media is a gel or liquid that contains the nutrients needed to support growth outside of the body.
More research in this space is needed to determine optimized formulations and make these products more affordable.

421 https://www.ncbi.nlm.nih.gov/pmc/articles/PMC8534705/

422 https://www.sciencedirect.com/science/article/pii/S0142961222002903
https://pubchem.ncbi.nlm.nih.gov/compound/L-Ascorbic-acid-2-phosphate

423 Schwab, Klaus ; Malleret, Thierry . COVID-19: Der Grosse Umbruch (German Edition) (S. 284). Edition Kindle.

424 https://www.nottingham.ac.uk/news/stem-cell-study-paves-way-for-manufacturing-cultured-meat
https://www.wired.co.uk/article/scaling-clean-meat-serum-just-finless-foods-mosa-meat
https://www.sciencedaily.com/releases/2021/12/211207092449.htm

425 https://www.sciencedaily.com/releases/2021/12/211207092449.htm
Gene editing in this way makes modifications that could happen naturally over a long time but in a selective a rapid manner to customize specific traits. This can accelerate the pace of genetic selection of livestock and cultured meat to improve productivity and creation of healthier foods.

426 https://cordis.europa.eu/article/id/436388-study-points-the-way-to-food-made-from-livestock-stem-cells
In a world facing a growing human population and a warming climate, lab-grown meat – cultured meat – has clear advantages.

427 https://www.wired.co.uk/article/scaling-clean-meat-serum-just-finless-foods-mosa-meat

428 https://www.wired.co.uk/article/scaling-clean-meat-serum-just-finless-foods-mosa-meat
A single litre of foetal bovine serum costs between £300 and £700, and the clean meat industry is getting through buckets of the stuff every day. Mark Post, co-founder of Mosa Meat and creator of the world's first cultured burger, estimates that it takes 50 litres of serum to produce a single beef burger. It is the sheer cost of serum that makes clean meat so eye-wateringly expensive.

429 https://interestingengineering.com/innovation/lab-grown-meat-made-with-magnetic-fields

430 https://www.nature.com/articles/s41467-021-25236-9
Engineered whole cut meat-like tissue by the assembly of cell fibers using tendon-gel integrated bioprinting

431 https://www.ivy.farm/product/
Get the grill ready, as we plan to have a range of lean, tasty meat products available in the UK by 2023. Starting with the classic British pork sausage, and then expanding to include Angus beef burgers, Wagyu meatballs and whatever tickles chef's tastebuds next

432 https://www.cell.com/one-earth/pdf/S2590-3322(20)30294-3.pdf

433 https://www.weforum.org/agenda/2021/03/alternative-proteins-will-transform-food-mitigate-climate-change-and-drive-profits
Plant-based, microorganism- and animal cell-based alternatives to animal meat, fish, eggs, and dairy are projected to make up at least 11% of global protein consumption in 2035 – with a push from regulators and step changes in technology, they could reach fully 22% of the total.[...]
A new report from Blue Horizon (BHC) and Boston Consulting Group (BCG) says the $290 billion alternative protein market is the foundation of a more sustainable food system.

434 https://journals.biologists.com/dev/article/148/23/dev199901/273644/Pluripotent-stem-cells-related-to-embryonic-disc

435 https://www.weforum.org/agenda/2022/09/food-future-seaweed-climate-friendly-nutritious-plant-based-alternative/
food neophobia (wanting to avoid novel foods)

436 https://www.catch-your-bug.com/products/2er-pack-insektenmehl-je-100-gr https://www.greenme.it/salute-e-alimentazione/mangiare-sostenibile/chips-farina-dinsetti/

437 https://www.weforum.org/partners/#C

438 https://www.wired.co.uk/article/lab-grown-human-meat-cannibalism

439 https://www.wired.co.uk/article/lab-grown-human-meat-cannibalism
In the not-so-distant future, then, there will be no obvious technical hurdle to growing human meat for consumption. It will probably be safe to eat and comparable to any other meat that comes from a laboratory. An inherent horror will probably keep it off the supermarket shelves and menus of all but the most curious individuals and eccentric restaurants. But, if your really want to, you will be able to have your steak and eat it.

440 https://www.wired.co.uk/article/lab-grown-human-meat-cannibalism

441 https://www.weforum.org/agenda/2019/06/you-will-be-eating-replacement-meats-within-20-years-heres-why/
Cultured meat will outgrow novel meat replacements some time between 2025 and 2040 as both technology and consumer preferences develop. In fact, the disruptive effect of new biotechnology methods will go beyond meat into milk, egg white, gelatine and fish products.

442 https://www.youtube.com/watch?v=iDrV58hWKcU ca. 0.20 sec

443 Schwab, Klaus; Malleret, Thierry COVID-19: Der Grosse Umbruch (German Edition) (S. 85–88). Edition Kindle

444 https://www.tagesschau.de/wirtschaft/finanzen/euro-kursverfall-weichwaehrung-101.html
https://www.tagesschau.de/wirtschaft/boersenkurse/eu0009652759-251 08390/

445 https://www.atlanticcouncil.org/blogs/econographics/ukraine-and-dollar-weaponization/
It's only a matter of time before the United States attempts a more aggressive and maximalist use of financial warfare. Whether Russia will be the target after an invasion of Ukraine remains to be seen. However, at least 40 Senators have signaled they favor that course, and the precedent for similar actions from the United States is well established. On January 19th, President Biden said »If they invade, they're going to pay. Their banks will not be able to deal in dollars«, a reference either to just one of the wide range of dollar weaponization strategies that exist under current law and are being discussed in Congress. [...]
While not as overt as a bombing campaign, the effects of a fully weaponized dollar would be severe enough that a bombing campaign would be an apt comparison for the impact on the civilian population. It's not clear to what degree American policymakers are willing to impose pain on Russia's civilian population, but it seems unlikely the most aggressive possible use of dollar weaponization and the cost to ordinary Russians it would impose would not create negative feedbacks to the United States.[...]

The weaponized dollar is already a fact of life in global affairs. The governments of Cuba, Iran, North Korea, and Venezuela can all attest to that fact, as can their civilian populations. In all four countries, dollar sovereignty has been weaponized in a contemporary context. Deeper historical examples abound in Latin America and other parts of the world. At a smaller scale, the wide range of sanctions activity tracked by the Atlantic Council's Sanctions Dashboard are forms of dollar weaponization as well. [...].

446 https://www.atlanticcouncil.org/blogs/econographics/ukraine-and-dollar-weaponization/

447 https://de.wikipedia.org/wiki/Kriegsverbrechen

448 https://www.weforum.org/agenda/2022/06/this-is-why-the-us-dollar-is-a-potent-sanctions-weapon-for-now/

449 https://www.ineteconomics.org/perspectives/blog/the-dollar-system-in-a-multi-polar-world
As recent crises make clear, up to now the dollar-based order has been supported mainly by instability elsewhere

450 https://www.sueddeutsche.de/wirtschaft/dollar-fincen-files-weltwaehrung-1.5042109

451 https://www.orfonline.org/expert-speak/digital-yuan-is-the-renminbi-ready-to-take-on-the-dollar/

452 https://www.institutional-money.com/news/theorie/headline/iwf-statistik-der-us-dollar-ist-und-bleibt-die-leitwaehrung-212641/

453 https://www.sueddeutsche.de/wirtschaft/dollar-fincen-files-weltwaehrung-1.5042109

454 https://www.telesurenglish.net/news/The-China-Iran-Deal-to-Undermine-US-Geopolitics-and-Sanctions-20200715-0001.html

455 https://edition.cnn.com/2022/04/03/investing/stocks-week-ahead/index.html
»Perhaps most importantly, in extreme circumstances the US can cut off dollar access to central banks around the globe, isolating and draining their economies. Raghuram Rajan, the former governor of the Reserve Bank of India calls this power an "economic weapon of mass destruction.«

456 https://edition.cnn.com/2022/04/03/investing/stocks-week-ahead/index.html
The US detonated this weapon on Russia in February after the country invaded Ukraine, freezing $630 billion worth of forex reserves and deeply undermining the value of the ruble. That gave America the ability to punish Russia without getting US troops involved in war.
But with great power comes great responsibility: When you use a weapon of mass destruction, even an economic one, people get spooked.

457 https://www.china-briefing.com/news/china-launches-digital-yuan-app-what-you-need-to-know/

458 https://www.bloomberg.com/opinion/articles/2022-02-27/china-s-digital-yuan-could-get-a-boost-from-putin-s-war-in-ukraine#xj4y7vzkg
Banks must send messages to move funds. Sanctions against Russia under-

score the need for Beijing to cut the cord to the U.S.-dominated system. Cutting some Russian banks' access to SWIFT – the messaging network at the heart of global movement of money – may be a highly effective punishment for President Vladimir Putin's invasion of Ukraine. But it will give other geopolitical rivals, especially China, the excuse to promote digital versions of their own central banks' money in global trade and finance. That could weaken the dollar's international clout.

459 https://www.coindesk.com/layer2/2022/03/16/a-petroyuan-could-further-shake-the-dollars-dominance/

460 https://www.bloomberg.com/news/articles/2022-09-12/hedge-fund-s-decade-long-wait-for-china-yuan-crash-nears-payday#xj4y7vzkg

461 https://www.nzz.ch/international/brics-gipfel-putin-findet-neue-wirt schaftspartner-nzz-ld.1690310

462 https://www.globaltimes.cn/page/202206/1268451.shtml

463 http://www.inquiriesjournal.com/articles/1062/who-drove-the-libyan-uprising

464 https://edition.cnn.com/2022/10/12/politics/ned-price-iran-comments/index.html

And our focus right now is on shining a spotlight on what they're doing and supporting them in the ways we can

465 https://edition.cnn.com/2022/10/12/politics/ned-price-iran-comments/index.html

466 https://edition.cnn.com/2022/04/03/investing/stocks-week-ahead/index.html

467 https://www.faz.net/aktuell/wirtschaft/wirtschaftspolitik/oelexporte-iran-akzeptiert-yuan-als-zahlungsmittel-11743969.html

468 https://foreignpolicy.com/2022/07/07/biden-china-saudi-arabia-oil-missiles/

469 https://www.youtube.com/watch?v=14r-dhGOl-A

470 https://foreignpolicy.com/2022/07/07/biden-china-saudi-arabia-oil-missiles/

471 https://www.cashkurs.com/wirtschaftsfacts/beitrag/suedafrikas-praesident-bestaetigt-saudi-arabien-hegt-interesse-an-brics-beitritt

472 https://www.x-rates.com/graph/?from=USD&to=EUR&amount=1

473 https://www.iwkoeln.de/studien/thomas-obst-wirtschaftliche-auswirkungen-der-corona-pandemie-und-des-ukraine-kriegs.html

474 https://www.nytimes.com/2022/07/13/business/euro-dollar-parity.html

In recent months, pressure on the euro has been mounting while investors have been flocking to the U.S. dollar, a haven in times of economic upheaval. [...]

Even more remarkable than breaching this level is how quickly the euro has dropped against the dollar. The currency, shared by 19 European countries, has slumped more than 11 percent this year, as the dollar's strength has been almost unmatched.

The euro's sharp decline has come as the dollar, for generations one of the safest places to park money, has strengthened against almost every major currency in the world.

475 https://www.jstor.org/stable/j.ctvc77646

476 https://www.imf.org/external/pubs/ft/fandd/2014/03/prasad.htm
Many believe that this dollar dominance has allowed the United States to live beyond its means, running sizable current account deficits financed by borrowing from the rest of the world at cheap interest rates. Some other countries have chafed at this »exorbitant privilege« enjoyed by the United States. Moreover, the fact that a rich country like the United States has been a net importer of capital from middle-income countries like China has come to be seen as a prime example of global current account imbalances. Such uphill flows of capital […] have led to calls for a restructuring of global finance and a reconsideration of the roles and relative importance of various reserve currencies.

477 https://fr.wikipedia.org/wiki/Privil%C3%A8ge_exorbitant

478 https://fr.wikipedia.org/wiki/Extraterritorialit%C3%A9_du_droit_am%C3%A9ricain

479 https://www.imf.org/external/pubs/ft/fandd/2014/03/prasad.htm
The Chinese government is taking many steps to promote the use of the renminbi in international financial and trade transactions. These steps are fast gaining traction given the economy's sheer size and prowess in international trade. As restrictions on cross-border capital mobility are removed and the currency becomes freely convertible, the renminbi will also become a viable reserve currency.

480 https://eur-lex.europa.eu/legal-content/DE/TXT/PDF/?uri=CELEX:52021DC0032&from=EN

481 https://www.focus.de/finanzen/boerse/devisen/unabhaengiger-von-us-waehrung-eu-will-mit-gruenen-anleihen-dominanz-des-dollars-brechen_id_12889561.html

482 https://www.atlanticcouncil.org/blogs/econographics/ukraine-and-dollar-weaponization/

483 https://www.cato.org/commentary/us-nato-helped-trigger-ukraine-war-its-not-siding-putin-admit-it#
The U.S. and NATO Helped Trigger the Ukraine War. It's Not ›Siding With Putin‹ to Admit It

484 https://twitter.com/justinbaragona/status/1546955197045415936?ref_src=twsrc%5Etfw%7Ctwcamp%5Etweetembed%7Ctwterm%5E1546955197045415936%7Ctwgr%5E%7Ctwcon%5Es1_&ref_url=https%3A%2F%2Fwww.theguardian.com%2Fus-news%2F2022%2Fjul%2F13%2Fjohn-bolton-planned-coups-donald-trump-january-6

485 https://www.theguardian.com/us-news/2022/jul/13/john-bolton-planned-coups-donald-trump-january-6
https://www.spiegel.de/ausland/john-bolton-donald-trumps-sicherheits-

berater-gibt-zu-umstuerze-in-anderen-laendern-geplant-zu-haben-a-86dd7841-3921-498d-bc83-a1bc9a774764

486 https://www.youtube.com/watch?v=q5sHHkP96WA

487 https://www.armscontrol.org/act/2022-04/news/biden-policy-allows-first-use-nuclear-weapons

488 https://www.welt.de/politik/ausland/article124612220/Fuck-the-EU-bringt-US-Diplomatin-in-Erklaerungsnot.html

489 https://www.spiegel.de/politik/der-offenbarungseid-a-2b7f6fd5-0002-0001-0000-000043143910

490 https://www.key4biz.it/cina-la-guerra-in-ucraina-alimenta-la-grande-fuga-di-capitali-da-rivedere-gli-obiettivi-di-crescita-per-il-2022/397869/

491 https://www.reuters.com/markets/currencies/exclusive-chinas-state-banks-told-stock-up-yuan-intervention-sources-2022-09-29/

492 https://www.rand.org/content/dam/rand/pubs/research_briefs/RB10000/RB10014/RAND_RB10014.pdf

493 https://www.chinadaily.com.cn/a/202210/04/WS633b75aaa310fd2b29e7aecf.html

494 https://www.wallstreet-online.de/nachricht/15992949-videoausblick-bank-of-england-verhindert-lehman-crash-2-0

495 https://www.nytimes.com/2022/05/06/business/dollar-stock-bond-currency.html

496 https://www.sammobile.com/news/iphone-14-so-expensive-in-eu-that-apple-wants-you-buy-galaxy-s22/

497 https://www.reuters.com/technology/apple-hike-app-store-prices-several-countries-oct-2022-09-20/

498 https://www.investor-verlag.de/devisen/us-dollar-usd/was-der-ukraine-krieg-mit-der-vormachtstellung-des-us-dollars-zu-tun-hat/

499 https://www.rubikon.news/artikel/die-mehrdimensionale-katastrophe

500 https://www3.weforum.org/docs/WEF_ScenariosSeries_Ukraine_Report_2014.pdf
China's recent negotiation of a long-term lease of 5% of Ukraine's total landmass, or 9% of its arable farmland, to feed Chinese consumers is a case in point. It demonstrates the potential for Ukraine to become a key player in this market.

501 https://www.investor-verlag.de/devisen/us-dollar-usd/was-der-ukraine-krieg-mit-der-vormachtstellung-des-us-dollars-zu-tun-hat/

502 https://www.ifz-muenchen.de/heftarchiv/1965_4.pdf

503 https://www.ineteconomics.org/perspectives/blog/the-dollar-system-in-a-multi-polar-world
It is hard to believe that Germany would permanently subordinate its industry, technology, commerce, and general welfare to Washington and Wall Street, even for the sake of the high principles now being so eloquently stated by her politicians and press.

504 https://www.sueddeutsche.de/politik/midcat-pipeline-macron-sanchez-scholz-gipfel-energie-preisdeckel-gas-1.5678862
505 https://www.faz.net/agenturmeldungen/dpa/deutschland-und-spanien-wollen-pipeline-ueber-die-pyrenaeen-18365705.html
506 https://www.handelsblatt.com/finanzen/maerkte/devisen-rohstoffe/devisen-dollar-euro-franken-yen-welche-waehrung-anlegern-jetzt-sicherheit-bieten-koennte/28123252.html
507 https://www.linkedin.com/pulse/dollar-milkshake-theory-2-years-later-marko-josipovic
508 https://www.youtube.com/watch?v=q5sHHkP96WA (bei ca. 30 min und bei 38).
509 https://www.darrenwinters.com/dollar-milkshake/
So who benefits from the Dollar Milkshake theory?
Capitalism smiles on those with the means and foresight of investing in value assets at a bargain. So when the dollar appreciates global assets for those holding USD get cheaper. If the EU disintegrates and it takes the Euro down with it Europe will be recolonized. But this time it will not be American tanks rolling in instead it will be American dollars.
The Dollar Milkshake theory could be a disaster for globalism but it could also be a boon for USD hegemony and Americanism.
510 https://www.youtube.com/watch?v=q5sHHkP96WA (ca. 47 min).
the point is power is never just handed over, right … to think the us is going to lose the global reserve currency without some kind of military action is naïve.« (ca. 47) [...] I think before we would lose global reserve currency we would use every last tool on our arsenal unfortunately that would be military as well. […] And I think that there a more countries that would go along with us than many people would like to believe.
511 https://www.nzz.ch/international/verteidigungsbudget-der-usa-768-milliarden-fuer-das-militaer-ld.1662450
512 https://www.youtube.com/watch?v=q5sHHkP96WA (ca. 50 min)
513 https://deutsche-wirtschafts-nachrichten.de/516706/Im-Jahr-2000-erklaerte-Saddam-Hussein-dem-US-Dollar-den-Krieg
514 https://millenium-state.com/blog/de/2019/05/22/das-dinar-gold-der-wahre-grund-fur-gaddafis-mord/
515 https://www.kas.de/de/web/auslandsinformationen/artikel/detail/-/content/intervention-ohne-ziel
https://academic.oup.com/book/25894/chapter-abstract/193599290?redirectedFrom=fulltext&login=false
516 https://iai.tv/articles/why-they-killed-gaddafi-auid-1757
It was thanks to the 2016 publication of Hillary Clinton's emails that the reason behind NATO's entry into Libya was revealed. It was to prevent the creation of an independent hard currency in Africa that would free the continent from its economic bondage under the dollar, the IMF and the

French African franc. That hard currency would have allowed Africa to shake off the last heavy chains of colonial exploitation.

517 https://www.tagesgeldvergleich.net/statistiken/umlaufgeschwindigkeit-des-geldes.html

518 https://www.deutsche-bank.de/ms/results-finanzwissen-fuer-unternehmen/international/04-2021-wir-brauchen-fuer-unser-geldsystem-eine-unkonventionelle-loesung.html#

519 Schwab, Professor Dr.-Ing. Klaus; Malleret, Thierry. Das Grosse Narrativ: Für eine bessere Zukunft (Der Grosse Umbruch) (German Edition) (S. 52). Forum Publishing. Edition Kindle.

520 https://www.amazon.de/Warum-schweigen-L%C3%A4mmer-Eliten-demokratie-Lebensgrundlagen/dp/3864899036/ref=asc_df_3864899036/?tag=googshopde-21&linkCode=df0&hvadid=474261389006&hvpos=&hvnetw=g&hvrand=16813515200805514948&hvpone=&hvptwo=&hvqmt=&hvdev=c&hvdvcmdl=&hvlocint=&hvlocphy=9061161&hvtargid=pla-1088812908433&psc=1&th=1&psc=1

521 https://www.iltempo.it/attualita/2022/09/04/news/paolo-scaroni-energia-gas-russia-sanzioni-guadagno-usa-norvegia-nato-guerra-economica-32941017/

Quello in Ucraina è un conflitto che passando dagli idrocarburi sta costruendo un nuovo ordine mondiale e che come tutti i conflitti lascia sul terreno anche vittime del fuoco amico. […] Quando in sede Nato si è deciso di percorrere la strada delle sanzioni al tavolo c'erano Paesi molto diversi, qualcuno, come gli Usa e la Norvegia, da certe strategie ha solo da guadagnare, altri ci rimettono moltissimo. Quello che accade oggi era prevedibile, come avrebbe potuto reagire la Russia di fronte a sanzioni pesantissime, se non ricattandoci sul gas?

522 https://www.rivieraweb.it/emma-marcegaglia-le-imprese-in-italia-vengono-distrutte-dai-fratelli-doltreoceano/

La situazione è tale che gli imprenditori americani pagano oggi l'elettricità sette volte meno di quanto facciano gli italiani. E questo nonostante il fatto che i promotori delle sanzioni siano seduti dall'altra parte dell'oceano. Di fatto le sanzioni sono diventate uno strumento di concorrenza sleale per i produttori italiani.

Le imprese in Italia vengono distrutte dai »fratelli« d'oltreoceano, perché ognuno dovrà sopravvivere alla crisi globale da solo«.

523 https://www.zdf.de/politik/maybrit-illner/energie-krise-inflation-trifft-es-deutschland-am-haertesten-maybrit-illner-vom-20-oktober-2022-100.html

524 https://simonmercieca.com/2022/08/28/european-economic-suicide-nearing-terminal-phase/ https://exxpress.at/spatzenhirne-us-analyst-fassungslos-ueber-europas-wirtschaftlichen-selbstmord/

525 https://www.handelsblatt.com/politik/international/bruesseler-personalie-

was-den-neuen-eu-aussenbeauftragten-josep-borrell-zur-umstrittenen-figur-macht/25312418.html

526 https://www.fpcs.es/en/the-eu-declares-war-on-europe/
The surrender of the self-called European political »elite« to the United States is nothing short of stunning. In fact, the real responsible for the EU's foreign policy does not seem to be the High Representative in office, but the United States of America. Thus, European foreign policy does not defend the interests of the European citizens, but those of the US government.

527 https://www.wsj.com/articles/jennifer-granholms-de-facto-fuel-export-ban-energy-secretary-letter-refiners-oil-europe-11661379613

528 https://finanzmarktwelt.de/belgischer-premier-eu-stillstand-deindustrialisierung-245275/

529 https://www.cnbc.com/2019/01/23/bill-gates-turns-10-billion-into-200-billion-worth-of-economic-benefit.html
Our Foundation submitted over 10 billion [for vaccines], but we feel there has been an over 20 to 1 return. So, if you just look at the economic benefits that's pretty strong number compared to anything else. (ca. bei 1:20)

530 https://gbdeclaration.org/
https://gbdeclaration.org/die-great-barrington-declaration/

531 https://deptmed.queensu.ca/deptmed/dept-blog/fake-news-and-cognogens-other-lethal-pathogen

532 https://theconversation.com/5-failings-of-the-great-barrington-declarations-dangerous-plan-for-covid-19-natural-herd-immunity-148975
https://www.ilgiorno.it/cronaca/pediatri-lombardia-effetti-lockdown-bambini-infanzia-1.6812688

533 https://spssi.onlinelibrary.wiley.com/doi/full/10.1111/asap.12317
https://www.nature.com/articles/d41586-022-02823-4
https://sites.krieger.jhu.edu/iae/files/2022/01/A-Literature-Review-and-Meta-Analysis-of-the-Effects-of-Lockdowns-on-COVID-19-Mortality.pdf

534 https://pubmed.ncbi.nlm.nih.gov/33716331/

535 https://www.aerzteblatt.de/nachrichten/131420/Einrichtungsbezogene-Impfpflicht-Ungeimpfte-koennen-vorerst-weiterarbeiten

536 https://www.nature.com/articles/nrd.2017.243

537 https://www.rki.de/DE/Content/Infekt/EpidBull/Archiv/2021/19/Art_01.html

538 https://www.medinside.ch/post/covid-19-nano-lipide-als-heikler-punkt-der-pfizer-impfung

539 https://www.derstandard.at/story/2000129368798/corona-impfung-zeit-verantwortung-einzufordern

540 https://www.ardmediathek.de/video/koelner-treff/talk-mit-schauspielerin-anna-schudt-und-santiano-leadsaenger-bjoern-both/wdr/Y3JpZDovL-3dkci5kZS9CZWl0cmFnLWJiMWE0NzgwLTViZmItNGViYy1hNWUzL-TBhMmNmMjhlZDVkZA (ca. 1:16:30)
https://www.youtube.com/watch?v=ixbuDTLx9-Y

541 https://www.youtube.com/watch?v=ixbuDTLx9-Y
542 https://www.zeit.de/politik/deutschland/2021-04/corona-regeln-jens-spahn-sonderrechte-geimpftc-rki-ansteckungsrisiko?page=147
https://www.zdf.de/nachrichten/video/spahn-wieler-impfen-delta-100.html
https://www.ndr.de/ratgeber/gesundheit/Corona-Wie-sicher-und-wirksam-sind-die-Impfstoffe,coronavirus3746.html
https://www.bundesgesundheitsministerium.de/coronavirus/chronik-coronavirus.html
543 https://www.merkur.de/welt/corona-impfung-biontech-immunitaet-israel-studie-lauterbach-deutschland-ansteckung-90212600.html
544 https://www.kirche-und-leben.de/artikel/bischof-overbeck-fuer-geimpfte-entfallen-einschraenkungsgruende
545 https://www.zeit.de/politik/deutschland/2021-04/corona-regeln-jens-spahn-sonderrechte-geimpfte-rki-ansteckungsrisiko?page=147
546 https://www.thelancet.com/journals/laninf/article/PIIS1473-3099(21)00648-4/fulltext
547 https://www.scientificamerican.com/article/the-risk-of-vaccinated-covid-transmission-is-not-low/
https://www.thelancet.com/journals/laninf/article/PIIS1473-3099(21)00768-4/fulltext
https://www.bmj.com/content/374/bmj.n2074
548 https://www.antidiskriminierungsstelle.de/DE/was-wir-machen/projekte/Corona/geimpft_genesen/geimpft_genesen_node.html
549 https://www.tagesschau.de/ausland/europa/lockdown-oesterreich-113.html
550 https://www.tagesschau.de/ausland/europa/frankreich-corona-macron-interview-101.html
551 https://www.weforum.org/agenda/2022/09/my-carbon-an-approach-for-inclusive-and-sustainable-cities/
552 https://dpa-factchecking.com/germany/210709-99-324428/
553 https://www.morgenpost.de/politik/article236519799/corona-biontech-eu-von-der-leyen.html
554 https://ec.europa.eu/info/live-work-travel-eu/coronavirus-response/safe-covid-19-vaccines-europeans_en
555 https://www.youtube.com/watch?v=HnSnQor8zDY
https://www.youtube.com/watch?v=Wd9mSLBgG0A
556 https://www.youtube.com/watch?v=Wd9mSLBgG0A
557 https://www.mdr.de/nachrichten/welt/wirtschaft/corona-eu-staatsanwaltschaft-ermittlungen-impfstoff-vertraege-100.html
558 https://www.unodc.org/documents/corruption/COVID-19/Policy_paper_on_COVID-19_vaccines_and_corruption_risks.pdf
Addressing corruption is a priority in times of crisis. This notion was reinforced in the Statement on Corruption in the Context of COVID-193 is-

sued by the Secretary-General in October 2020. [...] He also noted that the pandemic is creating new opportunities for corruption.

559 https://www.bundesregierung.de/breg-de/themen/europa/wie-funktioniert-europa/die-europaeische-kommission

560 https://netzpolitik.org/2022/eu-informationsfreiheit-bloed-der-lobbyist-der-jetzt-noch-e-mails-schreibt/

561 https://www.derstandard.de/story/2000140063063/ermittlungen-wegen-eu-impfstoffkaeufen-was-bisher-bekannt-ist

562 https://www.lto.de/recht/nachrichten/n/eugh-corona-impfstoff-vertraege-parlament-kommission/

563 https://www.lto.de/recht/nachrichten/n/eugh-corona-impfstoff-vertraege-parlament-kommission/

564 https://www.lto.de/recht/nachrichten/n/eu-europaeische-union-eppo-europaeische-staatsanwaltschaft-ermittlungen-corona-covid-impfstoff-deals-kaeufe-milliarden/

565 https://www.lto.de/recht/nachrichten/n/eu-europaeische-union-eppo-europaeische-staatsanwaltschaft-ermittlungen-corona-covid-impfstoff-deals-kaeufe-milliarden/

566 https://www.derstandard.de/story/2000140063063/ermittlungen-wegen-eu-impfstoffkaeufen-was-bisher-bekannt-ist

567 https://www.welt.de/politik/deutschland/plus241736365/Impfstoff-Deal-von-der-Leyens-Voelliger-Mangel-an-Transparenz-und-Verantwortlichkeit.html

568 https://netzpolitik.org/2022/100-000-unterschriften-von-der-leyen-soll-chats-mit-pfizer-chef-offenlegen/

569 https://www.bundestag.de/dokumente/textarchiv/2020/kw45-de-verteidigung-ua-802448

570 https://www.spiegel.de/politik/deutschland/ursula-von-der-leyen-und-die-berateraffaere-faktisches-komplettversagen-a-55458b1c-64bd-436b-acdf-75afcef0f5d3

571 https://ec.europa.eu/info/live-work-travel-eu/coronavirus-response/safe-covid-19-vaccines-europeans_de

572 https://news.un.org/en/story/2022/09/1126621

573 https://www.weforum.org/partners/#J

574 https://www.europarl.europa.eu/doceo/document/P-9-2021-004862_EN.html
https://www.cdc.gov/coronavirus/2019-ncov/vaccines/safety/adverse-events.html
https://www.bmj.com/content/373/bmj.n1372

575 https://heidelberger-aerzteerklaerung.org/de/

576 https://www.youtube.com/watch?v=Wd9mSLBgG0A
The difference between tyranny and democracy is very simple. When the government knows everything about you that is tyranny. I know how it is

to live in tyranny. When you know everything about your government, that's democracy.
577 https://www.uni-kiel.de/psychologie/mausfeld/pubs/Mausfeld_Die_Angst_der_Machteliten_vor_dem_Volk.pdf
578 http://www.denkschatz.de/zitate/Kurt-Tucholsky/Eine-Regierung-ist-nicht-der-Ausdruck-des-Volkswillens-sondern-der-Ausdruck-dessen-was-ein
579 https://www.youtube.com/watch?v=7TdiND82vFg (ca. Min 32.50)
580 https://www.economist.com/graphic-detail/2018/04/24/a-study-finds-nearly-half-of-jobs-are-vulnerable-to-automation
581 https://read.oecd-ilibrary.org/employment/automation-skills-use-and-training_2e2f4eea-en#page1
582 https://www.youtube.com/watch?v=7TdiND82vFg (ca. Min. 24.50)
583 https://www.agcs.allianz.com/news-and-insights/expert-risk-articles/civil-unrest.html
584 https://www.spiegel.de/netzwelt/web/sascha-lobo-ueber-den-weg-in-den-kontrollstaat-a-933092.html
585 Schwab, Klaus. Die Vierte Industrielle Revolution (German Edition) (S. 104–105). Pantheon Verlag. Edition Kindle.
586 https://www.ilfattoquotidiano.it/2022/09/29/il-giornalismo-non-e-un-crimine-voci-libere-per-julian-assange-la-diretta-con-barbacetto-noury-morra-e-moni-ovadia/6822214/
https://www.berliner-zeitung.de/open-mind/buch-die-vierte-gewalt-harald-welzer-richard-david-precht-journalismus-wie-die-medien-ihre-eigenen-ueberzeugungen-verraten-li.268610
587 https://law.unimelb.edu.au/__data/assets/pdf_file/0005/3385454/Schwab-The_Fourth_Industrial_Revolution_Klaus_S.pdf
588 https://www.uni-kiel.de/psychologie/mausfeld/pubs/Mausfeld_Die_Angst_der_Machteliten_vor_dem_Volk.pdf
589 Schwab, Klaus ; Malleret, Thierry . COVID-19: Der Grosse Umbruch (German Edition) (S. 295–296). Edizione del Kindle.
590 https://blogs.imf.org/2022/05/20/social-unrest-is-rising-adding-to-risks-for-global-economy/
After a pause in popular protest during the first year of the pandemic, people are returning to the streets. This year, large and long-running anti-government demonstrations have occurred in some advanced economies where unrest is relatively rare, such as Canada and New Zealand. And in several emerging and developing economies, coups and constitutional crises have sparked widespread protests. A recent body of IMF work aims to understand the economic drivers and costs of such unrest. […] In coming months, two important factors could lead to an increased risk of future unrest. First, as governments relax restrictions and public concerns about catching COVID in crowds diminish, pandemic-related disincentives for protest might abate. And second, public frustration with rising food and fuel prices may increase.

Although the economic causes of civil disorder are complex, and unrest is exceptionally hard to predict, steep price increases for food and fuel have been associated with more frequent protests in the past.

591 https://de.futuroprossimo.it/2022/11/la-polizia-di-san-francisco-vuole-usare-forza-letale-con-i-robot-in-organico/)

592 https://de.cointelegraph.com/news/paypal-says-policy-to-punish-users-for-misinformation-was-in-error

593 https://de.cointelegraph.com/news/paypal-says-policy-to-punish-users-for-misinformation-was-in-error
PayPal is a good example of why you need to custody your own funds. Your finances used to be decoupled from free speech. Now custodying your own funds is the only way to safeguard that right for yourself

594 https://www.weforum.org/agenda/2017/09/sweden-becoming-cashless-society/

595 https://www.mdr.de/nachrichten/deutschland/wirtschaft/bezahlen-euro-digitaler-100.html

596 https://www.euronews.com/next/2022/03/09/everything-you-need-to-know-about-joe-biden-s-crypto-and-digital-dollar-executive-order

597 https://www.youtube.com/watch?v=rpNnTuK5JJU

598 https://www.mdr.de/nachrichten/deutschland/wirtschaft/bezahlen-euro-digitaler-100.html

599 http://www.denkschatz.de/zitate/Jean-Baudrillard/Der-immanente-Irrsinn-der-Globalisierung-bringt-Wahnsinnige-hervor-so-wie-eine-unausgeglichene-Gesellschaft-Delinquenten

600 https://www.deutschlandfunkkultur.de/allensbach-umfrage-zur-meinungsfreiheit-heute-gibt-es-100.html

601 https://www.cambridge.org/core/journals/perspectives-on-politics/article/testing-theories-of-american-politics-elites-interest-groups-and-average-citizens/62327F513959D0A304D4893B382B992B

602 https://www.foresightguide.com/our-new-plutocracy/

603 https://www.fr.de/wirtschaft/regierungen-zeigen-instrumente-11667665.html

604 https://www.fr.de/wirtschaft/regierungen-zeigen-instrumente-11667665.html

605 https://kwize.com/quote/7981
The government, which was designed for the people, has got into the hands of bosses and their employers, the special interests. An invisible empire has been set up above the forms of democracy.

606 https://www.youtube.com/watch?v=UBZSHSoTndM ab 1‹

607 Schwab, Professor Dr.-Ing. Klaus; Malleret, Thierry. Das Grosse Narrativ: Für eine bessere Zukunft (Der Grosse Umbruch) (German Edition) (S. 165–166). Forum Publishing. Edition Kindle.

608 https://www.rubikon.news/artikel/die-wahrheit-uber-die-demokratie

609 https://www.businessinsider.com/major-study-finds-that-the-us-is-an-oligarchy-2014-4
https://www.cambridge.org/core/journals/perspectives-on-politics/article/testing-theories-of-american-politics-elites-interest-groups-and-average-citizens/62327F513959D0A304D4893B382B992B
610 https://www.rubikon.news/artikel/die-wahrheit-uber-die-demokratie
611 https://www.rubikon.news/artikel/die-wahrheit-uber-die-demokratie
612 https://www.academia.edu/38564962/Democracy_Devouring_Itself_The_Rise_of_the_Incompetent_Citizen_and_the_Appeal_of_Populism.docx
Drawing on a wide range of research in political science and psychology, I argue that citizens typically do not have the cognitive or emotional capacities required. Thus they are typically left to navigate in political reality that is ill understood and frightening.
613 https://www.weforum.org/communities/gfc-on-the-new-agenda-for-fragility-and-resilience
614 https://www.spiegel.de/psychologie/resilienz-wie-wir-unsere-psyche-staerken-und-krisen-bewaeltigen-a-1b739313-447d-4ec3-840c-3c241c33a9aa
https://www.spiegel.de/psychologie/coaching-programm-so-staerken-sie-ihre-resilienz-in-acht-wochen-a-5c47fa3b-de09-492b-be57-41ce304dc2fc
https://www.zeit.de/wissen/2020-12/resilienz-corona-krise-pandemie-lockdown-psychologie-psyche/seite-2
615 https://www.zeit.de/kultur/2021-02/resilienz-psychologie-neoliberalismus-individuum-essay
616 https://www.youtube.com/watch?v=gG6WnMb9Fho
https://www.weforum.org/agenda/2020/01/yuval-hararis-warning-davos-speech-future-predications/
Of all the different issues we face, three problems pose existential challenges to our species. These three existential challenges are nuclear war, ecological collapse and technological disruption. We should focus on them. Now nuclear war and ecological collapse are already familiar threats so let me spend some time explaining the less familiar threat posed by technological disruption. In Davos we hear so much about the enormous promises of technology and these promises are certainly real but technology might also disrupt human society and the very meaning of human life in numerous ways ranging from the creation of a global useless class to the rise of data colonialism and of digital dictatorships.
First we might face upheavals on the social and economic level. Automation will soon eliminate millions upon millions of jobs.[…] Whereas in the past, humans had to struggle against exploitation, in the 21st century, the really big struggle will be against irrelevance. And it's much worse to be irrelevant than to be exploited. Those who fail in the struggle against irre-

levance would constitute a new useless class. People who are useless, not from the viewpoint of their friends and family of course, but useless from the viewpoint of the economic and political system. And this useless class will be separated by an ever-growing gap from the ever more powerful elite.[…]
We are talking about far more primitive AI which is nevertheless enough to disrupt the global balance. Just think what will happen to developing economies once it is cheaper to produce textiles or cars in California than in Mexico. And what will happen to politics in your country in twenty years when somebody in San Francisco or in Beijing knows the entire medical and personal history of every politician, every judge, and every journalist in your country, including all their sexual escapades, all their mental weaknesses, and all their corrupt dealings. Will it still be an independent country, or will it become a data-colony? When you have enough data, you don't need to send soldiers in order to control a country.
Alongside inequality, the other major danger we face is the rise of digital dictatorships that will monitor everyone all the time. This danger can be stated in the form of a simple equation which I think might be the defining equation for life in the 21st century. B times C times D equals AHH. [pronounced »ah«] Which means biological knowledge, multiplied by computing power, multiplied by data, equals the ability to hack humans—«ahh.« If you know enough biology, and you have enough computing power and data, you can hack my body and my brain and my life, and you can understand me better than I understand myself. You can know my personality type, my political views, my sexual preferences, my mental weaknesses, my deepest fears and hopes. You know more about me than I know about myself. And you can do that not just to me but to everyone. A system that understands us better than we understand ourselves can predict our feelings and decisions, can manipulate our feelings and decisions, and can ultimately make decisions for us.[…] And if we allow the emergence of such total surveillance regimes, don't think that the rich and powerful in places like Davos will be safe. […] So it's in the interest of all humans, including the elites, to prevent the rise of such digital dictatorships.

617 https://www.youtube.com/watch?v=gG6WnMb9Fho
https://www.weforum.org/agenda/2020/01/yuval-hararis-warning-davos-speech-future-predications/

Now, even if we indeed prevent the establishment of digital dictatorships, the ability to hack humans might still undermine the very meaning of human freedom. Because as humans will rely on AI to make more and more decisions for us, authority will shift from humans to algorithms. And this is already happening. Already today, billions of people trust the Facebook algorithm to tell us what is new. The Google algorithm tells us what is true. Netflix tells us what to watch. And Amazon and Alibaba algorithms tell us what to buy. In the not-so-distant future, similar algorithms might tell us where to work, and whom to marry, and also decide whether to hire us for a job, whether to give us a loan, and whether the central bank should raise the interest rate. And if you ask why, you will not be given a loan. Or why the bank didn't raise the interest rate. The answer will always be the same. Because the computer says no. And since the limited human brain lacks sufficient biological knowledge, computing power, and data, humans will simply not to be able to understand the computer's decisions. So even in supposedly free countries, humans are likely to lose control over our own lives, [...] Now, we humans are used to thinking about life as a drama of decision making. What will be the meaning of human life when most decisions are taken by algorithms? We don't even have philosophical models to understand such an existence.

618 https://www.youtube.com/watch?v=gG6WnMb9Fho
https://www.weforum.org/agenda/2020/01/yuval-hararis-warning-davos-speech-future-predications/
We are facing philosophical bankruptcy. The twin revolutions of infotech and biotech are now giving politicians and businesspeople the means to create Heaven or Hell. But the philosophers are having trouble conceptualizing what the new Heaven and the new Hell will look like. And that's a very dangerous situation. If we fail to conceptualize the new Heaven quickly enough, we might easily misled by naïve utopias. And if we fail to conceptualize the new Hell quickly enough, we might find ourselves entrapped there with no way out.
Finally, technology might disrupt not just our economy and politics and philosophy, but also our biology. In the coming decades, AI and biotechnology will give us god-like abilities to reengineer life and even to create completely new lifeforms. After four billion years of organic life shaped by natural selection, we are about to enter a new era of inorganic life shaped by intelligent design. Our intelligent design is going to be the new driving force of the evolution of life. And in using our new divine powers of creation, we might make mistakes on a cosmic scale. In particular, governments, corporations, and armies are likely to use technology to enhance human skills that they need like intelligence and discipline, while neglecting other human skills like compassion, artistic sensitivity, and spirituality. The result might be a race of humans who are very intelligent and very disciplined, but the lack compassion, lack artistic sensitivity, and lack spiritual depth.

619 https://www.derstandard.de/story/2000138054096/halbleiter-expertin-taiwan-produziert-jeden-zweiten-chip

620 https://www.polsoz.fu-berlin.de/polwiss/forschung/international/vorderer-orient/publikation/working_papers/dp_05/DP-2014_Jannis_05.pdf
https://www.spiegel.de/ausland/korruptionsaffaere-in-oesterreich-ein-

kurz-artiges-regime-in-deutschland-waere-der-anfang-vom-ende-der-eu-a-e5eed5cb-5a1a-4fca-8ebd-0932232eb5dd

621 https://www.uni-kiel.de/psychologie/mausfeld/pubs/Mausfeld_Die_Angst_der_Machteliten_vor_dem_Volk.pdf

622 https://themavorarlberg.at/gesellschaft/eine-wahrheit-braucht-keine-mehrheit

623 https://gutezitate.com/zitat/184360

624 https://www.project-syndicate.org/commentary/techno-feudalism-replacing-market-capitalism-by-yanis-varoufakis-2021-06?utm_term=&utm_campaign=&utm_source=adwords&utm_medium=ppc&hsa_acc=1220154768&hsa_cam=12374283753&hsa_grp=117511853986&hsa_ad=499567080225&hsa_src=g&hsa_tgt=aud-1249316001317%3Adsa-19959388920&hsa_kw=&hsa_mt=&hsa_net=adwords&hsa_ver=3&gclid =EAIaIQobChMI7f_13qGD-wIVg9xRCh0zhQxREAAYASAAEgJ6BPD_BwE
What we are experiencing is not merely another metamorphosis of capitalism. It is something more profound and worrisome.

625 https://www.youtube.com/watch?v=Wd9mSLBgG0A ca. bei 5'
Freedom, liberty is one generation away from extinction

626 https://www.youtube.com/watch?v=8HzW5rzPUy8&list=PL34Itxy-6FXf3X8CuPF1BlHSxUlya1ZRgB&index=5

627 https://de.wikipedia.org/wiki/Shoshana_Zuboff

628 https://www.youtube.com/watch?v=8HzW5rzPUy8&list=PL34Itxy-6FXf3X8CuPF1BlHSxUlya1ZRgB&index=5 ca. 29'

629 https://www.youtube.com/watch?v=Ex3_brOUdpA

630 https://www.youtube.com/watch?v=Ex3_brOUdpA (am 11.9.2022 geöffnet)
Once you know how to produce bodies and brains, and minds, so cheap labor in Africa or in south Asia or wherever, it simply counts for nothing. And again, I think that the biggest question maybe in economics and politics in the coming decades will be what to do with all these useless people. […] what to do with them and how will they find some sense of meaning in life when they are basically meaningless, worthless. My best guess at present is a combination of drugs and computer games.

631 https://www.zeit.de/digital/2021-05/staatstrojaner-online-ueberwachung-gesetz-nachrichtendienst-bnd-internet-faq

632 https://www.stmi.bayern.de/sus/verfassungsschutz/delegitimierung_des_staates/index.php

633 https://www.stmi.bayern.de/sus/verfassungsschutz/delegitimierung_des_staates/index.php

634 https://www.tichyseinblick.de/kolumnen/spahns-spitzwege/haldenwang-der-phaenomenbereich-verfassungsschutzrelevante-delegitimierung-des-staates/

635 https://www.bundestag.de/presse/hib/kurzmeldungen-882110

636 Schwab, Professor Dr.-Ing. Klaus; Malleret, Thierry. Das Grosse Narrativ:

Für eine bessere Zukunft (Der Grosse Umbruch) (German Edition) (S. 94-95). Forum Publishing. Edition Kindle.

637 https://ecovillage.org/gen_country/germany/

638 https://globalnews.ca/news/9222866/alberta-premier-cancelling-wef-health-consulting-agreement/

639 https://www.npr.org/2022/09/09/1122123594/a-look-at-chris-lichts-first-few-months-as-cnns-chairman-and-ceo

640 https://www.uni-kiel.de/psychologie/mausfeld/pubs/Mausfeld_Die_Angst_der_Machteliten_vor_dem_Volk.pdf

641 https://www.fes.de/studie-vertrauen-in-demokratie

642 https://d-nb.info/1050238788/34

643 https://beruhmte-zitate.de/zitate/2001337-woodrow-wilson-freiheit-ist-nie-von-der-regierung-ausgegangen-fr/

EIN DRINGENDER WECKRUF AN DIE GESELLSCHAFT, SICH NICHT LÄNGER VON POLITIK, WIRTSCHAFT UND MEDIEN MANIPULIEREN ZU LASSEN

Miryam Muhm führt in ihrem Buch die biologischen Voraussetzungen für die Hypnotisierbarkeit von Menschen auf. Eindrucksvoll schildert sie, wie Politiker von Barak Obama bis Donald Trump ihre Wähler durch hypnotisierende Suggestionen beeinflussen und wie stark die persuasive Werbung bereits unser Leben bestimmt – bis hin zum Verlust der eigenen Würde.

Eine mögliche Erklärung für diese Entwicklung besteht im Verlust von Spiritualität und in der Gier nach Geld und Macht, die uns alsbald wie Lemminge in einen tiefen Abgrund stürzen lassen könnte – in eine Welt, in der wir dann nicht nur hypnotisiert, sondern in einem Zustand zufriedener Sklaven leben werden – sofern wir nicht erwachen.

- Eine fundierte Analyse der Manipulierbarkeit unserer Gesellschaft
- Auf dem Weg in den Totalitarismus – wie Wirtschaft, Politik, Medien und Wissenschaft das Denk- und Urteilsvermögen der Menschen beeinflussen
- Anschaulich erklärt: die Auswirkungen von Manipulation, Persuasion, Suggestion und Hypnose in unserem Gehirn

www.europa-verlag.com

MIRYAM MUHM

Die hypnotisierte Gesellschaft

Wie unser Denken von Politik, Medien und Werbung gelenkt wird

EUROPAVERLAG

Klappenbroschur, 320 Seiten · ISBN 978-3-95890-440-8

EUROPAVERLAG